BARRON'S

SAT* SUBJECT TEST

FRENCH

4TH EDITION

Renée White, M.A. French

Modern and Classical Languages Department

Greenhill School

Dallas, Texas

Sylvie Bouvier, M.A.

Foreign Language Department

National Cathedral School

Washington, DC

BARRON'S

Renée White
This book is dedicated to the memory of my beloved son, Alan.

Sylvie Bouvier
A ma mère sans laquelle je n'aurais jamais obtenu ma Maîtrise de l'Université Jean Moulin de Lyon.

AUDIO AND AUDIOSCRIPTS

The MP3 files and audioscripts for all listening segments can be found online at *barronsbooks.com/TP/SAT/French/*

All inquiries should be addressed to:
Barron's Educational Series, Inc.
250 Wireless Boulevard
Hauppauge, New York 11788
www.barronseduc.com

ISBN: 978-1-4380-7767-3

Library of Congress Control Number: 2017937585

Printed in the United States of America
9 8 7 6 5 4 3 2

10%
POST-CONSUMER
WASTE
Paper contains a minimum
of 10% post-consumer
waste (PCW). Paper used
in this book was derived
from certified, sustainable
forestlands.

Contents

Preface

██

With seven chapters of practice exercises, four full-length SAT French Subject Tests (without listening) and four full-length SAT French Subject Tests with Listening, and countless tips, this book will help you in three ways. First, it will help you identify gaps in your knowledge of specific details asked on the College Board's SAT French Subject Test. Second, it will assist you in reviewing and learning grammar, vocabulary, and idioms as needed. Third, it will give you techniques to attain your best score on the actual SAT French Subject Test. This book is divided into five parts that will help you reach all three of these goals.

Part One consists of seven chapters with practice exercises for each section of the test. After completing these exercises, check your answers and read the explanations found at the end of each chapter. Then refer to "Grammar Review" in Part Three and "Vocabulary, False Cognates, and Idioms" in Part Four to review what you need to know.

Part Two contains four SAT French Subject Tests (without listening) and four SAT French Subject Tests with Listening. Take these tests under timed conditions to simulate the actual SAT French Subject Test. (Note that each actual SAT French Subject Test lasts one hour.) After each test, check your answers with the explanations provided. Again refer to the grammar and vocabulary sections in Parts Three and Four to learn about details you may have missed. The SAT French Subject Tests with Listening provide an audioscript at the end of each test. You can refer back to these audioscripts to confirm what you may not have understood or to clarify what you may have missed.

Part Three is a grammar review section that narrows down the details that are asked about most frequently on the SAT French Subject Tests. Reviewing this section will help increase your performance on the actual test.

Part Four focuses on vocabulary, false cognates, and idioms that appear most often on the actual exam. Reviewing this section will also be crucial in improving your chances of doing well on the test.

Part Five is a glossary that you can use to check the meaning of words that you did not know. It can also act as a complement to the vocabulary section found in Part Four.

Once you've completed all the practice exercises in Part One, taken all the tests in Part Two, and reviewed all of the grammar rules, vocabulary, false cognates, idioms, and glossary terms in Parts Three, Four, and Five, be sure to turn your attention to the two online tests that accompany this book. The two tests, one SAT French Subject Test (without listening) and one SAT French Subject Test with Listening, are both full-length exams that can be accessed on your computer, smartphone, or tablet. Detailed answers and explanations are provided for every question.

To access these online tests, as well as all of the audio and audioscripts, go to:

barronsbooks.com/TP/SAT/French/

> **TIP**
>
> To make the most out of your review, make sure to work through all of the practice exercises in Part One for each section of the test *before* you take the practice tests.

> **TIP**
>
> When you answer a question incorrectly in the practice exercises or on the practice tests, be sure to refer to Part Three to learn what grammar mistakes you may have made. This way, you can study those grammar rules and apply them on test day!

Introduction

THE PURPOSE OF THE SAT FRENCH SUBJECT TESTS

The SAT French Subject Test and the SAT French Subject Test with Listening are both designed to evaluate your reading skills. They consist of multiple-choice questions that test French vocabulary, grammar, and reading comprehension.

THE SAT FRENCH SUBJECT TEST

This exam, which does not include listening, evaluates your ability to understand written French. It includes 85 questions. You will answer each question by filling in the corresponding oval on your answer sheet. You will have 1 hour to complete the exam, which is divided into four parts:

- **Part A** consists of incomplete sentences followed by four suggested completions. You must select the most appropriate answer. These are vocabulary-in-context questions that include common French vocabulary as well as idiomatic expressions.
- **Part B** consists of sentences with a blank in them, followed by four possible answer choices to complete the sentence. You must select the answer that will form a grammatically correct sentence when inserted into the blank. In some instances, one possible answer choice may have dashes instead of words. These answer choices indicate that no insertion is needed to form a correct sentence.
- **Part C** consists of paragraphs that contain blank spaces. For each blank space, there are four possible answer choices. The correct answer will best complete the meaning of the sentence. Many of these paragraphs contain vocabulary or grammar expressions.
- **Part D** consists of reading selections that evaluate your ability to read French. Every selection is followed by questions or incomplete statements, each with four potential answer choices. You must choose the one that best answers the question and best fits the reading selection.

THE SAT FRENCH SUBJECT TEST WITH LISTENING

This exam, which *does* include listening, evaluates your ability to understand spoken and written French. It includes 85–90 questions. You will answer each question by filling in the corresponding oval on your answer sheet. This test will take 1 hour. It is divided into two sections, as described on the next page.

TIP

Note that the SAT French Subject Test with Listening is offered only once each school year, in November. Only students who have a *very robust knowledge of French vocabulary* should attempt this test.

Section I is the listening section. It lasts 20 minutes, counts for 35% of your final score, and contains the following three parts.

- **Part A** presents a series of pictures or drawings. Each is described by four sentences, which are not printed in the test booklet. Those sentences will be spoken only once. While you review the picture or drawing and listen to those sentences, you must decide which of the four sentences best describes the illustration.
- **Part B** consists of a series of short dialogues that will not be printed in your test booklet. Those dialogues will be said only once. After each dialogue is spoken, one or two questions, with three potential answer choices each, will be asked. You must choose the one that, based on what you've listened to, best answers the question.
- **Part C** consists of longer dialogues or monologues spoken only once. Those dialogues or monologues will not be printed in your test booklet. After each dialogue or monologue, you will hear a series of questions about what you heard. Those questions will each contain four possible answer choices, and the questions will be printed in your test booklet. You must choose the choice that best answers each question.

> For the listening part of the test, you will need to bring a portable (handheld), battery-operated CD player with headphones. This CD player should *not* have recording or duplicating capabilities. Make sure to insert new batteries into your device the day before the test. *Note that the test center will NOT have equipment for your use.*

Section II is the reading section. It lasts 40 minutes, accounts for 65% of your final score, and follows the same breakdown as that of the SAT French Subject Test (without listening). The only difference is that on this test the reading section is approximately 20 minutes shorter than it is on the SAT French Subject Test (without listening).

TEST-TAKING STRATEGIES

TIP

No points will be deducted for an unanswered question. You may want to omit questions that seem too difficult for you. However, do not omit too many questions!

Although you must try to answer as many questions as possible, it is not always possible to complete them all. Do not take too much time for each question, but make sure that you do not rush through. Remember that, for the SAT, you are penalized a fraction of a point for each incorrect answer. However, omitting questions without trying to eliminate some of the choices is not a good idea. Contrary to some other standardized tests, you are not timed for each section. A strategy is to skip questions that you find too difficult (you can always go back to them later) and to work on the questions that are a little easier for you. This does not mean that you should spend an inordinate amount of time on each question, just allot your time wisely.

- Learn the directions for each section of the test in advance, so you don't waste time reading them when actually taking the test.

- Remember that everything on the two French tests is based on contextual meaning. Therefore, it is of the utmost importance *to read the whole sentence* before making any decisions. In the case of paragraphs, read the whole paragraph first to get a general idea of its meaning. Then reread the sentence in which you must find an answer. Consider the following:

I (to see) _____ my friends at the football game every weekend.

If you do not read the last words (every weekend) you are tempted by the past tense. However, by reading the last words, you know that you must use the present tense.

Another example is:

My sister wore her new _____ for my birthday party because it went well with her skirt.

(A) dress
(B) shoes
(C) earrings
(D) blouse

If you stopped after "for my birthday" you might make a mistake, whereas if you read the whole sentence, you will be better equipped to answer correctly. Obviously, it cannot be (B) or (C) since the verb is conjugated in the third person singular (it went well). It cannot be (A) since you cannot wear a skirt and a dress at the same time. The only possible answer is (D).

■ Work by process of elimination. Look for the answers you know will not make any sense in the context given and eliminate them. Then try the other answers to see if they seem appropriate. If you are left with three choices and cannot decide, you might want to skip the question and come back to it later. If you are down to two choices, you might want to guess. But guess judiciously; frequently, the correct answer will be a word that is easily recognizable by students, not a very difficult one. When an answer looks like the correct answer because it is a word that is in the statement containing the blank, it might be a trick, so be careful.

■ Beware of partially correct answers. Consider the following sentence and the question that corresponds to it:

She was wearing all red but for her shoes.

What was she wearing?

(A) She was wearing all red.
(B) Her shoes were red.
(C) Her shoes were not red.
(D) She had no shoes.

Choice (A) is trying to mislead you since it mirrors the beginning of the sentence. Yet, it is only partially true, so it cannot be the correct answer. The correct answer is in fact choice (C). The color of her shoes was not actually given in the original sentence. Based on the sentence, though, we know that her shoes are the only item she is wearing that are not red.

■ Make an educated guess by thinking of an English word that would apply in that context. However, remember that there are sometimes false cognates on your test (words that are similar in French and in English but have different meanings), so studying the most common false cognates will be very helpful to you.

■ Each section doesn't have the same number of questions, but they are all multiple choice. Read the question first, then the answer choices, and then go back to the question. It is better to skip a question than to spend too much time wondering which is the correct answer. Go back to it later if you have time.

- For the grammar section, examine the context diligently. If an expression that requires the subjunctive precedes the blank, then the subjunctive must follow. If the blank is supposed to be an interrogative, then check what comes immediately after. For example, be careful if you encounter this type of question:

_____ tu as vu dimanche dernier ?

(A) Qu'est-ce qui
(B) Lequel
(C) Quelle
(D) Qu'est-ce que

Because a personal pronoun follows the blank, the interrogative expression has to end with "que," so (A) is eliminated. It cannot be "lequel" for two reasons: it is neither preceded by an explanation nor followed by an inversion (as in "il y avait deux films intéressants, lequel as-tu vu ?"). Answer (C) is also wrong because "quelle" requires an inversion. Also, "quelle" is an adjective and must be followed by a noun ("Quelle fille as-tu vue ?"). The correct answer is (D).

- In the reading comprehension section, don't panic if you don't understand everything. You are not expected to! The best way to prepare for the questions in this section is to first look at the questions and then read the passage carefully, concentrating on what you do understand rather than on what you don't. Often, if there is a word you don't understand, the rest of the passage will allow you to guess more or less what it means. *To understand a passage, you don't have to understand every word!* For example, look at the following paragraph in English. I have replaced some words with gibberish, and, if you read carefully, you will probably guess what it says.

When we were children, we used to XXSWR with our little neighbors in the BBVCD which was two blocks away. There were swings and slides and, when the weather was UQSZ, we would spend hours playing.

You might not know from the first sentence that XXSWR is "play," but you do know that it is a verb, and you might guess what it is by reading the rest of the passage. The second strange word, BBVCD, is obviously a location. By reading the second sentence, you know that there were swings and slides; therefore, it was a place where you played. Because the weather is mentioned, you know that it is outdoors; therefore, it must be a park or a playground. The last strange word, UQSZ, must be an adjective, and usually you only play on swings and slides if the weather is nice.

> Keep a running list of vocabulary words that you encountered in this book but did not know. To remember the gender of nouns, write feminine nouns in one color and masculine nouns in another color. Chances are that you will remember the noun's color and then will remember its gender!

- For Part A of the listening comprehension section in the SAT French Subject Test with Listening, look at the picture while listening to the questions that pertain to it. Do not, however, forget to listen to the questions because you are trying to figure out the picture. Even if you aren't sure of what the picture means, the answers you will hear will usually put the whole thing in perspective. In Part B, because the questions are spoken only once, be very attentive when listening to the short dialogue. In Part C, the questions are printed in your booklet, which should be helpful. If you can eliminate one or more answers and guess, as long as it is not a guess based on luck [I'll take answer (B) because the answer to the last question was (A)!], it will be a good move. If you guess without reasoning or you don't try to eliminate choices, you might lose points.

Be sure to visit *barronsbooks.com/TP/SAT/French/* to take the online SAT French Subject Test (without listening) and the SAT French Subject Test with Listening!

PART ONE
Practice Exercises

Preparing for Part A— Incomplete Statements

1

QUESTIONS

> **Directions:** This part consists of a series of incomplete statements followed by four possible answers. Among the four choices, select the answer that best fits the statement.

C 1. Donnez-moi le livre bleu qui se trouve sur la deuxième _____.

    (A) page
    (B) bibliothèque
    (C) étagère
    (D) librairie

C 2. Elle a vécu en Italie _____ trois ans.

    (A) pour
    (B) depuis
    (C) pendant
    (D) dans

A 3. A la fin du _____, j'ai félicité les trois danseuses et l'acrobate.

    (A) spectacle
    (B) débat
    (C) film
    (D) concert

B 4. Cet homme _____ tous ses employés et personne ne veut travailler pour lui.

    (A) paie
    (B) maltraite
    (C) crie
    (D) défend

A 5. Je n'aime pas les rideaux de ma chambre à coucher parce qu'ils sont trop _____ et moi, j'aime tout ce qui est clair !

   (A) foncés
   (B) lourds
   (C) grands
   (D) transparents

B 6. Hier soir, avant que les invités n'arrivent, j'ai _____ assez de fleurs dans notre jardin pour pouvoir remplir tous les vases de la maison.

   (A) planté
   (B) cueilli
   (C) acheté
   (D) orné

C 7. A la plage, il _____ une chaleur épouvantable, malgré la brise marine.

   (A) tombait
   (B) soufflait
   (C) faisait
   (D) avait

C A 8. Mon frère compte faire des études de _____ parce qu'il veut devenir avocat.

Law studies → "les études de droit"

   (A) loi
   (B) juge
   (C) droit
   (D) justice

D 9. Quand nous sommes arrivés chez tante Marthe, elle était en _____ de préparer mon dessert favori: la tarte au citron.

   (A) mesure
   (B) cuisine
   (C) procès
   (D) train

A B 10. J'ai _____ une grande douleur lorsque j'ai appris que notre vieille voisine était gravement malade.

"souffrir" to don.

   (A) éprouvé
   (B) souffert
   (C) expérimenté
   (D) compris

C 11. Le meilleur joueur de l'équipe a _____ trois buts.

 (A) réussi
 (B) fait
 (C) marqué
 (D) eu

B 12. Dis-moi la vérité ! Tu sais que j'ai le _____ en horreur !

 (A) dégoût
 (B) mensonge
 (C) faux
 (D) prétention

A 13. Maman ne dort pas _____, elle est en train de lire son roman favori.

 (A) encore
 (B) ensuite
 (C) toujours
 (D) déjà

D X 14. J'ai emprunté la montre de maman parce que la mienne ne _____ pas bien.

"marche"
用于所有机
械购
 (A) compte
 (B) va
 (C) travaille
 (D) marche

A 15. J'ai besoin d'un nouvel imperméable, mais je préfère _____ les soldes de janvier.

 (A) attendre
 (B) profiter
 (C) faire
 (D) finir

B 16. Soudain, Thomas a _____ la chambre en claquant la porte.

 (A) sorti
 (B) quitté
 (C) laissé
 (D) entré

D 17. Marguerite nous _____ toujours des fleurs quand elle venait nous voir.

 (A) emmenait
 (B) portait
 (C) emportait
 (D) apportait

B 18. Je n'ai pas _____ à mes grands-parents l'été dernier parce qu'ils étaient partis en croisière.

    (A) visité
    (B) rendu visite
    (C) reconnu
    (D) vu

C 19. En rentrant chez moi, je suis tombée dans une flaque d'eau et j'ai _____ ma nouvelle robe.

    (A) abîmée
    (B) ruinée
    (C) mouillé
    (D) cassé

B *D* 20. Nous comptons nous _____ en Italie pour nos prochaines vacances.

以为 se rendre
的用法
    (A) aller
    (B) rendre
    (C) venir
    (D) voyager

A 21. _____ -nous à table avant 7 heures pour pouvoir aller au cinéma à 8h30.

    (A) Mettons
    (B) Allons
    (C) Dînons
    (D) Débarrassons

A 22. Notre professeur est _____ en France, mais il reviendra la semaine prochaine.

    (A) actuellement
    (B) avant
    (C) présent
    (D) autrefois

B 23. Je viens d'acheter une robe bleue qui a coûté très _____.

    (A) beaucoup
    (B) cher
    (C) chère
    (D) énormément

D 24. Elle était inquiète parce qu'elle n'avait pas de _____ de sa cousine qui était dans le coma.

    (A) informations
    (B) lettres
    (C) reportages
    (D) nouvelles

C 25. Le temps est _____ aujourd'hui, et ça me rend triste.

    (A) merveilleux
    (B) pleureur
    (C) nuageux
    (D) injuste

B D 26. Le discours était si ennuyeux que Pierre _____ en se frottant les yeux.

"rub"

犯因对应B 选项.还 未睡着

    (A) souriait
    (B) bâillait
    (C) plaignait
    (D) dormait

A 27. Après avoir vu ce film, nous n'avions aucune _____ de lire le livre.

    (A) envie
    (B) désir
    (C) souhait
    (D) penchant

D 28. J'ai oublié mon _____ à la maison, et je n'ai pas pu acheter le livre dont j'avais besoin.

    (A) cahier
    (B) stylo
    (C) gant
    (D) portefeuille

"flu"

A X 29. Elle avait la grippe et _____ tout le temps.

vocab.

    (A) toussait *"cough"*
    (B) avalait
    (C) respirait
    (D) étendait

C 30. Picasso et Monet sont mes _____ favoris !

    (A) peintures
    (B) tableaux
    (C) peintres
    (D) impressions

A 31. Lorsque mon grand-père était jeune, il _____ des bottes pour aller à l'école car il neigeait toujours en hiver.

    (A) portait
    (B) aimait
    (C) apportait
    (D) usait

B 32. Je n'ai rien trouvé au _____ des jouets, donc j'ai acheté un livre pour mon fils.

(A) étage
(B) rayon
(C) boutique
(D) compartiment

D. B 33. Le petit Jonathan avait peur parce que la voiture _____ à cent kilomètres à l'heure.

only D can be applied to a car

(A) courait
(B) voyageait
(C) conduisait
(D) roulait

B 34. Tous les dimanches, nous allions à la _____ avec papa, et le soir, nous mangions les poissons que nous avions attrapés.

(A) piscine
(B) pêche
(C) lac
(D) bateau

B 35. J'adorais jeter des _____ dans la rivière et voir à quelle distance elles tombaient dans l'eau.

(A) cailloux
(B) pierres
(C) rochers
(D) galets

C 36. Un piano et un ordinateur ont tous les deux un _____.

(A) imprimante ˣ
(B) écran ˣ
(C) clavier
(D) corde

A 37. J'ai attendu mon cousin à la gare, et j'étais sur le _____ quand il est arrivé.

(A) quai
(B) train
(C) banquette
(D) corridor

C 38. Comme mes parents étaient très fatigués, ils ont dû se _____ avant d'aller au restaurant.

(A) rester
(B) dormir
(C) reposer
(D) récupérer

D 39. Moi, je me _____ très bien en Europe parce que je parle français.

B.C.A为反身 (A) dépêche
代词.A h (B) communique
符合题意 (C) voyage
(D) débrouille

A 40. Je suis désolée de ne pas t'avoir vue au concert, mais, comme toujours, il y avait trop de _____.

(A) monde
(B) peuple
(C) personne
(D) artiste

B.A 41. Il pleuvait tellement hier que nous avons dû _____ notre pique-nique à la semaine prochaine.

A只能是 "re- (A) tarder
tarder" (B) remettre
(C) faire
(D) avoir

D 42. J'ai rencontré ton frère au supermarché en faisant la _____ pour payer.

(A) caisse
(B) ligne
(C) course
(D) queue

D 43. Elle ne sait pas ce qui a causé l'accident parce qu'elle n'a pas vu ce qui s'est _____.

(A) arrivé
(B) précédé
(C) provoqué
(D) passé

B 44. Le professeur a fermé la porte de la salle de classe parce qu'il y avait beaucoup de _____ dans le couloir.

(A) élèves
(B) bruit
(C) cours
(D) lampes

D 45. Albert a _____ un cours de chimie et a reçu une très bonne note à l'examen.

(A) fait
(B) enseigné
(C) été
(D) suivi

C 46. C'est toujours papa qui me _____ à l'école.

    (A)   apporte

    (B)   trouve

    (C)   conduit

    (D)   va

A 47. Il travaille très _____ pour réussir et mérite une bonne note.

    (A)   dur

    (B)   beaucoup

    (C)   rarement

    (D)   vraiment

B 48. Ils sont allés à la boucherie parce qu'ils avaient besoin de _____.

    (A)   glaces

    (B)   viande

    (C)   tomates

    (D)   pain

C 49. J'ai encore faim, je n'ai pas _____ mangé.

    (A)   toujours

    (B)   enfin

    (C)   assez

    (D)   même

A 50. Pendant combien de _____ a-t-elle étudié hier ?

    (A)   temps

    (B)   fois

    (C)   jours

    (D)   longueur

ANSWER KEY

1. **C**	11. **C**	21. **A**	31. **A**	41. **B**
2. **C**	12. **B**	22. **A**	32. **B**	42. **D**
3. **A**	13. **A**	23. **B**	33. **D**	43. **D**
4. **B**	14. **D**	24. **D**	34. **B**	44. **B**
5. **A**	15. **A**	25. **C**	35. **B**	45. **D**
6. **B**	16. **B**	26. **B**	36. **C**	46. **C**
7. **C**	17. **D**	27. **A**	37. **A**	47. **A**
8. **C**	18. **B**	28. **D**	38. **C**	48. **B**
9. **D**	19. **C**	29. **A**	39. **D**	49. **C**
10. **A**	20. **B**	30. **C**	40. **A**	50. **A**

ANSWERS EXPLAINED

For a more in-depth explanation, see Part Three: Grammar Review.

1. **(C)** It cannot be (A), "page," nor can it be (B), "bibliothèque," because a book cannot be "sur" a bibliothèque. "Librairie," (D), is a bookstore.

2. **(C)** It cannot be "pour" because it is in the passé composé, not in the future, and does not involve the verbs partir, s'en aller, sortir, venir, and so on.

3. **(A)** One cannot see dancers and acrobats during a debate, (B). To congratulate the performers, it has to be a live show, not a film, (C). A concert involves music played or sung, without any acrobats or dancers, (D).

4. **(B)** Of course, (A) would be possible, but the second part of the sentence negates this answer. (C) could also apply, but it would have to be followed by something else (such as "des injures à"). Finally, (D) is not a possibility, because, if he defended them, they would want to work for him.

5. **(A)** The clue is in the last part of the sentence. The person says that he/she does not like the curtains because he/she likes what is light colored.

6. **(B)** The goal was to put flowers in all of the vases; therefore, it cannot be (A). (C) was a possibility, except the second part of the sentence clearly states that the person got the flowers from the garden, not in a shop.

7. **(C)** Answer (B) could apply to "brise marine" but not to "chaleur."

8. **(C)** "Law" itself (as in the law of nature) is "loi," but Law studies is "droit."

9. **(D)** "En train de préparer" means, of course, preparing. (A) or "en mesure de" means capable of, which does not make sense here; (B) would be correct if "cuisine" was preceded by "dans la" instead of "en." (C) or "procès" means trial (as in court trial).

10. **(A)** (B) is wrong because "souffrir" cannot be followed by a noun. Only "J'ai souffert lorsque j'ai appris . . ." would be correct. Answers (C) and (D) do not make any sense in this case as they mean to make an experiment and to understand, respectively.

11. **(C)** "Buts" means goals, and the specific expression is, indeed, "marquer un but."

12. **(B)** "Vérité" means truth; therefore, the answer has to be the opposite of "vérité," and it is "mensonge."

13. **(A)** Since "maman" is still reading instead of sleeping, the correct response is "pas encore." "Toujours" could have been the correct answer if it had been placed before "pas." However, after "pas," the meaning changes completely and translates to doesn't always sleep.

14. **(D)** The verb "marcher" is used for anything mechanical (i.e., cars, clocks, washing machine).

15. **(A)** "Les soldes" means the sales, so that person prefers to wait for the sales. If (B) had been "profiter des" then that would have been a correct answer because the verb is "profiter de." Without the preposition, however, it doesn't work.

16. **(B)** The verb "sortir" requires a "de." The verb "laisser" does not apply to a room, as it means to leave behind, and the verb "entrer" requires "dans." Also, "sorti" and "entré" use the auxiliary verb "être."

17. **(D)** The verb "emmener" means to take along a person. The verb "porter" means to wear or to carry. The verb "emporter" means to carry along, as in to carry along one's umbrella when it is raining.

18. **(B)** (A) applies only to locations, not to people. Answer (C) means to recognize, and the verb "reconnaître" does not require the preposition "à" afterward. The verb "voir" also is not followed by a preposition, (D).

19. **(C)** (A) and (B) would have been possible if they had not had an "e" at the end. The feminine "e" can only apply when using the verb "être" (La robe *est* abîmée). It cannot be (D) because a dress does not break.

20. **(B)** This is the correct answer because it is reflexive, and "se rendre" is the only reflexive verb here.

21. **(A)** This is the correct answer because it is reflexive, and the expression is "se mettre à table."

22. **(A)** "Actuellement" is correct because the teacher is coming back the following week. "Actuellement" is a false cognate; it does not mean actually, it means at the present time or now. If (C) ("présent") had been preceded by "à," it would have been a possibility; however, without the preposition, it is wrong.

23. **(B)** In the expression "Coûter cher," "cher" is an adverb, and it is invariable. (A) and (D) would have been possible if "coûté" had not been followed by "très."

24. **(D)** It cannot be (A) because "informations" begins with a vowel. Obviously, if the cousin is in a coma, she cannot write a letter, and (B) is wrong. (C) means newspaper article, and nothing here says that the cousin is a famous personality.

25. **(C)** "Nuageux" means cloudy. Since the person is sad, it cannot be (A). (C) and (D) cannot apply to the weather ("pleureur" = the person who cries/"injuste" = unfair).

26. **(B)** Obviously Pierre was sleepy because the speech was boring. He was not asleep yet since he was rubbing his eyes; therefore, (D) is wrong. (A) does not apply, and (C) only applies if preceded by the reflexive pronoun "se."

27. **(A)** "Aucune" is feminine, and "envie" is the only feminine word in this series.

28. **(D)** A wallet is the only item that would prevent that person from buying something.

29. **(A)** Because this person had the flu, she was coughing ("toussait") all the time. The other verbs have nothing to do with being ill.

30. **(C)** All of the other answers pertain to things.

31. **(A)** The grandfather, when he was young, wore boots to go to school when it was snowing. (B) would be a possibility if followed by "les" instead of "des." (C) means brought, and (D) means utilized.

32. **(B)** The toy department is "le rayon des jouets." (A) is a possibility if the toys are sold on one floor, but then "au" would have to be replaced by "à l'." (C) is a feminine word, and (D) is not a possibility.

33. **(D)** The other answers cannot apply to a car in French.

34. **(B)** The second part of the sentence is the clue because they ate the fish they caught. (A) is obviously wrong; (C) and (D) are masculine words.

35. **(B)** (A) would have been possible; however, because we find out in the second part of the sentence that it is a feminine word, it can only be (B).

36. **(C)** "Clavier" is a keyboard. (A) and (B) only apply to a computer ("un ordinateur"), and (D), in the feminine ("une corde"), is only found in a piano.

37. **(A)** If he was waiting for his cousin in the station, he could not be on the train, (B). (C) is a feminine word, and (D) would not work with "sur."

38. **(C)** It is the only reflexive verb in this series.

39. **(D)** The only other reflexive verb is (A), and it does not work in this sentence as it means to hurry. "Se débrouiller" means to get along or to manage.

40. **(A)** "Trop de monde" means too many people. (B) is wrong because "peuple" represents a people such as the French people. The two other answers would have to be in the plural to be possible.

41. **(B)** (A) is wrong because it can only apply if it has the prefix "re," as in the verb "retarder." The two others do not fit because "la semaine prochaine" means next week. If it had been "la semaine suivante" or the following week and there was no "à" before "la semaine," (D) would have been possible.

42. **(D)** The expression is "faire la queue."

43. **(D)** It is the only possible answer because it is the only reflexive verb.

44. **(B)** The teacher closed the door because there was a lot of noise ("bruit"). (A) is a possibility only if preceded by "d'" instead of "de."

45. **(D)** The correct verb to be used for to take (a class) is "suivre."

46. **(C)** The father drives him to school.

47. **(A)** To work hard translates into "travailler dur." (B) would be applicable if "beaucoup" had not been preceded by "très." (C) means rarely and is therefore negated by the second part of the sentence.

48. **(B)** It is the only product, out of the four listed, that one can find at a "boucherie."

49. **(C)** (A) would only apply if "toujours" had been placed before "pas."

50. **(A)** (B) would only be possible if the question had begun with "combien," and it implies a number of times (as in "she opened her book three times to study").

Preparing for Part B— Grammar

2

QUESTIONS

Directions: Each of the following sentences is followed by four choices. Select the one that, when placed in the blank, forms a grammatically correct sentence. Dashes in one of the choices indicate that no insertion is required to form a correct sentence.

C 1. J'ai _____ vu ce film, et je l'ai trouvé assez long.

    (A) plutôt
    (B) avant
    (C) déjà
    (D) hier

B 2. _____ vous avez acheté pour l'anniversaire de Julie ?

    (A) Laquelle
    (B) Qu'est-ce que
    (C) Qui est-ce que
    (D) Quel

B 3. Il est à l'école aujourd'hui _____ il soit malade.

    (A) pour qu'
    (B) bien qu'
    (C) parce qu'
    (D) depuis qu'

A 4. Ma cousine est malade, et j'ai dû _____ téléphoner pour avoir de ses nouvelles.

    (A) lui
    (B) la
    (C) elle
    (D) y

A 5. Nous avons fait cet exercice plusieurs _____ fois l'année dernière.

    (A)   - - -
    (B)   de
    (C)   des
    (D)   une

D 6. Le tiroir dans _____ j'ai mis ma rédaction est fermé à clé.

    (A)   - - -
    (B)   où
    (C)   quoi
    (D)   lequel

B. 8 7. Il a offert une douzaine de très jolies tasses _____ thé à sa mère.

+C. that means
he offers a dozen
cups of tea

    (A)   - - -
    (B)   à
    (C)   de
    (D)   du

C 8. Maman dessine moins _____ que papa.

    (A)   bon
    (B)   joli
    (C)   bien
    (D)   mauvais

B 9. Est-ce que vous avez compris _____ Pierre a dit ?

    (A)   que
    (B)   ce que
    (C)   quoi x
    (D)   lequel x

C 10. Je suis tombée _____ jouant au tennis.

    (A)   par
    (B)   pendant
    (C)   en
    (D)   quand

A 11. Je n'aime pas la maison devant _____ il y a deux grands arbres.

    (A)   laquelle
    (B)   qu'
    (C)   quoi
    (D)   quelle

D. 12. Ce train est beaucoup plus _____ que l'autre.

   (A) bien
   (B) vite
   (C) mal
   (D) rapide

C. 13. Voici la jeune fille _____ le frère est acrobate.

   (A) que
   (B) duquel
   (C) dont
   (D) avec

C. 14. Elle _____ toujours pendant ses vacances de Noël.

   (A) a voyagé
   (B) avait voyagé
   (C) voyageait
   (D) voyagerait

B. 15. Je viendrai vous voir _____ une demi-heure, pas plus tard.

   (A) en
   (B) dans
   (C) pendant
   (D) envers

B. 16. Lorsqu'il nous _____, il a annoncé son prochain voyage au Canada.

   (A) avons rencontré
   (B) a rencontrés
   (C) rencontrait
   (D) rencontrons

A. 17. Si vous _____ sa robe de mariée, vous l'auriez trouvée très élégante.

   (A) aviez vu
   (B) voyez
   (C) auriez vu
   (D) verriez

C. 18. Je ne vois pas _____ a pu causer cet accident.

   (A) qu'est-ce qu'
   (B) lequel
   (C) ce qui
   (D) quoi

B 19. Nous avons acheté ces livres pour _____.

    (A)   tu

    (B)   elle

    (C)   il

    (D)   les

A 20. Francine voulait acheter un livre mais elle n'a _____ trouvé à la librairie.

    (A)   rien

    (B)   pas

    (C)   personne

    (D)   plus

C D 21. Je n'ai vu que _____ musiciens que je connaissais.

"ne..que" means (A)   ---
only
    (B)   aucun

    (C)   quelques

    (D)   beaucoup

B 22. Je ne comprends pas _____ tu ne veux pas voir cette comédie musicale.

    (A)   que

    (B)   pourquoi

    (C)   ce que

    (D)   qui

B 23. Paul a _____ quarante ans, mais il paraît beaucoup plus jeune.

    (A)   vers

    (B)   environ

    (C)   près

    (D)   envers

A B 24. Je les ai vus _____ aller au supermarché.

if B, it should (A)   ---
be followed by a (B)   en
present parti (C)   qui
-ciple (D)   pendant

A 25. Le bonnet de Sophie est ravissant, mais _____ Caroline a acheté n'est pas du tout à la mode.

    (A)   celui de

    (B)   lequel

    (C)   celui que

    (D)   quel

C 26. Elle ne fait _____ travailler et n'a jamais le temps de s'amuser.

    (A)   pas
    (B)   trop
    (C)   que
    (D)   seulement

A 27. Ses amis sont venus _____ Maroc la semaine passée.

    (A)   du
    (B)   de
    (C)   à
    (D)   en

B 28. Il faut _____ rappeler à papa de conduire lentement !

    (A)   demain
    (B)   toujours
    (C)   après
    (D)   depuis

D 29. Le jour _____ nous les avons vus, ils allaient à l'école.

    (A)   - - -
    (B)   lorsque
    (C)   quand
    (D)   où

D 30. Le médecin a _____ d'écrire l'ordonnance.

    (A)   venu
    (B)   voulu
    (C)   assis
    (D)   fini

A 31. Il a _____ étudié qu'il s'est endormi sur son livre.

    (A)   tant
    (B)   beaucoup
    (C)   si + adj.
    (D)   autant

B 32. Elle m'a demandé _____ je voulais du jus d'orange.

    (A)   que
    (B)   si
    (C)   parce que
    (D)   quel

D 33. J'étudierai ce chapitre jusqu'à ce que je _____.

    (A)   le comprends

    (B)   l'ai compris

    (C)   l'aurais compris

    (D)   le comprenne

B 34. Il est _____ minuit, et Pierre est toujours au bureau: il travaille trop !

    (A)   envers   *A 多半表达情感*

    (B)   déjà

    (C)   près

    (D)   à

A 35. Ils se sont sacrifiés pour que leurs enfants _____ une bonne éducation.

    (A)   aient

    (B)   ont

    (C)   aillent

    (D)   avaient

B 36. Téléphonez-moi à _____ quelle heure !

    (A)   - - -   *"at any time"*

    (B)   n'importe

    (C)   vers

    (D)   environ   } *can't be used with à*

D A 37. En route _____ Nice, elle est passée par Marseille.

    (A)   à   *↔ "en route" 后接*

    (B)   par

    (C)   avant

    (D)   pour

C 38. J'adore aller à l'école _____ bicyclette parce que je n'habite pas loin.

    (A)   en

    (B)   sur

    (C)   à

    (D)   avec

A X 39. _____ des deux statues voulez-vous acheter ?

"Quelle" cannot be used with de

    (A)   Laquelle

    (B)   De laquelle

    (C)   Quelle

    (D)   Lesquelles

C 40. Il a rencontré son client _____ du restaurant.

- (A) devant
- (B) derrière
- (C) près
- (D) dans

D 41. Je vais passer voir mes amis _____ match.

- (A) avant de
- (B) avant que le
- (C) avant du
- (D) avant le

{ avant + n.
{ avant + de + v.

A 42. _____ que j'aime s'appelle Pierre.

- (A) Celui
- (B) L'un
- (C) Le
- (D) Lui

C 43. Cet auteur célèbre _____ en 1900.

- (A) mort
- (B) mourait
- (C) est mort
- (D) meurt

B 44. Elles se sont _____ avant-hier.

- (A) téléphonés
- (B) téléphoné
- (C) téléphonée
- (D) téléphonées

B 45. Autrefois, je _____ très bien.

- (A) danserais
- (B) dansais
- (C) ai dansé
- (D) avais dansé

B 8 46. J'espère que vous _____ à ma soirée. futur

- (A) veniez
- (B) viendrez
- (C) viendriez
- (D) serez venus

D. 47. Elle n'a _____ problème.

    (A)   pas
    (B)   que
    (C)   plus
    (D)   aucun

A 48. Les étudiants, _____ lesquels il y a beaucoup de jeunes Français, vont à cette école.

    (A)   parmi
    (B)   pour
    (C)   vers
    (D)   dont

C 49. Elle écrit _____ que moi.

    (A)   meilleure
    (B)   meilleur
    (C)   mieux
    (D)   le plus

D. 50. Aussitôt que tu _____ tes devoirs, tu pourras regarder la télévision.

futur

    (A)   avais fini   *futur/*
    (B)   finirais   *futur prefect*
    (C)   finisses
    (D)   auras fini

ANSWER KEY

1. **C**	11. **A**	21. **C**	31. **A**	41. **D**
2. **B**	12. **D**	22. **B**	32. **B**	42. **A**
3. **B**	13. **C**	23. **B**	33. **D**	43. **C**
4. **A**	14. **C**	24. **A**	34. **B**	44. **B**
5. **A**	15. **B**	25. **C**	35. **A**	45. **B**
6. **D**	16. **B**	26. **C**	36. **B**	46. **B**
7. **B**	17. **A**	27. **A**	37. **D**	47. **D**
8. **C**	18. **C**	28. **B**	38. **C**	48. **A**
9. **B**	19. **B**	29. **D**	39. **A**	49. **C**
10. **C**	20. **A**	30. **D**	40. **C**	50. **D**

ANSWERS EXPLAINED

For a more in-depth explanation, see Part Three: Grammar Review.

1. **(C)** It cannot be (A) because "plutôt" means rather, which doesn't make sense in this sentence. (B) means before, and the only way it would make sense would be if it were placed after the first part of the sentence and followed by a specific point in time or an event ("j'ai vu ce film avant de lire le livre"). Finally, (D) can only apply if it is placed before the sentence.

2. **(B)** The subject of the verb is "vous." (A) would require a choice between two or more items, (C) refers to a person, and (D) must be followed by a noun.

3. **(B)** (A) means so that or in order to and cannot apply to this sentence. (C) is also not applicable because this expression cannot be followed by the subjunctive. (D) does not make sense in this context and also cannot be followed by the subjunctive.

4. **(A)** The verb "téléphoner" is followed by the preposition "à" ("téléphoner à ma cousine") and therefore has to be preceded by the indirect object pronoun "lui." (B) is the direct object pronoun, (C) is a personal pronoun, and (D) does not apply to a person.

5. **(A)** There can be no article after "plusieurs."

6. **(D)** After the preposition "dans," you must use "lequel," "laquelle," "lesquels," or "lesquelles." In this case, "tiroir" is a masculine noun and only "lequel" applies.

7. **(B)** (A) is wrong because it has to be either "tasse à thé" or "tasse de thé." It cannot be (C) because "tasses de thé" means cups of tea. (D) is wrong because, after a quantity or the noun representing a container, "du" becomes "de."

8. **(C)** An adverb is needed. (A), (B), and (D) are adjectives and therefore don't work here.

9. **(B)** The missing word is a translation of what or that which. (A) would have to be preceded by a noun. (C) can only be used if it is preceded by a preposition (as in "de quoi Pierre parle"). (D) requires a comparison (which one).

10. **(C)** A gerund (an expression that shows the manner in which something is done or describes an action that is simultaneous to another one; it answers the question "How?" and is formed by "en" plus the present participle) is required here. (A), (B), and (D) cannot be followed by the present participle.

11. **(A)** After a preposition ("devant"), "laquelle" is the only possible answer. (B) and (D) do not require a preposition and (C) requires a preposition, in the interrogative form (as in "avec quoi écrivez-vous ?") or when the antecedent is not clear ("il ne sait pas de quoi tu parles").

12. **(D)** Only an adjective fits here (it describes the noun). All the other answers are adverbs (they describe or modify a verb).

13. **(C)** The brother of the young woman is an acrobat. It represents possession, and replaces "de" ("le frère de la jeune fille"). "Dont" is a relative pronoun. (A) means that and doesn't apply here. "Duquel" can only be used if the antecedent is separated from the relative pronoun (as in "le parc au milieu duquel"). The antecedent "parc" is separated from the relative pronoun by "au milieu."

14. **(C)** "Voyageait" is followed by "toujours," which requires the use of the imperfect. (A) is in the passé composé. (B) is in the plus-que-parfait and could apply, but only if "toujours" had been placed between "avait" and "voyagé." (D) is in the conditional.

15. **(B)** "Dans une demi-heure" means "a half-hour from now"; it refers to the beginning of an action. (A) or "en" refers to the duration of an action as in "j'ai fini mes devoirs en une demi-heure." (C) also refers to the duration of an action and (D) means "toward" in the abstract sense (as in "she is mean toward her friends").

16. **(B)** It is in the passé composé because it only happened one time. It cannot be (A) because "nous" is a direct object, not a subject here. (C) is in the imperfect and is not applicable because the second part of the sentence is in the passé composé. (D) is wrong because it is in the present tense and because "nous" is not the subject of the verb.

17. **(A)** It is a conditional sentence and the second part is in the past conditional; therefore, the only choice here is the plus-que-parfait.

18. **(C)** The antecedent is not known; therefore, it must be a "ce" expression. (A) is an interrogative, which needs to be followed by a noun or pronoun ("qu'est-ce qu'elle a vu ?"). (B) requires a comparison, and (D) needs to be preceded by a preposition ("avec quoi il a pu causer l'accident").

19. **(B)** After the preposition "pour" only "moi," "toi," "soi," "lui," "elle," "nous," "vous," "eux," or "elles" can be used.

20. **(A)** (B) would need to be followed by the noun representing the object that was not found ("elle n'a pas trouvé de livre"). (C) can only be used if it is placed after the past participle "trouvé." (D) means no more or no longer and does not make sense here.

21. **(C)** (A) is not possible because "musiciens" must be preceded by an article, an adjective, or an adverb. (B) is not applicable because "musiciens" is in the plural, and "aucun" must be followed by a singular noun. (D) would only be possible if followed by "de."

22. **(B)** (A) is a relative pronoun and cannot be used here. (C) does not apply because we know what they are talking about ("une comédie musicale"); therefore, a "ce" expression cannot be used. (D) means who or whom and refers to a person.

23. **(B)** It means approximately or about. (A) means toward in the concrete sense (as in "I am walking toward the door"), (C) could only apply if followed by "de," and (D) also means "toward" in an abstract sense.

24. **(A)** When two verbs follow each other, the second one is in the infinitive, and there is nothing between them. (B) would have to be followed by the present participle. (C) is a relative pronoun and would have to be followed by a conjugated verb. (D) would need to be followed by "que" plus the subject and the verb ("pendant qu'ils allaient").

25. **(C)** (A) indicates possession (Caroline's hat, not the hat that Caroline bought). (B) requires a preposition ("le bonnet avec lequel"), and (D) is an interrogative adjective.

26. **(C)** Answer (A) cannot be used with "ne fait . . . travailler." (B) would be appropriate in the affirmative, with "trop" being placed after the verb ("elle travaille trop"). (D) cannot be used with "fait" in this context.

27. **(A)** The country, le Maroc, being in the masculine, "de le" becomes "du." (B) can only be used with feminine countries ("ils sont venus de France, d'Italie, du Pérou"). The other answers cannot be used with the verb "venir."

28. **(B)** (A) can only apply if "demain" is placed at the beginning of the sentence, before "il faut." (C) also has to be used at the beginning of the sentence. "Depuis," (D), means since.

29. **(D)** (A) is wrong because in French, unlike English, one cannot say "the day we saw them." Both (B) and (C) mean when; in French, the location in time and in space is expressed by "où."

30. **(D)** (A) would be possible only if it were in imperfect ("venait"). (B) can only be used without "de," and (C) does not apply here.

31. **(A)** (B) is applicable if the verb is followed by "et" instead of "qu." (C) is applicable if placed after the verb and followed by an adverb ("il a étudié si tard qu'il . . ."). (D) is only applicable if there is a comparison.

32. **(B)** (A) requires a subjunctive and does not work in this case. (C) would make it an incomplete sentence, and (D) is used for a question.

33. **(D)** "Jusqu'à ce que" requires the subjunctive.

34. **(B)** (A) is used after a word describing an emotion or a feeling. Answer (C) is possible only if followed by "de," and answer (D) means at and therefore cannot be used here.

35. **(A)** "Pour que" must be followed by a subjunctive. (C) is the subjunctive of the verb "aller," which does not apply here.

36. **(B)** The statement made means at any time; therefore, "n'importe quelle" is the correct answer. Answer (A) would be incomplete, and the other two cannot be used with the preposition "à."

37. **(D)** (A) means in and cannot follow "en route." (B) means by and also cannot follow "en route." (C) can only apply if followed by "de" plus a verb ("avant d'arriver à Nice").

38. **(C)** (A) is applicable only if "in" a vehicle, as in "en voiture." (B) and (D) cannot be used with a bicycle.

39. **(A)** There is a choice between two items. (B) can only apply if the verb (in this case "acheter") is followed by the preposition "de" ("De laquelle des deux statues parlez-vous"). (C) is wrong because "quelle" cannot be used with "des." (D) can apply if there are more than two items between which to choose.

40. **(C)** (A), (B), and (D) cannot be used with "du."

41. **(D)** (A) is wrong because "avant de" must be followed by an infinitive (as in "avant d'aller"). (B) needs to be followed by the noun plus the subjunctive ("avant que le match n'ait lieu"). (C) is wrong because "avant" cannot be used with "de" and an article.

42. **(A)** In this sentence, the subject of the verb is "je"; therefore, Pierre, the object of the verb, is referred to as the one, or "celui." (B), which is the literal translation of "the one," cannot be used in French. (C) is the article and can only apply if followed by a noun (as in "le garçon"). (D) is the indirect object pronoun (meaning "to him" or "to her") and is wrong in this context.

43. **(C)** Because the date is specific, only the passé composé can be used. Therefore, all the other answers are wrong.

44. **(B)** The verb "téléphoner" is always followed by the preposition "à" before a noun. The noun then becomes the indirect object of the verb. This makes it impossible for all of the other answers to apply. The past participle of a reflexive or reciprocal verb reflects the gender and number of a direct object placed before, not of an indirect object.

45. **(B)** "Autrefois" requires the use of the imperfect tense. All the other answers are in the conditional (A), the passé composé (C), and the plus-que-parfait (D).

46. **(B)** The subject of the sentence, "Je," hopes for something that has not happened yet; therefore, the future tense must be used. The other answers are in the subjunctive (A), the present conditional (C), and the future perfect or futur antérieur (D).

47. **(D)** (A) requires a "de" before the noun "problème." (B) needs to be followed by "des" and the plural of the noun. (C) also needs to be followed by a preposition (in this case "de") and the plural of the noun.

48. **(A)** "Parmi" means among and fits perfectly in this context. The other answers do not make sense in this case: "Pour" means for, "vers" means towards, and "dont" means of which or of whom.

49. **(C)** "Mieux" is an adverb; it modifies the verb "écrire." (A) and (B) are adjectives and cannot be used (it would be fine if the sentence read "C'est la meilleure élève"). (D) cannot be preceded by "le."

50. **(D)** With the expression "aussitôt que," if the other part of the sentence is in the future (in this case it is the principal clause "tu *pourras* regarder la télévision"), the other clause must also be in the future, or the future perfect.

Preparing for Part C— Paragraphs

3

QUESTIONS

> **Directions:** The following paragraphs contain some blank spaces. Choose, among the four answers that follow, the one that best completes the sentence, either for the meaning, or for the grammar. In some instances, the first answer (A) may only have dashes, indicating that no insertion is necessary to form a grammatically correct sentence.

Lorsque j'avais dix ans, mes parents nous _____(1) chaque été à la campagne. Le jour du départ, maman avait _____(2) de se réveiller à l'aube, avant tout le monde, car elle avait peur d'avoir oublié quelque chose. _____(3) les enfants se réveillaient, le petit-déjeuner était _____(4) sur la table. Ce n'était pas _____(5) de tous les jours, _____(6) nous n'avions vraiment pas le temps de _____(7) : il fallait partir ! Papa était toujours très pressé, et, _____(8) le petit-déjeuner _____(9) nous nous mettions en route.

* *

Le professeur n'est pas sûr que nous _____(10) aller en groupe au musée la semaine prochaine car c'est la semaine qui _____(11) les examens semestriels. En tout cas, il pense que, comme l'exposition _____(12) jusqu'à la fin du mois

things B

B 1. (A) apportaient
    (B) emmenaient
    (C) apportions
    (D) emportions

C 2. (A) l'intention
    (B) l'envie
    (C) l'habitude
    (D) la crainte

C 3. (A) Avant
    (B) Après
    (C) Lorsque
    (D) Depuis

A 4. (A) déjà
    (B) encore
    (C) alors
    (D) jamais

D. B 5. (A) ça
    (B) le même
    (C) comme
    (D) celui

C 6. (A) enfin
    (B) celui
    (C) car
    (D) pourquoi

7. (A) mangeant
    (B) manger
    (C) mangions
    (D) mangeons

D. A 8. (A) durant
    (B) quand
    (C) après
    (D) sitôt *once*

A 9. (A) fini
    (B) finissant
    (C) finissez
    (D) finie

B 10. (A) pouvons
    (B) puissions
    (C) pourrions
    (D) pouvions

A 11. (A) précède
    (B) précédera
    (C) avait précédé
    (D) précéderait

A 12. (A) dure
    (B) durait
    (C) dura
    (D) aura duré

prochain, nous _____(13)_____ après les examens.
Lorsqu'il nous _____(14)_____ la date de la visite, je te le
ferai savoir. De cette façon, tu nous _____(15)_____ au
musée.

* *

Monsieur,

Comme je n'ai pas reçu de réponse à la lettre
que je vous _____(16)_____ le mois dernier, je vous écris
encore _____(17)_____ en _____(18)_____ que cette lettre-ci
aura des résultats. Franchement, je ne m'attendais
pas à _____(19)_____ manque de civilité de votre part,
et j'ose espérer qu'il s'agit _____(20)_____ d'une erreur
de la part d'un _____(21)_____ employés qui _____(22)_____
de vous remettre mon message. Voici _____(23)_____ il
s'agit: la facture que j'ai reçue pour le mois de mars
comprenait aussi le montant dû pour le mois de
février.

* *

Fin août, _____(24)_____ Saint-Cloud, près _____(25)_____
Paris, a lieu le festival de Rock en Seine. Pendant
que _____(26)_____ parents chantent et dansent à ce
festival _____(27)_____ musique annuel, les enfants,
_____(28)_____, ont droit à un événement spécial :
Mini rock en Seine. Ils _____(29)_____ font des activités
musicales car ils adorent aussi _____(30)_____ musique.

13. (A) allions
    (B) irions
    (C) irons
    (D) allons

14. (A) avons donné
    (B) donne
    (C) donnons
    (D) donnera

15. (A) retrouveras
    (B) retrouverons
    (C) retrouvons
    (D) retrouve

16. (A) envoyais
    (B) avais envoyé
    (C) ai envoyée
    (D) enverrais

17. (A) beaucoup
    (B) un temps
    (C) une fois
    (D) nouveau

18. (A) l'espoir
    (B) espérant
    (C) espoir
    (D) espérer

19. (A) un tel
    (B) une grande
    (C) un certain
    (D) cette

20. (A) simplement
    (B) toujours
    (C) plus
    (D) premier

21. (A) - - -
    (B) de vos
    (C) de nos
    (D) autre

22. (A) aurait oublié
    (B) ait oublié
    (C) oubliait
    (D) oublierait

23. (A) de qui
    (B) à quoi
    (C) quoi
    (D) de quoi

24. (A) à
    (B) en
    (C) au
    (D) aux

25. (A) - - -
    (B) de
    (C) dont
    (D) du

26. (A) leurs
    (B) leur
    (C) ses
    (D) tes

27. (A) de
    (B) du
    (C) de la
    (D) des

28. (A) lui
    (B) leur
    (C) nous
    (D) eux

29. (A) en
    (B) y
    (C) là
    (D) leur

30. (A) le
    (B) de la
    (C) du
    (D) la

Elodie boudait dans un coin de sa chambre. Sa petite soeur avait reçu _____(31)_____ de jolis cadeaux _____(32)_____ son anniversaire le mois _____(33)_____ et, hier, le jour de son anniversaire _____(34)_____ elle, ses parents ne lui avaient _____(35)_____ que des choses utiles _____(36)_____ elle n'avait pas envie: une trousse _____(37)_____ cuir pour ses stylos et ses crayons, un nouveau sac à dos, une calculatrice qui pouvait tout faire, _____(38)_____ que plusieurs nouveaux stylos. Le fait que tout _____(39)_____ valait bien _____(40)_____ que tous les cadeaux de sa petite soeur ne _____(41)_____ avoir aucune importance !

* *

Le XVème Sommet de la Francophonie _____(42)_____ lieu à Dakar, _____(43)_____ Sénégal, les 29 et 30 _____(44)_____ novembre 2014. Les quatre-vingts états et gouvernements de l'Organisation Internationale de la Francophonie (OIF) y _____(45)_____ les 274 millions d'individus au monde _____(46)_____ notre langue en commun, sous la présidence du chef du gouvernement sénégalais. Ce sommet se déroul _____(47)_____ les deux ans dans un pays d'accueil différent. Cette organisation, _____(48)_____ les racines remontent à 1970, a pour but de soutenir les valeurs établies par la révolution française et de célébrer la langue française. Il faut dire que le français se place au deuxième rang des langues les plus _____(49)_____ au monde. Le XVIème Sommet de la Francophonie se déroulera _____(50)_____ Madagascar, fin 2016.

31. (A) plusieurs
    (B) un tas
    (C) bien
    (D) une pile "a battery"

32. (A) à
    (B) pendant
    (C) avec
    (D) pour

33. (A) dernière
    (B) avant
    (C) précédent
    (D) suivant

34. (A) - - -
    (B) pour
    (C) d'
    (D) à

35. (A) offert
    (B) offrit
    (C) offrir
    (D) offraient

36. (A) dont
    (B) qu'
    (C) laquelle
    (D) ce qu'

37. (A) - - -
    (B) en
    (C) dans
    (D) avec

38. (A) ainsi
    (B) avec
    (C) plus
    (D) ne

39. (A) - - -
    (B) ce
    (C) lui
    (D) cela

40. (A) avant
    (B) tant
    (C) plus
    (D) moins

41. (A) voyait
    (B) valait
    (C) semblait
    (D) disait

42. (A) a été
    (B) était
    (C) avait
    (D) a eu

43. (A) à
    (B) en
    (C) à la
    (D) au

44. (A) - - -
    (B) en
    (C) de
    (D) du

45. (A) représentaient
    (B) représenteraient
    (C) avaient représenté
    (D) ont représenté

46. (A) ayant
    (B) avoir
    (C) avaient
    (D) ont

47. (A) tout
    (B) toute
    (C) tous
    (D) toutes

48. (A) duquel
    (B) dont
    (C) de qui
    (D) avec qui

49. (A) apprise
    (B) apprises
    (C) appris
    (D) apprenaient

50. (A) à
    (B) en
    (C) au
    (D) à la

ANSWER KEY

1. **B**		11. **A**		21. **B**		31. **B**		41. **C**
2. **C**		12. **A**		22. **A**		32. **D**		42. **D**
3. **C**		13. **C**		23. **D**		33. **C**		43. **D**
4. **A**		14. **D**		24. **A**		34. **D**		44. **A**
5. **D**		15. **A**		25. **B**		35. **A**		45. **A**
6. **C**		16. **C**		26. **A**		36. **A**		46. **A**
7. **B**		17. **C**		27. **A**		37. **B**		47. **C**
8. **D**		18. **B**		28. **D**		38. **A**		48. **B**
9. **A**		19. **A**		29. **B**		39. **D**		49. **B**
10. **B**		20. **A**		30. **D**		40. **C**		50. **A**

ANSWERS EXPLAINED

1. **(B)** (A) refers to things and translates into brought. (C) and (D) are wrong because, in this case, the "nous" is the direct object pronoun.

2. **(C)** The mother was used to getting up at dawn ("avoir l'habitude de"). (A) is wrong because, if she had the intention of getting up at dawn, where is the explanation as to why it did not happen?

3. **(C)** "Lorsque" indicates when the children woke up. (A) would require "que" and would have to be followed by the subjunctive; (B) and (D) also require "que."

4. **(A)** Although (B) is grammatically correct in this context, it does not fit as far as meaning is concerned. (C) and (D) are wrong.

5. **(D)** (A) is obviously wrong; (B) would be correct if followed by "que" rather than "de." (C) cannot be followed by "de."

6. **(C)** "Car" means because. None of the other answers (meaning finally, the one, and why) fit there.

7. **(B)** The expression "avoir le temps de" must be followed by an infinitive.

8. **(D)** This is due to the fact that the answer to Question 9 is (A). Otherwise, if the sentence ended with "le petit déjeuner" (C) would have been a plausible answer. "Sitôt" means as soon as or once, and "fini" (Question 9) means was finished. This is one of the examples that emphasizes the importance of reading the whole sentence, rather than stopping before a punctuation sign.

9. **(A)** See preceding explanation.

10. **(B)** This is the only answer in the subjunctive, and the subjunctive is required after the expression "n'est pas sûr que."

11. **(A)** It must be in the present because it is a fact, an explanation that will not change. It is indeed the week that precedes semester exams.

12. **(A)** See the reasoning in the explanation for Question 11.

13. **(C)** Because it will happen in the future, it is the only possible answer.

14. **(D)** Because the sentence begins with the expression "lorsque," the tense used must be the same in both parts of the sentence.

15. **(A)** Since the subject of the verb is "tu," "retrouveras" is the only possible answer.

16. **(C)** It happened at a specific time in the past ("le mois dernier"), and it is a completed action. (A) is in the imperfect, which does not apply here, and (B), although possible, cannot refer to a feminine noun ("la lettre") because the past participle refers to a masculine noun. (D), being in the conditional, is wrong.

17. **(C)** "Une fois" completes the expression "encore une fois."

18. **(B)** "En" requires a present participle, which can only be "espérant."

19. **(A)** "Un tel manque" means "such a lack" and fits very well in this context. (B) is wrong because it is in the feminine, (C) means "a certain" and does not fit well contextually. Finally, (D) is also wrong because it is in the feminine, and "manque" is a masculine noun.

20. **(A)** It is the only possible answer, contextually. It means simply. (B) means always, (C) means more, and (D) means first.

21. **(B)** It cannot be (A) because the article "un" is in the singular, and the noun "employés" is plural. It cannot be (C) because the letter is written by the customer, not the employer. (D) is in the singular also.

22. **(A)** Because it is a supposition on the part of the person writing the letter, the past conditional is required.

23. **(D)** It goes with the expression "il s'agit *de*." It cannot be (A) because it pertains to a fact, not a person. The two other answers have either the wrong preposition "à," or no preposition at all.

24. **(A)** The correct preposition with a city is "à." (B) would work with a feminine country. (C) would be used with a masculine country. (D) would be used with a plural country.

25. **(B)** The correct preposition with "près" is "de," so none of the other choices will work.

26. **(A)** "Leurs" is correct because it refers to "les enfants," which is presented later in the sentence, and "parents," which is plural. (B) would work if "parents" was singular. (C) would work if "les enfants" was singular. (D) cannot work because it would have to refer to a "tu," which is not in the paragraph.

27. **(A)** "De" is correct because "musique" characterizes the essence of the festival, taking the place of an adjective. Other articles are not possible in this role.

28. **(D)** This stress pronoun is needed to emphasize "les enfants." (A) does not work because "les enfants" is plural. (B) is not a stress pronoun. (C) refers to "nous," and "nous" is not mentioned in this sentence.

29. **(B)** This pronoun is the only correct one because it indicates a place. (A) would work if the preposition "de" was used. (C) means there, but it cannot be placed between the subject and the verb. (D) is a possessive adjective that cannot be used in this situation.

30. **(D)** With the verbs "aimer," "adorer," "detester," and all similar verbs, the definite article is needed, so (B) and (C) cannot be used. Although "le," (A), is a definite article, it does not work here because "musique" is feminine.

31. **(B)** "Un tas de" means a lot of. (A) is not a good answer because "plusieurs" is not followed by "de." (C) or "bien" needs to be followed by "des." Finally, (D), "une pile," means a battery.

32. **(D)** She received gifts *for* her birthday, not *at*, (A), *during*, (B), or *with*, (C), her birthday.

33. **(C)** The birthday took place the previous month. It cannot be (A) because the noun "mois" is masculine and "dernière" is in the feminine. (B) is an anglicism, and (D) does not make sense in this context.

34. **(D)** Whenever there is ambiguity between two subjects (Elodie and her little sister), "à," placed before the pronoun, makes the necessary distinction between the two subjects. (A) is wrong because a preposition is needed. (B) and (C) are both incorrect.

35. **(A)** "Offert" is the correct past participle of the verb "offrir." (B) is incorrect because it is in the passé simple, (C) is wrong since it is an infinitive, and (D) is in the imperfect tense.

36. **(A)** It goes with the expression "avoir envie de" because of the preposition "de." (B), (C), and (D) would omit this preposition.

37. **(B)** There are only two possibilities here: "en" or "de" because it refers to something made of a certain material.

38. **(A)** "Ainsi" means as well as, which is contextually correct. (B) cannot be followed by "que." (C) "plus que" means more than, and (D) "ne que" means only.

39. **(D)** "Cela" means all of that. (A) would only be possible if "tout" were followed by "le." (B) doesn't make for a complete statement. (C) means to him or to her and doesn't fit in this sentence.

40. **(C)** All of Elodie's gifts were more expensive than her sister's gifts, so "plus," meaning more, is correct. Before, (A), as much, (B), and less, (D), do not go with the context.

41. **(C)** "Semblait" means seemed, and it is the only verb that applies in this case.

42. **(D)** "A eu" is correct because the expression is "avoir lieu," and it has to be in the passé composé since it happened once in a limited time. (A) and (B) are wrong because the expression uses "avoir," not "être." (C) would work if the action were continuous, but it is limited. So imparfait is not possible.

43. **(D)** "Au" is correct because Sénégal is a masculine country. (A) would work with a city, not a country. (B) would work with a feminine country. (C) would work with the name of an island, which is not the case here.

44. **(A)** There is no preposition before the month in a date, so (B), (C), and (D) are incorrect.

45. **(A)** The imparfait is needed here because the action of "representing" is continuous. (B) is a conditional and thus does not work here. (C) is a pluperfect and does not work here either. (D) is wrong because the action is continuous, so passé composé is incorrect.

46. **(A)** "Ayant" is correct because the gerund is used with a phrase that describes a noun. (B) would work with a preceding infinitive, but there is none. (C) and (D) would require the relative pronoun "qui" as their subject.

47. **(C)** "Tous" is right because it corresponds with "les deux ans," which is a masculine plural noun. (A), masculine singular, (B), feminine singular, and (D), feminine plural, do not work here.

48. **(B)** It is "les racines de l'organisation," so the relative pronoun "dont" can be used to replace "de." (A) does not work here because "organisation" is a feminine word and "duquel" is used for masculine singular. (C) and (D) are incorrect because the relative "qui" after a preposition is used for a person, which is not the case here.

49. **(B)** "Apprises" is right because the past participle plays the role of an adjective here, referring to "langues," a feminine plural noun, so it needs to be in the feminine plural as well. (A) and (C) cannot be used because they do not follow that rule. (D) is an imperfect, which cannot be used as an adjective.

50. **(A)** "À" is correct because the names of islands without an article use the preposition "à," which assimilates them to cities. (B), (C), and (D) are incorrect prepositions because Madagascar does not have an article in its name.

Preparing for Part D—Reading Comprehension

4

QUESTIONS

Directions: Read the following passages and documents very carefully for comprehension. Each one is followed by an incomplete statement or a question. Choose, among the four answers that follow, the completion or the answer that best applies, according to the text.

SNFC   **BILLET**   PARIS GARE LYON → Avignon
à composter avant l'accès au train

02ADULTE, 02ENFANT

Dép 16/07 à 12H12 de PARIS GARE LYON   Classe 2   VOIT 04:   PLACE NO 21, 22, 23
Arr.   à 15H32 à AVIGNON   04ASSIS   NON FUM   24
PERIODE NORMALE   TGV   815   SALLE   02FENETRE, 02COULOIR`
PLEIN TARIF

Dép   à   de***   Classe *
Arr. à   à

Prix par voyageur: 370.00   185.00   Prix FRF   **1110.00
                                                     EUR   **169.22
      100742   : DV126903766
370   185   : CB 22222222   ST PIERRE DES COR 200600   15H29
8P PN   : 526925   Dossier   RSDATW   Page 1/1

---

1. A quoi va servir ce document ?

   (A)   A prendre un autobus.
   (B)   A voir un spectacle.
   (C)   A prendre un train.
   (D)   A prendre un avion.

2. Laquelle de ces affirmations n'est pas vraie ?

   (A)   Les places sont toutes assises.
   (B)   Les places sont toutes pour des adultes.
   (C)   Les places sont dans une section "non-fumeurs."
   (D)   Les places ne donnent aucun tarif réduit.

3. A combien de personnes ce billet va-t-il servir ?

    (A)   Une personne
    (B)   Deux personnes
    (C)   Trois personnes
    (D)   Quatre personnes

4. Pour quelle période de l'année ce billet est-il valable ?

    (A)   L'été
    (B)   L'automne
    (C)   L'hiver
    (D)   Le printemps

5. A quel moment de la journée va-t-on utiliser ce billet ?

    (A)   L'après-midi
    (B)   Le soir
    (C)   La nuit
    (D)   Le matin

* *

- Pardon mademoiselle, l'avion pour Nice, c'est à quelle porte ?

L'hôtesse a regardé Frank d'une drôle de façon, avant de montrer du doigt l'écran sur lequel étaient affichés tous les renseignements de départs et d'arrivées.

Line

(5)
- Oh, je m'excuse, mademoiselle, je ne l'avais pas vu ! . . . Voyons, Nice, Nice . . . Ah, voilà. Vol 282 pour Nice, porte 7.

Quelques minutes plus tard, Frank se trouvait à la porte 7.

- Je me demande où sont les autres passagers ? C'est assez bizarre quand même, et l'avion décolle dans 40 minutes. Bon, j'attends.

Après une dizaine de minutes, personne. Heureusement, un steward est arrivé à

(10) ce moment-là et est allé derrière le comptoir. Sans perdre une seconde, Frank s'est précipité et, mettant son billet sous le nez de l'employé de la compagnie aérienne, a demandé d'une voix inquiète:

- Est-ce que le vol pour Nice a été annulé par hasard ?

- Le vol pour Nice ? . . . voyons un peu monsieur . . . ce vol-ci ne part que dans

(15) deux heures. Votre billet indique que vous êtes sur le vol 192, porte 17. Si vous vous dépêchez, vous ne le raterez pas. Mais, il vous faudra courir car la porte 17 est assez loin d'ici.

Frank, pris de panique avait déjà commencé à courir, oubliant de remercier le steward. Celui-ci, secouant la tête en souriant, a murmuré: encore un qui

(20) ne fait pas attention à ce qu'il lit ! Pas de problème, il arrivera à la porte 17 à temps . . . mais . . . ira-t-il bien à la porte 17 ? !

6. Pourquoi l'hôtesse a-t-elle regardé Frank d'une drôle de façon ?

    (A)   Il n'avait pas vu la porte.
    (B)   Le tableau des départs était tout près.
    (C)   L'avion pour Nice partait plus tard.
    (D)   La porte 7 était en face.

B 7. Qu'est-ce que Frank a trouvé étrange ?

  (A)   Son billet n'indiquait pas le numéro de la porte.
  (B)   Il était le seul à attendre l'avion.
  (C)   L'employé n'était pas derrière le comptoir.
  (D)   Le vol avait été annulé.

B 8. Qu'est-ce que Frank a finalement découvert ?

  (A)   L'avion pour Nice était parti 40 minutes plus tôt.
  (B)   Il n'avait pas bien lu les indications.
  (C)   La porte 7 était trop loin.
  (D)   L'avion partait une dizaine de minutes plus tard.

A 9. Lorsque Frank part sans le remercier, l'employé . . .

  (A)   semble être habitué à cela.
  (B)   trouve qu'il n'est pas poli.
  (C)   pense qu'il est plutôt bête.
  (D)   prédit qu'il va rater son vol.

C 10. L'employé soupçonne que Frank . . .

  (A)   ne pourra pas trouver son vol.
  (B)   n'a pas compris ce qu'il lui a dit.
  (C)   se trompera encore une fois.
  (D)   devra prendre un autre vol.

* *

OCTOBRE						
LUNDI	MARDI	MERCREDI	JEUDI	VENDREDI	SAMEDI	DIMANCHE
		1 14h30 Café des Arts avec Lucie	**2** 18h—20h Tennis	**3**	**4** 21h boum chez Julie	**5** 18h—20h Tennis
6 18h30 Jouer au basket avec Pierre et Théo	**7** 18h—20h Tennis	**8** 12h déjeuner et jeux video chez Théo	**9** 18h—20h Tennis	**10** 19h 30 Dîner Pizzeria Napoli avec Emma	**11** 21h UGC Pirates des Caraïbes avec Théo, Guy et Pierre	**12** 10h Match de foot à la télé !! 18h—20h Tennis

A 11. Laquelle de ces affirmations est vraie ?

  (A)   Voici l'emploi du temps des loisirs de Philippe.
  (B)   C'est l'emploi du temps scolaire de Christine.
  (C)   Cette personne est passionnée par le football américain.
  (D)   Voici l'emploi du temps de Julie.

12. A quel sport cette personne ne s'intéresse-t-elle pas ?

    (A)   Au tennis

    (B)   Au football

    (C)   Au patinage

    (D)   Au basketball

13. Laquelle de ces affirmations est fausse ?

    (A)   La plupart de ces activités se passent après midi.

    (B)   La personne déjeune vers midi.

    (C)   La personne dîne après 7 heures du soir.

    (D)   Toutes ces activités ont lieu en soirée.

* *

(Adapté du roman "Le comte de Monte Cristo" d'Alexandre Dumas)

Le lendemain matin, après la visite du geôlier, Dantès entendit les trois coups habituels de l'autre prisonnier qui creusait, comme lui. Il enleva la pierre pour écouter:

Line   - Est-ce vous ?

(5)   - Oui, est-ce que votre geôlier est parti ?

- Oui, et il ne reviendra que ce soir, pour m'apporter ma soupe. Nous avons donc douze heures de liberté.

- Je peux donc continuer mon travail.

Au bout de quelques heures, Dantès vit paraître, au fond du trou sombre, une tête,

(10)   deux bras, et finalement un homme, cet homme qu'il connaissait au fond, puisque ça faisait longtemps qu'ils se parlaient sans se voir.

C'était un homme petit, aux cheveux blancs, à l'oeil pénétrant, à la barbe noire et longue. Les lignes de son visage indiquaient qu'il s'adonnait à des exercices plus intellectuels que physiques. Edmond Dantès le regardait, ému . . . Le vieil homme

(15)   sourit et lui dit "Je suis l'abbé Faria. En 1807, j'étais secrétaire du cardinal Spada à Rome, mais depuis 1811, mon nom n'est plus Faria, je suis simplement le numéro 27 au château d'If. On m'accuse d'avoir des idées politiques contraires à celles de Napoléon ler, c'est tout ! Depuis que je suis ici, je passe mon temps à méditer, à écrire un livre sur la vie politique de mon pays, à fabriquer des outils, à faire des plans

(20)   d'évasion, et finalement, croyant atteindre l'extérieur de cette prison en creusant ce passage, je suis arrivé à votre cachot ! Au lieu de retrouver la liberté, j'aboutis ici ! Tout mon travail a été inutile" !

B 14. Le code des deux prisonniers était . . .

   (A)   un sifflement.
   (B)   des coups sur le mur.
   (C)   le bruit de la pierre dans le trou.
   (D)   le départ du geôlier.

A 15. Selon ce passage, Edmond Dantès mangeait . . .

   (A)   deux fois par jour.
   (B)   tous les soirs.
   (C)   trois fois par jour.
   (D)   tous les matins.

A 16. Malgré son âge, l'abbé Faria . . .

   (A)   avait la barbe d'un homme jeune.
   (B)   n'avait pas de rides.
   (C)   avait beaucoup de force. ✗
   (D)   tremblait beaucoup.

C 17. La première fois qu'Edmond a vu l'autre prisonnier, il a ressenti . . .

   (A)   une joie immense.
   (B)   une certaine inquiétude.
   (C)   beaucoup d'émotion.
   (D)   beaucoup d'anxiété.

A 18. Comment savons-nous que l'abbé Faria n'a pas perdu la raison en prison ?

   (A)   Il s'occupe constamment.
   (B)   Il parle de politique avec les autres.
   (C)   Il dessine tout le temps.
   (D)   Il lit beaucoup de livres.

A 19. Pourquoi l'abbé Faria est-il déçu à la fin de ce passage ?

   (A)   Il n'a pas pu s'échapper.
   (B)   Il n'a pas trouvé le cachot qu'il voulait.
   (C)   Dantès ne pouvait pas l'aider.
   (D)   Il n'avait plus la force de creuser.

- Oh, zut ! pense Sylvie, j'ai oublié de passer par le supermarché ! Et je n'ai plus rien dans le frigidaire. Bon, il faut faire un petit détour ! Et avec cette circulation, je vais sûrement tarder !

Line   Sans hésiter, elle prend la première rue à gauche et cinq minutes plus tard, la voilà

(5)   dans le parking du supermarché. Malheureusement, comme il est déjà 18h00, elle ne trouve pas d'endroit où garer sa voiture. Elle cherche sans aucun succès ! Enfin, quelqu'un part et elle parvient à garer sa voiture. Finalement, elle s'empare d'un chariot et entre dans ce paradis des provisions. Elle n'a évidemment pas de liste, puisqu'elle n'avait pas l'intention de faire les courses. Tant pis encore ! Elle s'arrangera !

(10)   Tout d'abord, le sucre ! Christian ne peut pas boire son café sans sucre ! Ensuite, un petit pot de confiture. Elle hésite un moment entre la confiture de fraises et celle d'abricots . . . puis décide d'acheter les deux. Les fromages, il ne faut pas oublier les fromages, ni le beurre, ni le lait ! Et . . . pour ce soir, un bon bifteck, des haricots verts . . . oui, c'est ça ! Christian en sera ravi lorsqu'il rentrera du travail, affamé

(15)   comme toujours. Et maintenant, l'interminable queue devant la caisse. C'est toujours pareil, elle choisit toujours la queue qui n'avance que très lentement ! Enfin, après ce qui semble être une éternité, l'employé commence à compter. Heureuse d'en avoir fini, Sylvie cherche son portemonnaie . . . Horreur ! Elle l'a oublié chez elle.

20.   Sylvie doit faire un petit détour . . .

   (A)   pour faire les courses.
   (B)   parce qu'il y a trop de circulation.
   (C)   pour garer sa voiture.
   (D)   parce qu'elle s'est trompée de rue.

21.   Elle ne trouve pas facilement un endroit où garer sa voiture . . .

   (A)   parce que le parking est trop petit.
   (B)   parce que c'est l'heure où tout le monde rentre du travail.
   (C)   parce que sa voiture est trop grande.
   (D)   parce que quelqu'un vient de partir.

22.   "Elle s'empare d'un chariot" signifie qu'elle . . .

   (A)   cherche un chariot.
   (B)   prend un chariot.
   (C)   pousse un chariot.
   (D)   emprunte un chariot.

23.   Sylvie achète des provisions . . .

   (A)   seulement pour le dîner.
   (B)   pour le petit déjeuner du lendemain.
   (C)   pour toute la semaine.
   (D)   pour le dîner et le petit déjeuner.

24. Qu'est-ce qui arrive à Sylvie à la fin ?

    (A)   Elle a trouvé son portemonnaie.

    (B)   Elle n'a pas de monnaie.

    (C)   Elle n'a pas d'argent.

    (D)   Elle a perdu sa carte de crédit.

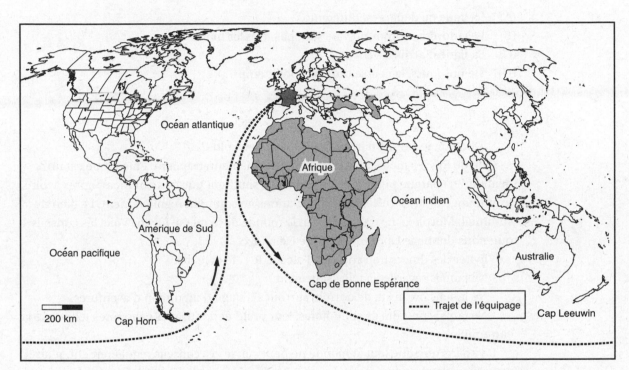

       Le Trophée Jules-Verne est un tour du monde à la voile qui doit s'effectuer sans aucune aide et sans escale. Sa ligne de départ se situe entre l'île d'Ouessant et le cap Lizart en Grande-Bretagne et sa ligne d'arrivée est la même. Le nom de cette course
Line fait référence au *Tour du monde en 80 jours,* un célèbre roman de l'auteur français
(5) Jules Verne (1828–1905), dont le héros avait fait le pari de réaliser un tour du monde en train et en bateau en 80 jours. De nos jours, il est devenu possible de réaliser cet exploit à la voile en 45 jours seulement.

25. Qu'est-ce que le Trophée Jules-Verne ?

    (A)   Une course en train

    (B)   Une course en avion

    (C)   Une course en planche à voile

    (D)   Une course en bateau

26. Quelle est l'origine du nom de cette course ?

(A) Un metteur en scène
(B) Un écrivain
(C) Un navigateur
(D) Un héros

27. En quoi cette course diffère-t-elle de l'idée d'origine ?

(A) Sa ligne de départ est différente.
(B) Les moyens de transport ne sont pas tous les mêmes.
(C) Sa ligne d'arrivée a changé.
(D) De nos jours, la course dure plus longtemps.

* *

- Docteur, je souffre d'insomnie, je n'en peux plus !

Que de fois les médecins entendent cela. Malheureusement, l'insomnie est un fléau qui n'épargne personne. Certains n'en souffrent que très rarement, après avoir
Line trop mangé ou trop veillé, alors que d'autres en souffrent régulièrement. Le dieu du
(5) sommeil, Morphée, ne traite pas tout le monde de la même façon ! Voici les conseils que nous donne le Docteur Christine Delanoix:

- Eviter des diners trop copieux, l'alcool, le café et le thé.
- Ne jamais regarder la télévision au lit.
- Ne jamais lire avant de dormir, surtout s'il s'agit d'un roman d'aventures.
(10) - Ne jamais prendre de somnifères, leur préférer des tisanes calmantes telles que la camomille.

Il va sans dire que tout le monde ne peut suivre ces conseils régulièrement, mais il est important d'y adhérer autant que possible. Un dernier conseil: faire les exercices de relaxation dans lesquels on "visualise" un paysage de rêve, on imagine le bruit du
(15) vent entre les arbres ou celui de la mer sur une plage.

28. Selon cet article . . .

(A) la majorité de la population a des insomnies.
(B) seule une minorité des gens souffre d'insomnie.
(C) tout le monde souffre d'insomnie.
(D) seuls ceux qui mangent trop ont des insomnies.

29. Si l'on veut bien dormir, le docteur Delanoix conseille de . . .

(A) ne pas se coucher l'estomac vide.
(B) lire avant de dormir.
(C) prendre un somnifère.
(D) boire une tisane.

30. En lisant cet article, on apprend que tout le monde . . .

    (A) peut suivre ces conseils sans difficulté.
    (B) doit suivre ces conseils autant que possible.
    (C) doit faire des exercices de visualisation.
    (D) pourrait profiter d'un séjour au bord de la mer.

* *

(Passage adapté du conte "Mon oncle Jules" de Guy de Maupassant)

Ma famille, originaire du Havre, n'était pas riche.

On s'en tirait, voilà tout. Le père travaillait, rentrait tard du bureau, ne gagnait pas grand'chose. J'avais deux soeurs.

Line
(5) Ma mère souffrait beaucoup de la gêne où nous vivions, et elle trouvait souvent des paroles aigres pour son mari, des reproches voilés et perfides. Le pauvre homme avait alors un geste qui me chagrinait. Il se passait la main ouverte sur le front, comme pour essuyer une sueur qui n'existait pas, et il ne répondait rien. Je sentais sa douleur impuissante. On économisait sur tout; on n'acceptait jamais un dîner, pour ne pas avoir à le rendre; on achetait les provisions au rabais, les fonds de boutique. Mes

(10) soeurs faisaient leurs robes elles-mêmes et avaient de longues discussions sur le prix d'un galon qui valait quinze centimes le mètre. Notre nourriture ordinaire consistait en soupe grasse et boeuf accommodé à toutes les sauces. Cela est sain et réconfortant, paraît-il, j'aurais préféré autre chose.

On me faisait des scènes abominables pour les boutons perdus et les pantalons

(15) déchirés.

Mais chaque dimanche, nous allions faire notre tour de jetée en grande tenue. Mon père, en redingote, en grand chapeau, en gants, offrait le bras à ma mère, pavoisée comme un navire un jour de fête. Mes soeurs, prêtes les premières, attendaient le signal du départ; mais au dernier moment, on découvrait toujours une tache oubliée

(20) sur la redingote du père de famille, et il fallait bien vite l'effacer avec un chiffon mouillé de benzine.

. . . On se mettait en route avec cérémonie. Mes soeurs marchaient devant, en se donnant le bras. Elles étaient en âge de mariage, et on en faisait montre en ville.

31. Quels étaient les sentiments de la mère de l'auteur envers son mari ?

    (A) Elle le trouvait gênant.
    (B) Elle le méprisait.
    (C) Elle l'accusait d'être perfide.
    (D) Elle avait pitié de lui.

32. D'après ce texte "comme pour essuyer une sueur qui n'existait pas" indique que le père . . .

   (A) souffrait.
   (B) avait très chaud.
   (C) était craintif.
   (D) était malade.

33. Cette famille n'allait pas diner chez des amis . . .

   (A) pour ne pas devoir les inviter.
   (B) parce qu'ils n'avaient pas d'amis.
   (C) parce que ça coûtait trop cher.
   (D) parce qu'ils habitaient loin du Havre.

34. On grondait souvent le petit garçon s'il . . .

   (A) ne mangeait pas sa soupe.
   (B) oubliait ses boutons.
   (C) avait une tache sur sa redingote.
   (D) abîmait son pantalon.

35. D'après ce passage, il est évident que la famille . . .

   (A) adorait les jours de fête.
   (B) aimait faire des tours.
   (C) voulait impressionner les autres.
   (D) aimait faire des promenades à la campagne.

Cannes Beach Résidence

SITE · PLAGE · CONFORT · SPORTS · DECOUVERTE

Les Regards Frantour

○ **Grande résidence confortable.**

○ **A 2,5 km du centre de Cannes.**

Avantages Frantour

- **14+1 : 1 NUIT OFFERTE**
  pour toute réservation de 14
  nuits min. du 7/4 au 6/7 · du 5/8 au 1/11

- **21+2 : 2 NUITS OFFERTES**
  pour toute réservation de 21 nuits
  min. du 7/4 au 6/7 · du 5/8 au 1/11

Site: A 20 m de la plage (accessible à pied par tunnel sous la voie ferrée) et dans un quartier commerçant. A 2,5 km du centre de Cannes et de la Croisette.

Services: Boutique, bar glacier, parking couvert selon disponibilité (50€/sem.), lit bébé selon disponibilité (30€/séjour et caution), laverie.

Hébergement: Cuisine (plaques, réfrigérateur, four et lave-vaisselle), salle de bains avec wc séparés (sauf pour le studio cabine), télévision, téléphone, balcon terrasse avec mobilier.

- Studio cabine 4 pers. (24/28 m^2), séjour avec 2 banquettes-lits ou 1 lit gigogne, cabine avec 2 lits simples.

- 2 pièces 4 pers. (30 m^2 env.) séjour avec 1 lit gigogne, chambre avec 2 lits simples.

- 2 pièces cabine 5 pers. (33 m^2 env.) séjour avec 1 banquette-lit, chambre avec 2 lits simples, cabine avec 2 lits superposés

- 2 pièces cabine 6 pers. (40 m^2 env.) séjour avec 2 banquettes-lits simples, chambre avec 2 lits simples, cabine avec 2 lits superposés

Loisirs: Piscine avec bassin pour enfants dans un vaste patio fleuri. Avec participation: hammam, sauna, jacuzzi.

Animations et spectacles: Du 9/6 au 8/9 et du lundi au vendredi, l'équipe d'animation de la résidence vous propose (parfois à l'extérieur): jogging, beach-volley, tennis de table, football, stretching ou gymnastique, spectacles, soirées dansantes. Avec participation à proximité: golf, tennis, voile, VTT.

36. Où cette résidence est-elle située ?

    (A) Sur la plage
    (B) Loin de la plage
    (C) Dans la ville de Cannes
    (D) À côté de la voie ferrée

37. Quelles activités ne sont pas offertes avec les séjours dans cette résidence ?

    (A) Les excursions à pied
    (B) Les soirées dansantes
    (C) Les excursions en bateau
    (D) Les tours en vélo

38. Quel confort les appartements possèdent-ils ou offrent-ils aux vacanciers ?

    (A)   Une machine à laver le linge

    (B)   Un ordinateur

    (C)   Des meubles

    (D)   Un four à mico-ondes

39. Quel avantage supplémentaire est disponible ?

    (A)   Une gamme de produits d'entretien

    (B)   Un restaurant complet sur place

    (C)   Un lieu pour garer les voitures

    (D)   Un kiosque à journaux

* *

(Passage tiré du conte "Un coeur simple" de Gustave Flaubert)

    Il s'appelait Loulou. Son corps était vert, le bout de ses ailes roses, son front bleu, et sa gorge dorée.

    Mais il avait la fatigante manie de mordre son bâton, s'arrachait les plumes,

Line   éparpillait ses ordures, répandait l'eau de sa baignoire; Mme Aubain, qu'il ennuyait, le

(5)   donna pour toujours à Félicité.

    Elle entreprit de l'instruire; bientôt il répéta: "Charmant garçon ! Serviteur, monsieur ! Je vous salue, Marie" ! Il était placé auprès de la porte, et plusieurs s'étonnaient qu'il ne répondit pas au nom de Jacquot, puisque tous les perroquets s'appellent Jacquot. On le comparait à une dinde, à une bûche: autant de coups de

(10)   poignard pour Félicité ! Etrange obstination de Loulou, ne parlant plus du moment qu'on le regardait !

40. Pour quelle raison Madame Aubain a-t-elle donné Loulou à Félicité ?

    (A)   Il l'agaçait.

    (B)   Elle détestait les perroquets.

    (C)   Il refusait de se baigner.

    (D)   Il avait abîmé son bâton.

41. Selon les mots que Félicité avait appris à Loulou, nous pouvons penser . . .

    (A)   qu'elle aimait les compliments.

    (B)   que Loulou répétait ce que tout le monde disait.

    (C)   que Félicité était polie.

    (D)   que le perroquet répondait à tout le monde.

42. La phrase "autant de coups de poignard pour Félicité" montre que Félicité . . .

    (A)   avait mauvais caractère.

    (B)   ne pouvait pas supporter que l'on insulte Loulou.

    (C)   était malheureuse que Loulou soit si obstiné.

    (D)   n'aimait pas le nom de Jacquot.

Le MuCEM est le Musée national des Civilisations de L'Europe et de la
Méditerranée situé à Marseille. Il a ouvert ses portes en juin 2013, année du choix de
la métropole française comme Capitale Européenne de la Culture. C'est avec le souci
Line d'y présenter les échanges culturels vieux de millénaires que ce nouvel édifice a été
(5) imaginé. Il s'agissait d'y rendre vivant aux yeux du visiteur le mélange des cultures que
cette région abrite depuis l'établissement de campements préhistoriques sur ces lieux
autour de 27000 ans avant notre ère. Les Phocéens s'y installeront vers 600 avant J-C et
en feront le principal lieu d'échanges entre les Grecs et les Romains. Ces événements
font de cette ville, anciennement nommée Massalia, la plus vieille ville de France. Le
(10) MuCEM a pour ambition de retracer toute cette histoire et de faire comprendre le
rôle central de cette ville dans l'identité nationale actuelle. Le pont à traverser pour
parvenir à l'entrée du MuCEM est le symbole de ces échanges, voulu et conçu par
l'architecte du musée, M. Ricciotti.

43. Qu'est-ce que le MuCEM ?

   (A) Un édifice parisien
   (B) Un lieu touristique
   (C) Une tour marseillaise
   (D) Un centre commercial

44. Comment l'emplacement du MuCEM a-t-il été choisi ?

   (A) C'est un lieu d'échanges culturels très ancien.
   (B) Marseille est une grande ville de France.
   (C) Marseille est la plus vieille ville française.
   (D) C'est un lieu situé sur la Méditerranée.

45. Comment s'appelait Marseille dans le passé ?

   (A) Marseilla
   (B) La Cité Phocénne
   (C) Massalia
   (D) MuCEMA

46. Comment entre-t-on au MuCEM ?

   (A) Il faut marcher sur un pont.
   (B) Il faut faire un échange.
   (C) Il faut retracer son histoire.
   (D) Il faut rencontrer M. Ricciotti.

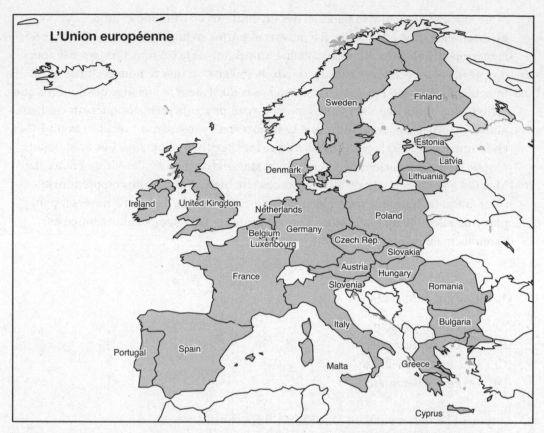

L'Union européenne

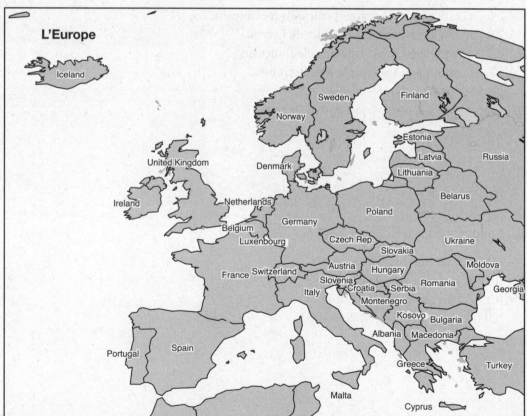

L'Europe

*As of this printing, the United Kingdom is still a member of the European Union. However, the United Kingdom's status may change in the future.

Les premiers à prononcer le mot « Europe » ont été les Grecs, il y a 2000 ans et plus !
Ils adoraient même la déesse Europe ! Dans son histoire, l'Europe a été malmenée par
bien des conflits, avec plus récemment la Première et la Seconde guerres mondiales.
Line Ces violentes oppositions armées ont causé non seulement la mort de nombreuses
(5) personnes mais aussi des dégâts matériels importants. Après ce dernier conflit, la
France et l'Allemagne se sont mises d'accord pour travailler ensemble pour apporter
la paix, la démocratie et la solidarité à toute l'Europe. C'est à cette époque que l'Union
européenne a vu le jour. Mais, attention, il ne faut pas la confondre avec le continent
européen qui, lui, comprend 50 pays.

47. Quelles difficultés l'Europe a-t-elle rencontrées dans l'histoire ?

    (A) De nombreux prisonniers
    (B) Quelques dommages matériels
    (C) Une déesse grecque
    (D) Des guerres

48. Quelle est la différence entre l'Union européenne et l'Europe ?

    (A) L'Europe a une superficie plus réduite que l'Union européenne.
    (B) L'Europe comprend 27 pays.
    (C) L'Union européenne comprend moins de pays que l'Europe.
    (D) L'Union européenne comprend autant de pays que l'Europe.

49. Quelle valeur la France et l'Allemagne voulaient-elles mettre en avant ?

    (A) La solidarité
    (B) L'unification
    (C) L'assistance
    (D) L'aide

50. Quand l'Union européenne a-t-elle été créée ?

    (A) Entre la Première et la Seconde guerre mondiale
    (B) Avant la Seconde guerre mondiale
    (C) Après ces deux conflits
    (D) A l'époque grecque

Avez-vous entendu parler du Cheese Day ? C'est une nouveauté qui s'est étendue d'une simple journée en 2016 à une semaine complète en février cette année, dans sa deuxième édition, étant donné que plus de deux milles gourmands curieux s'y
Line étaient pressés lors de sa première édition, alors que seules mille deux cents places
(5) y étaient disponibles. Il s'agit d'y célébrer la diversité fromagère française, mais aussi du monde entier, par une dégustation qui s'accompagne aussi de grands vins et autres spiritueux, et qui se fait chez des exposants qui accueillent les visiteurs de Paris à Bordeaux, mais aussi à New-York, Philadelphie et en Californie même. En plus, il s'y tient des ateliers de cuisine et des défis culinaires menés par de grands noms
(10) du monde de la cuisine pour le modeste tarif de 20 euros par personne en journée de 11h à 18h, et de 25 en soirée. L'engouement pour cette nouveauté est tel que les organisateurs envisagent d'en faire un événement planétaire en 2018.

51. Que ne peut-on pas faire au Cheese Day ?

   (A) Fabriquer des fromages
   (B) Cuisiner des plats
   (C) Goûter des vins
   (D) Déguster des fromages

52. Quel problème la première édition du Cheese Day avait-elle rencontré ?

   (A) Les visiteurs avaient été peu nombreux.
   (B) Il y avait eu plus de visiteurs que de places prévues.
   (C) L'événement n'avait duré qu'une journée.
   (D) Les places avaient coûté trop cher.

53. Quelle ambition les organisateurs de cet événement ont-ils pour la prochaine édition du Cheese Day ?

   (A) Etendre le Cheese Day à un mois complet
   (B) Inclure l'Europe et l'Amérique du Nord dans cet événement
   (C) En faire un événement mondial
   (D) Célébrer le Cheese Day dans tous les pays producteurs de fromage

Pour protéger l'environnement, il faut que chacun fasse l'effort de pratiquer
le tri sélectif, c'est-à-dire trie ses déchets. Toutes les villes françaises distribuent
des containers spéciaux à leurs foyers afin que ce tri puisse s'effectuer. Il s'agit de
Line mobiliser toute la population pour un résultat vraiment efficace. Tout d'abord, il y
(5) a la poubelle traditionnelle où tous les déchets ordinaires sont mélangés. Ensuite,
il faut séparer les emballages en verre, recyclables à perpétuité, et les déposer dans
un conteneur spécial. De plus, chacun se doit de placer les journaux, emballages en
plastique ou en carton et les métaux dans un bac séparé. Enfin, que faire des autres
déchets ? Pour s'en débarrasser du mieux possible, il est impératif d'emporter à la
(10) déchèterie même les encombrants, les vieux vêtements, les déchets de jardinage, les
appareils inutiles ou cassés, etc. Ils y seront triés et réutilisés si possible. D'autre part,
chacun peut aussi en faire don à des œuvres de charité. Quel que soit le choix de
chacun, les buts restent les mêmes: protéger l'environnement en évitant la pollution
des sites naturels et économiser l'énergie en favorisant le recyclage.

54. Quel est le but de ce paragraphe ?

(A) Expliquer comment bien recycler ses déchets
(B) Forcer chacun à faire le tri sélectif
(C) Encourager la population à acheter des containers multiples
(D) Rappeler à chacun l'importance de la déchèterie

55. D'après le texte, que doit-on faire des feuilles et autres déchets de jardin en général ?

(A) Il faut les mettre dans un sac spécial.
(B) Il faut les emporter à la déchèterie.
(C) Il faut les placer dans un conteneur distribué par la ville.
(D) Il faut les brûler dans son jardin.

56. Pourquoi les villes françaises essaient-elles d'encourager le tri sélectif ?

(A) Pour économiser de l'argent
(B) Pour éviter plus de pollution
(C) Pour favoriser le recyclage
(D) Pour que les associations caritatives en bénéficient

La nouvelle voiture Bolida a été conçue pour ceux qui exigent à la fois la fiabilité, la sécurité, la performance et l'apparence ultra moderne. Avec son moteur puissant, sa finition élégante et sportive, elle réunit la robustesse et la beauté. Bolida a été

Line également conçue pour vous offrir un excellent freinage, un fonctionnement

(5) silencieux et plusieurs équipements: direction assistée, appuie-tête, volant réglable en hauteur (de façon à ce que les grands et les petits de taille soient tout aussi à l'aise dans leur siège les uns que les autres) ainsi qu'une banquette rabattable. N'oublions surtout pas une carrosserie impeccable: vous avez le choix entre les sièges de cuir et ceux de velours, et ceux-ci vous sont offerts dans toute une gamme de couleurs.

(10) Que ce soit pour le père ou la mère de famille, pour une personne à la retraite, pour les jeunes ou les personnes âgées, Bolida répond à tous les besoins. Pour plus de renseignements ou pour obtenir une liste des concessionnaires dans votre région, nous vous recommandons de visiter notre site: *www.bolidauto.com*

57. Un aspect très important de la voiture Bolida est . . .

    (A) son apparence classique.
    (B) son excellent fonctionnement.
    (C) sa vitesse optimale.
    (D) ses sièges réglables.

58. Cette voiture a surtout été conçue pour . . .

    (A) les évènements sportifs.
    (B) les personnes à la retraite.
    (C) les mères de famille.
    (D) ceux qui recherchent la qualité.

59. "Une banquette rabattable" est une banquette . . .

    (A) pliante.
    (B) confortable.
    (C) impeccable.
    (D) petite.

60. En accédant à l'Internet, on peut . . .

    (A) savoir où acheter une voiture Bolida.
    (B) voir les photos des différents modèles.
    (C) vérifier le prix des différents modèles.
    (D) acheter une concession.

(Passage adapté de "Lettres de mon moulin" d'Alphonse Daudet: Les deux auberges)

Au fond de la salle, devant une fenêtre, il y avait une femme debout contre la vitre, très occupée à regarder dehors. Je l'appelais deux fois:

"Hé ! L'hôtesse" !

Line Elle se retourna lentement, et me laissa voir une pauvre figure de paysanne, ridée,
(5) crevassée, couleur de terre, encadrée par de longues barbes de dentelle rousse comme en portent les vieilles de chez nous. Pourtant, ce n'était pas une vieille femme, mais les larmes l'avaient fanée.

- "Qu'est-ce que vous voulez ? Me demanda-t-elle en s'essuyant les yeux.

- M'asseoir un moment et boire quelque chose . . .".

(10) Elle me regarda très étonnée, sans bouger de sa place, comme si elle ne comprenait pas.

"Ce n'est donc pas une auberge ici" ?

La femme soupira:

"Si, c'est une auberge, si vous voulez . . . mais, pourquoi n'allez-vous pas en face,
(15) comme les autres ? C'est bien plus gai . . .

- C'est trop gai pour moi . . . j'aime mieux rester chez vous".

Et sans attendre de réponse, je m'installai devant une table.

Quand elle fut bien sûre que je parlai sérieusement, l'hôtesse se mit à aller et venir d'un air très affairé, ouvrant des tiroirs, remuant des bouteilles, essuyant des
(20) verres, dérangeant les mouches . . . On sentait que ce voyageur à servir était tout un événement.

61. Pourquoi l'auteur a-t-il dû appeler la femme deux fois ?

(A) Elle s'intéressait à autre chose.
(B) Elle était trop loin de lui.
(C) Elle était trop occupée.
(D) Elle était trop vieille et n'entendait pas bien.

62. En regardant la paysanne, l'auteur a découvert qu'elle . . .

(A) devait être très pauvre.
(B) portait des vêtements couleur de terre.
(C) n'avait l'air de rien comprendre.
(D) devait avoir beaucoup pleuré.

63. Pourquoi la femme était-elle surprise ?

(A) Ce n'était pas une auberge.
(B) Les gens préféraient aller ailleurs.
(C) Ce n'était pas encore ouvert.
(D) L'auteur s'était déjà installé à une table.

64. "La femme soupira" indique que la femme . . .

   (A) était fatiguée.
   (B) essayait de comprendre.
   (C) était malheureuse.
   (D) était en colère.

65. Dans le dernier paragraphe, nous voyons que . . .

   (A) l'auteur a commandé un grand repas.
   (B) l'attitude de la femme a changé.
   (C) la femme essayait de trouver des verres.
   (D) le voyageur était pressé.

ANSWER KEY

1. **C**	14. **B**	27. **B**	40. **A**	53. **C**
2. **B**	15. **A**	28. **C**	41. **C**	54. **A**
3. **D**	16. **A**	29. **D**	42. **B**	55. **B**
4. **A**	17. **C**	30. **B**	43. **B**	56. **B**
5. **A**	18. **A**	31. **B**	44. **A**	57. **B**
6. **B**	19. **A**	32. **A**	45. **C**	58. **D**
7. **B**	20. **A**	33. **A**	46. **A**	59. **A**
8. **B**	21. **B**	34. **D**	47. **D**	60. **A**
9. **A**	22. **B**	35. **C**	48. **C**	61. **A**
10. **C**	23. **D**	36. **D**	49. **A**	62. **D**
11. **A**	24. **C**	37. **A**	50. **C**	63. **B**
12. **C**	25. **D**	38. **C**	51. **A**	64. **C**
13. **D**	26. **B**	39. **C**	52. **B**	65. **B**

ANSWERS EXPLAINED

1. **(C)** The ticket indicates SNCF, which is the French national train company. It also states "billet à composter avant l'accès au train" on the top of the ticket.

2. **(B)** The ticket indicates "02 ADULTE, 02 ENFANT" on the right-hand side, so there are not only adults traveling. Also (C) "non-fum" on the train ticket is short for "non-fumeurs" so this responsibility IS mentioned on the ticket; therefore, it cannot be the correct answer to the question.

3. **(D)** Since the ticket indicates "02 ADULTE, 02 ENFANT" four people are traveling with this ticket.

4. **(A)** The ticket shows "Dép 16/07" on the left-hand side. This means "départ le 16 juillet" (departs on July 16), which is in the summer.

5. **(A)** "Dép. . . à 12H12" and "Arr. à 15H32" indicate departure and arrival times, which are both in the afternoon. Traveling times are always given in military time in France.

6. **(B)** Frank did see the gate, so (A) is incorrect. (C) is also incorrect because that is not the reason why the stewardess looked at Frank in a strange way. (D) also doesn't apply since Gate 7 wasn't across the way.

7. **(B)** There is no mention of the fact that his ticket didn't have the gate number (A), nor that he noticed the absence of an employee (C), nor that the flight had been canceled (D).

8. **(B)** Frank's ticket said that his flight was 192. (A) is incorrect because the flight was leaving afterwards. Gate 7 was close since he had reached it in a few minutes, so (C) is incorrect. (D) is also incorrect because no mention is made about the exact time of departure.

9. **(A)** The employee smiled, so he is used to this type of situation. (B) is therefore incorrect. (C) also is incorrect since the employee was smiling. (D) would be a possibility; however, what the employee murmured wasn't a prediction, he was just asking himself a question.

10. **(C)** The steward suspects that Frank might, once again, make a mistake. There is no mention of his not finding his flight (A), nor of Frank not understanding (B), nor of Frank having to take another flight (D).

11. **(A)** We can see by the time and the nature of the events listed that they are not related to working but, rather, to what the person does during his/her free time. (B) is incorrect because "scolaire" means school related. This is obviously not a schedule for someone's school week. Although "foot" is mentioned in the schedule, it means "soccer" in French, not American football. So (C) is incorrect. (D) is incorrect because "Julie" is a friend with whom one is to meet on Saturday the 4th, not the owner of this schedule.

12. **(C)** "Patinage" means skating. No evidence shows the person practicing or following this sport since skating is not mentioned anywhere on the schedule.

13. **(D)** This option states that "all the activities take place in the evening." The times listed in the schedule prove that this is not true.

14. **(B)** There is no mention made of any whistling (A). The stone was used to block the hole, not to knock on the wall (C). The departure of the jailer was not a code (D).

15. **(A)** Dantès mentions that he has twelve hours of freedom to dig until his dinner; therefore, he only had two meals a day. (B), (C), and (D) are incorrect.

16. **(A)** Faria's beard was black, even though his hair was gray. (B) is incorrect because Faria did have wrinkles ("les lignes de son visage"). There is no mention of his being strong (C), nor of his trembling a lot (D).

17. **(C)** Dantès was very moved ("ému"). Although he must have been very happy, there is no outward expression of his joy, so (A) is incorrect. He was not worried either (B), nor was he anxious (D).

18. **(A)** Faria doesn't talk with others (B), and he doesn't draw (C). In this passage, there is no mention of his reading many books (D).

19. **(A)** He wasn't looking for another cell, so (B) is incorrect. Dantès never said that he could not help him (C). There is no mention of his not having the strength to dig (D).

20. **(A)** Although there is a lot of traffic, that is not why she made a detour (B). The same reason applies to (C). She did not take the wrong street (D).

21. **(B)** We don't know if the parking lot is too small (A), or if her car is too big (C). The fact that someone has just left is the reason why she did find a spot, not why she didn't (D).

22. **(B)** The verb "s'emparer" means to grab. Obviously, before starting to get her food supplies, she takes a cart. She isn't looking for one (A). (C) means she pushes and (D) means she borrows. Of all the answers, (B) is the best one.

23. **(D)** The things she bought pertain to breakfast and dinner; therefore, all of the other answers (A), (B), and (C), are incorrect.

24. **(C)** She does not have any money ("oublié chez elle"), so (A) is incorrect. She doesn't have change ("pas de monnaie"/no change), and there is no mention of a credit card, so (B) and (D) are wrong.

25. **(D)** The race is not a train race (A), a plane race (B), or a wind-surfing race (C).

26. **(B)** The person who created the name of this race is not a film director (A), a sportsman (C), or a hero (D).

27. **(B)** (A) and (C) cannot be verified. Today's race is shorter, not longer. So (D) is also incorrect.

28. **(C)** In this article, everybody suffers from insomnia at one time or another ("qui n'épargne personne"/which spares no one). This means that (A), (B), and (D) are incorrect.

29. **(D)** (A) is incorrect because this advice isn't given there. (B) is incorrect because the advice given is NOT to read before going to sleep. (C) is something that the doctor advises against.

30. **(B)** (A) isn't mentioned in the text. (C) is advisable, but isn't an order given to everybody. (D) is incorrect because the only mention made to a stay at the seashore is in one's imagination.

31. **(B)** The mother of the author only had harsh words for her husband; she despised him. (A) is incorrect because there is no mention of the father being bothersome to the mother. She didn't accuse him of being perfidious or treacherous (C), and she felt no pity for him (D).

32. **(A)** The father was suffering because of the way he was treated; he didn't feel warm (B). He was not afraid (C), nor was he ill (D).

33. **(A)** Although they had friends, they didn't accept dinner invitations because they couldn't afford to invite them back, so (B) is incorrect. (C) is also incorrect because it wasn't expensive to go for dinner at the house of their friends. Whether they lived close to or far from Le Havre had no bearing on this question, so (D) is wrong.

34. **(D)** He wasn't scolded if he didn't eat his soup (A), and there is no mention of forgotten buttons (B), nor of a stained coat (C).

35. **(C)** They enjoyed Sundays, but there is no mention of their loving holidays (A). (B) is also incorrect because there is no mention of their liking to go on walks. (D) is also incorrect because they took walks on the "jetée," not in the country.

36. **(D)** It is not located on the beach since you have to take a tunnel to reach it (A). However, it is also not far from the beach since the beach is only 20 meters away (B). The residence is not in downtown Cannes since the ad states that it is "2.5 km" away from the center (C).

37. **(A)** Excursions on foot are not part of the vacation package, whereas (B) "soirées dansantes," as well as (C), since the word "voile" means sailing, and (D), "VTT," meaning mountain biking, are all activities that one can do there.

38. **(C)** The ad does not say anything about apartments being equipped with a washing machine (A), a computer (B), or a microwave oven (D).

39. **(C)** The ad boasts "parking couvert" as a place to park cars. Nothing is said about free cleaning products (A) or having a restaurant on the premises (B). There is an ice cream stand but not a newspaper stand (D).

40. **(A)** The parrot Loulou annoyed Madame Aubain; this is why she got rid of him, not because she hated parrots (B). It didn't refuse to bathe (C) and didn't damage the stick ("bâton") (D).

41. **(C)** Félicité was polite. There is no mention of her liking compliments (A). We know that parrots repeat what people say, but we don't learn this from the passage (B). (D) is also incorrect because we don't see here that the parrot answered everyone.

42. **(B)** Félicité loved Loulou, so when people compared him to a turkey, she felt as if they were stabbing her. It doesn't reflect a bad temper, so (A) is wrong. She wasn't miserable because Loulou was stubborn, so (C) is also incorrect. Not liking the name "Jacquot" wouldn't be painful to her (D).

43. **(B)** It is a place where tourists go. It is not located in Paris, as suggested in (A). It is not a tower, as suggested in (C). Finally, it is not a mall, as suggested in (D).

44. **(A)** It is located where cultural exchanges have long been taking place. (B) is incorrect because Marseille being a large city in France is not the reason for the museum's location. Although both (C) and (D) are true, the text does not state these facts as the reason for the museum's location.

45. **(C)** The name was *Massalia*, not *Marseilla* (A) or *MuCEMA* (D). Although Marseille is a "cité phocénne" (B), this was not its name in the past.

46. **(A)** One has to cross a bridge ("un pont"). (B), (C), and (D) are not ways to enter the museum.

47. **(D)** "Prisoners" (A) are not mentioned in the text. "Quelques dommages matériels" (B) means a few or some material damages. This option is wrong since the text states that the damages were huge. The Greek goddess (C) is associated with only the name "Europe" in the text.

48. **(C)** Europe is not smaller than the European Union (A). Europe is not composed of 27 countries (B). Europe does not possess as many countries as does the European Union (D).

49. **(A)** Choices (B), (C), and (D) are not mentioned in the text, although they are values that were needed to reach the goal.

50. **(C)** The European Union was born ("a vu le jour") after both world wars, not between them (A), not before World War II (B), and not in the time of ancient Greece (D).

51. **(A)** The text does not mention making cheeses during this event. (B), (C), and (D) are all activities that were mentioned in the text.

52. **(B)** The text states that there were more visitors than the number of tickets available. (A) and (C) are not mentioned in the text. Although the price of the tickets may seem high, as (D) suggests, there is no direct mention of this in the text.

53. **(C)** The text mentions that organizers plan to make this a global event in 2018. There is no mention of (A), (B), or (D) in the text.

54. **(A)** The purpose of this paragraph is to explain how to properly recycle waste. (B) is incorrect because the passage does not suggest that people are forced to sort their trash. (C) is incorrect because the passage states that the French cities give containers to each

household, so people do not have to buy them. (D) is only partially correct because "la déchèterie" is a place to dispose of a selective type of trash.

55. **(B)** Leaves and other garden waste should be taken to the waste disposal center. (A), (C), and (D) are all incorrect ways of disposing of garden remains according to the text.

56. **(B)** As the end of the passage states, recycling is encouraged because it will help avoid more pollution. (A) is incorrect because the text states that recycling will save energy, not money. (C) is incorrect because the cities do not encourage recycling to help recycling; that would be redundant. (D) is only partially correct because, although charities may benefit from people giving them their old items as a way of recycling them, that is not the main purpose of recycling, as stated in the text.

57. **(B)** No mention is made of a classical look (A), or of its speed (C). (D) is also incorrect because it is the steering wheel that is adjustable, not the seats (although they probably are, but this isn't stated in the text).

58. **(D)** This car was conceived for those who look for quality, not only for sports events (A), or just for retired people (B), or only for mothers (C).

59. **(A)** It is a folding seat, not necessarily a comfortable seat (B), or an impeccable seat (C). It can be small or large, not just small, so (D) is wrong.

60. **(A)** This advertisement doesn't mention that you can see pictures of the car on the Internet (B) nor does it say that you can see the price (C). No mention is made about buying a dealership ("une concession") (D).

61. **(A)** The woman was looking out the window—she wasn't necessarily far from him—so (B) is incorrect. Obviously, she was not very busy, so (C) is incorrect. The author says "ce n'était pas une vieille femme," therefore (D) is also incorrect.

62. **(D)** The author says "les larmes l'avaient fanée." She had cried a lot in her life. No mention is made about her being poor, so (A) is incorrect. Her clothes aren't described as being the color of the earth, so (B) is also incorrect. (C) isn't mentioned in the text.

63. **(B)** The woman asks why the client doesn't go to the other inn, and she does say that her place is an inn, so (A) is not correct. The place was open since the author did go in, therefore (C) is incorrect. She isn't surprised because he sat down at a table, she is surprised because he came in, so (D) is wrong.

64. **(C)** The woman was sad, that is why she sighed. Since there aren't any customers, she cannot be tired (A). (B) doesn't make sense in this context and neither does (D).

65. **(B)** The woman is happier now that there is a customer; she starts working, getting things organized. All the author ordered was something to drink, not a big meal, so (A) is wrong. The woman didn't look for glasses, she had them and was drying them (C). (D) is wrong because there is no mention of the traveler being in a hurry.

Preparing for the Listening Comprehension— Pictures

5

AUDIO AND AUDIOSCRIPTS

The MP3 files and audioscripts for all listening segments can be found online at *barronsbooks.com/TP/SAT/French/*

QUESTIONS

(Track 1)
Directions: In this chapter, you will see a series of pictures and drawings. For each picture or drawing, you will hear four statements designated (A), (B), (C), and (D). These statements will be read only once and will not be printed in your test booklet. Listen carefully to the speaker and mark the correct answer on your answer sheet. After you have finished, check your answers with the answer key, which can be found at the end of this chapter. You are now ready to begin. Look at the first picture and listen to the statements read by the speaker.

1.

2.

3.

4.

5.

6.

7.

8.

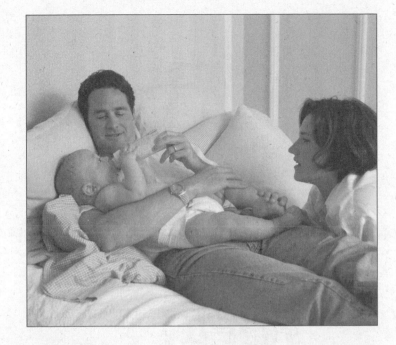

9.

10.

11.

12.

13.

14.

15.

ANSWER KEY

1. **C**	4. **C**	7. **C**	10. **A**	13. **C**
2. **A**	5. **B**	8. **A**	11. **C**	14. **B**
3. **A**	6. **D**	9. **B**	12. **B**	15. **D**

ANSWERS EXPLAINED

1. **(C)** There is no lamp here so (A) is wrong. (B) is also wrong because it is not dark. (D) is wrong because there is only one croissant here.

2. **(A)** She is studying so we presume she is having a test the next day. (B) is wrong because she is not sitting in an armchair. (C) doesn't apply because there is no food there. (D) is wrong because there is only one tree.

3. **(A)** The little girl is happy while playing with the dog. It cannot be (B) because we cannot see a family here. (C) is wrong because there is no snow. (D) is also wrong because she is not afraid of the dog.

4. **(C)** (A) is wrong because there are no vegetable baskets. (B) is also wrong because we cannot see any bread. (D) is incorrect because the fish are whole. Additionally, the sentence should be plural since several fish are shown.

5. **(B)** Pedestrians are crossing the street. (A) is incorrect because the street is not reserved for pedestrians. (C) is not true because the bus is not driving on the sidewalk. (D) is also incorrect because a motorcycle is driving in the street in this picture.

6. **(D)** Choice (A) states that the person is a famous novelist, but we cannot verify this fact. (B) is wrong because we cannot verify if the person is actually interested in computer science. (C) is incorrect because the person is at the library, not at the bookstore.

7. **(C)** (A) is wrong because the musician is not in an amphitheater. (B) is also wrong because he is not wearing a tie. (D) states that the musician is sad, but he is smiling in the picture.

8. **(A)** Choice (B) states that the family is on the couch when they are actually on a bed. (C) says that the baby is crying when he/she seems happy. (D) states that the parents disagree when nothing indicates this in the picture.

9. **(B)** Although it is Christmas time, no one is decorating the tree—it is already decorated—so (A) is incorrect. The child hasn't yet opened the box, so she cannot say she loves the toy. So (C) is also wrong. Since it is a little girl who is trying to open the box and she is not playing with a toy, (D) is incorrect.

10. **(A)** Choice (B) is wrong because the statement is referring to the weather but the weather is not shown in this picture. (C) is incorrect because the picture does not show any workers. (D) is also wrong because the fact cannot be verified.

11. **(C)** Choice (A) is incorrect because it is not a showing but a demonstration, which is "une manifestation" in French. (B) is wrong because they are opposing nuclear energy. (D) is also wrong because they are not satisfied since they are demonstrating.

12. **(B)** (A) states that he wants tennis balls, but he already has a tennis ball in the picture. (C) is incorrect because no one is wearing a cap. (D) is also incorrect because we can only see one racquet.

13. **(C)** Choice (A) is incorrect because he obviously did take his umbrella. (B) states that the sun is shining, which is not the case. (D) is incorrect because he is not using a sun umbrella (a "parasol") to shield himself from the rain.

14. **(B)** She obviously likes to exercise on the beach. It cannot be (A) because the sea is very calm. (C) is incorrect because she *is* wearing glasses. Finally, (D) is incorrect because she did bring her towel.

15. **(D)** (A) states that there are no trucks on the road. (B) is wrong because we can see that there is traffic ("des embouteillages"). (C) is wrong because, although it is nighttime, all of the headlights are on.

COMPLETE SCRIPT

1. (A) Nous pouvons acheter ta lampe ici.
   (B) C'est trop sombre, on n'y voit rien.
   (C) Tout cela semble absolument délicieux.
   (D) J'aime beaucoup ces croissants.

2. (A) Elle doit avoir un examen demain.
   (B) C'est un fauteuil très confortable.
   (C) Elle a l'air d'avoir très faim.
   (D) Il y a beaucoup d'arbres ici.

3. (A) Comme elle aime son chien !
   (B) Cette famille paraît heureuse.
   (C) Ils jouent dans la neige.
   (D) La petite fille a peur du chien.

4. (A) Les deux paniers de légumes sont pleins.
   (B) Les petits pains ont l'air délicieux.
   (C) Les oeufs sont près des poissons.
   (D) Ce poisson n'est pas entier.

5. (A) La rue est réservée aux piétons.
   (B) Les piétons traversent la rue.
   (C) L'autobus roule sur le trottoir.
   (D) Les motos ne circulent pas aujourd'hui.

6. (A) C'est un romancier célèbre.
   (B) L'informatique l'intéresse.
   (C) Il travaille à la librairie aujourd'hui.
   (D) Il aime la lecture.

7. (A) Il joue dans un amphithéâtre.
   (B) Il porte toujours une cravate quand il joue.
   (C) Il aime jouer dans la nature.
   (D) Le musicien est très triste.

8. (A) Le bébé boit son biberon.
   (B) La famille est sur le canapé.
   (C) Le bébé pleure.
   (D) Les parents ne sont pas d'accord.

9. (A) Ils sont en train de décorer l'arbre de Noël.
   (B) J'ai vraiment envie de voir ce qu'il y a dans cette boîte.
   (C) J'adore ce merveilleux jouet.
   (D) Le petit garçon joue avec un jouet.

10. (A) Moi, je veux être pompier quand je serai grand.
    (B) Il fait mauvais aujourd'hui !
    (C) Les ouvriers travaillent dur.
    (D) Le camion a apporté de l'eau.

11. (A) C'est une démonstration !
    (B) Ils soutiennent l'énergie nucléaire.
    (C) Les manifestants veulent de l'énergie propre.
    (D) Ils ont l'air d'être satisfaits.

12. (A) Papa ! Apporte-moi des balles de tennis !
    (B) Tu tiens ta raquette comme ça !
    (C) Heureusement que je porte une casquette !
    (D) Nos raquettes se ressemblent beaucoup !

13. (A) Heureusement qu'il n'a pas pris son parapluie !
    (B) Le soleil brille aujourd'hui.
    (C) Il essaie de ne pas trop se mouiller.
    (D) Le parasol le protège bien.

14. (A) La mer n'est pas calme aujourd'hui.
    (B) L'exercice à la plage, c'est magnifique !
    (C) Il est bon que je ne porte pas de lunettes !
    (D) J'ai oublié d'apporter ma serviette.

15. (A) On ne voit pas de camions sur la route.
    (B) Il n'y a pas de circulation aujourd'hui.
    (C) On ne voit rien ici, c'est trop sombre !
    (D) Il y a toujours des embouteillages ici.

Preparing for the Listening Comprehension— Short Dialogues

6

AUDIO AND AUDIOSCRIPTS

The MP3 files and audioscripts for all listening segments can be found online at *barronsbooks.com/TP/SAT/French/*

Track 2

Directions: In this chapter, you will hear a series of short dialogues. These dialogues will not be printed in this section of your book. They will be said only once. For each selection, you will be asked one or two questions followed by three possible answers—(A), (B), and (C). These answers are not printed in this section of your book. You will hear them only once. Listen carefully to the speaker, and mark the correct answer. After you have finished, check your answers with the answer key, which can be found on the next page. You are now ready to begin.

On the actual exam, you will hear the dialogues, questions, and possible answer choices only once. You will not see them printed in your test booklet. Therefore, listen to the dialogues, questions, and answer choices on Track 2, and then answer the questions. In case you had any difficulty with any of these questions, we have included the audioscripts for all of these dialogues, questions, and answer choices at the end of this chapter, beginning on page 75. Remember, these audioscripts are just to help you review your work. They will *not* be available in your actual test booklet.

ANSWER KEY

1. **B**	7. **C**	13. **C**	19. **A**	25. **C**
2. **C**	8. **A**	14. **C**	20. **A**	26. **A**
3. **C**	9. **B**	15. **A**	21. **C**	27. **A**
4. **A**	10. **A**	16. **B**	22. **B**	28. **C**
5. **C**	11. **B**	17. **B**	23. **A**	29. **C**
6. **A**	12. **A**	18. **B**	24. **B**	30. **B**

ANSWERS EXPLAINED

1. **(B)** He cannot find the keys to his car; therefore, he cannot go out.

2. **(C)** The woman says, "tu as dû les oublier, comme toujours."

3. **(C)** The first woman says that she has just bought a fantastic book, which is a newly published mystery novel.

4. **(A)** The second woman says that she prefers true stories and biographies; therefore, "elle aime les choses réalistes" is the correct answer.

5. **(C)** The young man is trying to open a package and cannot find his pocket knife, so he is looking for something to do that.

6. **(A)** The father thinks that his son is curious to find out what is in the package.

7. **(C)** She forgot her friend's birthday so "elle n'a rien fait pour l'anniversaire de son amie" is the correct answer.

8. **(A)** The woman's excuse is "tu es trop occupée au travail."

9. **(B)** The two boys are talking about an exam, which is taking place the same day, at 11 A.M.

10. **(A)** Bernard forgot about the exam and is therefore afraid to be punished.

11. **(B)** The man cannot give the name of the café because he can't remember it. "Il ne s'en souvient pas" is the correct answer.

12. **(A)** The lady will recognize the café because there are flowers on all tables.

13. **(C)** We know the lady is calling the doctor in the evening because she mentions that her little girl refused to eat "this evening." Therefore the time of day has to be after dinner, or "tard le soir."

14. **(C)** The lady knows where her child is hurting because she keeps touching her ear.

15. **(A)** Pierrette could not afford a new car because there had been a flood, and she had to spend a lot of money on house repairs. Therefore, "elle a eu beaucoup de dépenses récemment" is the correct answer.

16. **(B)** The car she purchased was secondhand but had belonged to her old aunt who rarely drove it, so it was almost new and she paid very little for it.

17. **(B)** The flight for Nice was delayed—"un vol a été retardé."

18. **(B)** The father thought that they were going to have a picnic in the country. "A la campagne" is the correct answer.

19. **(A)** The mother said, "Ils ont très envie d'aller au zoo pour voir le petit éléphant qui vient de naître."

20. **(A)** The man is looking for the magazine "Technologie d'aujourd'hui."

21. **(C)** The saleslady says to the gentleman, "Je pourrais téléphoner à une autre librairie."

22. **(B)** The woman in question, Maria Fantini, is a famous pianist.

23. **(A)** When introducing the pianist, the speaker says, "malgré son jeune âge."

24. **(B)** The man is returning the tie because he thinks it is too showy for him. Therefore, "il n'apprécie pas son aspect" is the correct answer.

25. **(C)** If the customer wants to exchange the tie, he will have to pay more: "elles coûtent un peu plus cher."

26. **(A)** The lady thinks she knows her friends' apartment number, but she forgot on which floor they live.

27. **(A)** The second woman says that the couple left and went to the movies. "Il n'y a personne chez les Desmoulins" is therefore the correct answer.

28. **(C)** Since her friends went to the movies, she says that she will come back the next day.

29. **(C)** The man is irritated because they have been waiting for fifteen minutes and no one came to take their order.

30. **(B)** The service is very bad, but the food is excellent.

COMPLETE SCRIPT

Male Speaker 1	Natalie, je ne trouve pas les clés de la voiture, les aurais-tu vues, par hasard ?
Female Speaker 1	Je ne suis pas sûre, mais je crois qu'elles sont sur la table, dans la salle à manger. Tu as dû les oublier, comme toujours, après le petit déjeuner.

1. Pourquoi l'homme ne peut-il pas aller au travail ?

   (A) Il ne se sent pas bien.
   (B) Il ne trouve pas ses clés.
   (C) Il n'a pas pris le petit déjeuner.

2. Qu'est-ce que la femme pense ?

   (A) L'homme devrait manger.
   (B) La table a besoin d'être nettoyée.
   (C) L'homme a l'habitude d'oublier des choses.

| Female Speaker 1 | Je viens d'acheter un livre extraordinaire. C'est un roman policier qui vient de paraître. J'ai oublié le titre, mais c'est le tout dernier de Claude Dubuisson. |
| Female Speaker 2 | J'en ai entendu parler. Mais tu sais, moi, je n'aime pas trop ce genre de romans, ni même de films. Je préfère les histoires vraies, les biographies. |

3. De quoi les femmes parlent-elles dans ce dialogue ?

(A) De policiers
(B) D'un film historique
(C) D'un roman qui vient de paraître

4. D'après ce dialogue, qu'est-ce que nous apprenons au sujet de la deuxième femme ?

(A) Elle aime les choses réalistes.
(B) Elle ne connaît pas Claude Dubuisson.
(C) Elle a les mêmes goûts que son amie.

| Male Speaker 1 | Papa, peux-tu m'aider s'il te plaît ? Je n'arrive pas à ouvrir ce paquet et je n'ai pas de ciseau sous la main. |
| Male Speaker 2 | Désolé, Jacques, moi non plus. Va chercher un couteau à la cuisine. J'imagine que tu as très envie de savoir ce qu'il y a dedans ! |

5. Dans ce dialogue, qu'est-ce que le jeune homme ne trouve pas ?

(A) Quelque chose dans son paquet.
(B) Quelque chose dans ses poches.
(C) Quelque chose pour ouvrir son paquet.

6. Qu'est-ce que le père pense de son fils ?

(A) Il est curieux.
(B) Il est négligent.
(C) Il n'a rien trouvé.

| Female Speaker 1 | Zut ! J'ai oublié d'envoyer une carte d'anniversaire à Liliane. Elle qui n'oublie jamais personne ! Crois-tu que ce serait trop tard maintenant ? |
| Female Speaker 2 | Il n'est jamais trop tard pour bien faire ! Tu n'as qu'à t'excuser, elle est très gentille et elle sait que tu es trop occupée au travail. Elle comprendra, tu verras. |

7. Pourquoi la première femme n'est-elle pas contente ?

(A) Elle a oublié d'acheter des cartes.
(B) Son amie ne lui a pas écrit.
(C) Elle n'a rien fait pour l'anniversaire de son amie.

8. Quelle est l'excuse de la première femme ?

    (A)   Elle travaille beaucoup.

    (B)   Elle déteste s'excuser.

    (C)   Elle n'oublie jamais personne.

Male Speaker 1	Salut Jean-Pierre, j'ai essayé de te téléphoner hier soir mais je n'ai eu que ton répondeur. Tu n'étais pas à la maison ?
Male Speaker 2	Si, j'y étais, mais mes parents m'avaient défendu de répondre au téléphone tant que je n'avais pas fini d'étudier pour l'examen de maths !
Male Speaker 1	Quel examen de maths ?
Male Speaker 2	Comment, quel examen de maths ? Voyons Bernard, nous avons un examen à 11 heures ! Ne me dis pas que tu as oublié !
Male Speaker 1	Oh, si, j'ai oublié ! Qu'est-ce que je vais faire ? Je suis perdu ! Mes parents vont être furieux ! Oh, la punition qui m'attend !

9. De quoi parlent Jean-Pierre et Bernard ?

    (A)   De leurs parents

    (B)   D'un examen qui a lieu le jour même

    (C)   Des examens de fin d'année

10. De quoi est-ce que Bernard a peur ?

    (A)   D'être puni

    (B)   D'oublier son livre de maths

    (C)   De ne pas arriver en classe à 11 heures

Female Speaker	Pardon Monsieur, pourriez-vous m'indiquer où se trouve le Musée d'Art Moderne ?
Male Speaker	Eh bien Madame, vous prenez la deuxième rue à gauche et vous continuez tout droit jusqu'à la terrasse du café. J'ai oublié le nom de ce café, mais c'est le seul dans cette rue. Vous le reconnaîtrez parce qu'il y a des pots de fleurs sur chaque table. Bon, vous tournez à droite après le café et vous serez en face du musée.

11. Pourquoi l'homme ne donne-t-il pas le nom du café ?

    (A)   Il est difficile à prononcer.

    (B)   Il ne s'en souvient pas.

    (C)   Il pense que ce n'est pas important.

12. Comment la dame reconnaîtra-t-elle le café ?

    (A)   Il y a des fleurs sur toutes les tables.

    (B)   C'est le deuxième café à droite.

    (C)   Il n'y a pas de terrasse.

Female Speaker   Allô ! Dr. Lebon ? Ici Marguerite Valère. Je m'excuse de vous déranger à cette heure-ci, mais je suis très inquiète pour ma petite Catherine. Elle refuse de dîner ce soir et elle a un peu de fièvre depuis midi. Depuis ce matin, elle tousse un peu et elle se touche tout le temps l'oreille gauche. Comme elle ne parle pas encore, je pense que c'est sa façon de dire qu'elle a mal à l'oreille.

13. A quel moment de la journée Madame Valère téléphone-t-elle au Docteur Lebon ?

(A)   Très tôt le matin
(B)   A midi
(C)   Tard le soir

14. Comment sait-elle où sa fille a mal ?

(A)   Elle le lui a dit.
(B)   Elle ne mange rien.
(C)   Elle se touche l'oreille.

Male Speaker   Dis, Pierrette, tu as finalement acheté la voiture dont tu avais envie ?

Female Speaker   Oh, non, c'était une voiture neuve et elle coûtait trop cher. Comme tu sais, ce mois-ci il y a eu une inondation dans notre quartier et il a fallu faire un tas de réparations à la maison. J'ai acheté une voiture d'occasion. J'en ai trouvé une formidable qui ne m'a pas coûté cher. Elle appartenait à ma tante qui a soixante-quinze ans et ne conduit presque jamais.

15. Pourquoi Pierrette n'a-t-elle pas acheté une voiture neuve ?

(A)   Elle a eu beaucoup de dépenses récemment.
(B)   La voiture avait besoin de trop de réparations.
(C)   Elle ne conduit que très rarement.

16. Pourquoi la voiture que Pierrette a finalement achetée était-elle formidable ?

(A)   Elle venait d'être réparée.
(B)   Elle était presque neuve.
(C)   Elle n'a rien coûté.

Male Speaker   Attention s'il vous plaît. Le vol numéro 627 à destination de Nice a été retardé. La porte de départ a aussi changé. Les passagers sont priés de se rendre à la porte numéro 17. L'heure de départ est maintenant dix-neuf heures trente.

17. De quel problème s'agit-il ?

(A)   Un vol a été annulé.
(B)   Un vol a été retardé.
(C)   L'avion partira le lendemain matin.

Female Speaker	Alors Paul, on emmène les enfants au zoo dimanche ?
Male Speaker	Pourquoi au zoo ? Je pensais que nous allions faire un pique-nique à la campagne, il fait si beau ces jours-ci !
Female Speaker	Non, tu as oublié ! Le pique-nique c'est pour la semaine prochaine. Ils ont très envie d'aller au zoo pour voir le petit éléphant qui vient de naître. Et puis, tu sais combien Nicole aime les perroquets qui viennent d'Amérique du Sud. Et Pierre adore les tigres, et . . .
Male Speaker	D'accord ! Tu m'as convaincu !

18. Où le père pensait-il aller passer la journée du dimanche ?

    (A) Au zoo
    (B) À la campagne
    (C) Au sud de la ville

19. Qu'est-ce que les deux enfants ont envie de voir ?

    (A) Un animal qui vient de naître
    (B) Des oiseaux de proie
    (C) Des animaux sauvages

Male Speaker	Pardon mademoiselle, je cherche le magazine "Technologie d'aujourd'hui" et je ne le trouve nulle part.
Female Speaker	Oh, je suis désolée monsieur, mais sitôt que nous l'avons reçu, un tas de gens sont venus l'acheter. Je pourrais téléphoner à une autre librairie si vous voulez.
Male Speaker	Non, ça va ! Je le ferai moi-même. Merci, mademoiselle.

20. Quel genre de magazine le monsieur cherche-t-il ?

    (A) Un magazine de technologie
    (B) Un magazine de sports
    (C) Un magazine de cinéma

21. Qu'est-ce que la vendeuse propose au client ?

    (A) D'acheter un autre magazine
    (B) D'aller à une autre librairie
    (C) De contacter une autre librairie

Female Speaker   Mesdames et messieurs, bonsoir. Nous sommes ravis d'avoir parmi nous ce soir la célèbre pianiste Maria Fantini dont la réputation internationale ne fait qu'augmenter malgré son jeune âge. Elle vient d'arriver, comme vous le savez, de la ville de Fort Worth, au Texas, où elle était le plus jeune membre du jury lors de la compétition de piano Van Cliburn. Mademoiselle Fantini, dont les parents sont ici ce soir, a choisi de jouer pour vous quelques morceaux de son compositeur favori, Chopin.

22. Qu'est-ce que la femme annonce ?

   (A)   Une compétition de musique
   (B)   L'arrivée d'une pianiste célèbre
   (C)   Une actrice de réputation mondiale

23. Qu'est-ce que nous apprenons au sujet de Maria Fantini ?

   (A)   Elle est très jeune.
   (B)   C'est une actrice très connue.
   (C)   Elle vit au Texas.

Male Speaker 1   Monsieur, je voudrais échanger cette cravate. Je l'ai reçue comme cadeau pour mon anniversaire mais elle est trop voyante pour moi, vous comprenez, à mon âge, toutes ces couleurs et ces dessins abstraits, ça ne va pas. Est-ce que vous auriez peut-être quelque chose de plus simple, avec une ou deux couleurs seulement ?

Male Speaker 2   Bien, oui monsieur, mais les cravates que vous aimez coûtent un peu plus cher. Elles sont en soie naturelle et celle que vous rapportez est en tissu synthétique.

24. Pourquoi le client n'aime-t-il pas la cravate ?

   (A)   Il trouve qu'elle est trop chère.
   (B)   Il n'apprécie pas son aspect.
   (C)   Il la trouve trop simple.

25. Qu'est-ce que le vendeur explique ?

   (A)   Toutes les cravates sont en tissu synthétique.
   (B)   Ils n'ont plus de cravates de soie.
   (C)   Le client devra payer plus cher.

Female Speaker 1	Excusez-moi Madame, je ne suis pas sûre si Monsieur et Madame Desmoulins habitent au deuxième ou au troisième étage. Je sais bien que le numéro de leur appartement est le 8, mais j'ai oublié le reste.
Female Speaker 2	Les Desmoulins ? Oh, ils sont au quatrième étage, Madame. Le numéro de leur appartement est le 10, pas le 8 comme vous le croyez . . . mais, ils sont sortis et Monsieur Desmoulins a dit qu'ils allaient au théâtre. Si c'est le cas, ils vont certainement rentrer assez tard ce soir. Vous voulez leur laisser un message ?
Female Speaker 1	Non, merci Madame. Je repasserai demain.

26. Qu'est-ce que la première femme veut savoir ?

   (A) A quel étage habitent ses amis.
   (B) Quel est le numéro de leur appartement.
   (C) Où ses amis sont allés.

27. Qu'est-ce que la deuxième femme révèle ?

   (A) Il n'y a personne chez les Desmoulins.
   (B) Les Desmoulins habitent au troisième étage.
   (C) Le numéro de leur appartement est le 8.

28. Qu'est-ce que la première femme va faire ?

   (A) Elle ira au théâtre.
   (B) Elle va laisser un message.
   (C) Elle reviendra une autre fois.

Male Speaker	Ça fait un quart d'heure qu'on attend pour commander, et personne n'est encore venu à notre table. Franchement, le service dans ce restaurant laisse beaucoup à désirer, tu ne trouves pas ?
Female Speaker	Tu as parfaitement raison Eric, mais les gens continuent à y venir parce que la cuisine est excellente. C'est pour cela qu'ils ne font aucun effort pour améliorer le service !
Male Speaker	Oui, mais moi, j'en ai assez, c'est la dernière fois que je viens ici ! Il y a d'autres bons restaurants à Paris !

29. Pourquoi l'homme est-il fâché ?

   (A) Il a commandé le dîner il y a un quart d'heure.
   (B) La femme est arrivée en retard.
   (C) On n'est pas venu prendre sa commande.

30. Comment la femme explique-t-elle la popularité du restaurant ?

   (A) Le service est excellent.
   (B) On mange très bien dans ce restaurant.
   (C) C'est le seul bon restaurant du quartier.

Preparing for the Listening Comprehension— Extended Dialogues

7

Track 3

Directions: In this chapter, you will hear a series of extended dialogues or monologues. These dialogues or monologues will not be printed in this section of your book, and you will hear each only once. After listening to each dialogue, you will be asked several questions followed by four possible answers— (A), (B), (C), and (D). These questions are printed in your book. You will hear them only once. Select the best answer to the question from among the four choices printed in your book. After you have finished, check your answers with the answer key, which can be found on page 91. You are now ready to begin.

> On the actual exam, only the questions and answer choices will be printed in your test booklet. The dialogues or monologues will not be printed. However, in the event that you had any difficulty with any of the dialogues or monologues, we have included all of the audioscripts at the end of this chapter, beginning on page 93.

QUESTIONS

Dialogue 1

1. Quand la dame s'est-elle aperçue qu'elle avait oublié son parapluie ?

   (A) Quand elle est arrivée chez elle
   (B) Quand il a commencé à pleuvoir
   (C) En quittant le magasin
   (D) En arrivant au magasin

2. Pourquoi le vendeur ne sait-il pas si le parapluie est au magasin ?

   (A) C'est un nouvel employé.
   (B) Il travaille aux objets trouvés.
   (C) Il ne le voit pas sur le comptoir.
   (D) Il ne travaillait pas le jour précédent.

3. Où le vendeur pense-t-il qu'elle pourrait retrouver son parapluie ?

   (A) Sur le comptoir
   (B) Au premier étage
   (C) Au dernier étage
   (D) Sous le comptoir

4. Comment peut-on reconnaître le parapluie de la dame ?

   (A) Il est rouge.
   (B) Il a deux couleurs.
   (C) Il a cinq couleurs.
   (D) Il est vieux.

Dialogue 2

5. Où le garçon pense-t-il que Josette est partie en vacances ?

   (A) Elle a fait une croisière.
   (B) Elle est allée à la plage.
   (C) Elle a fait du camping.
   (D) Elle a fait un voyage organisé.

6. Avec qui Josette a-t-elle passé ses vacances ?

   (A) Avec sa soeur Natalie
   (B) Avec ses amis
   (C) Avec ses parents
   (D) Avec ses parents et sa soeur

7. Qu'est-ce que Natalie aurait préféré faire au début du voyage ?

   (A) Du yoga
   (B) Du camping
   (C) Une croisière
   (D) Un voyage organisé

Dialogue 3

8. A quel moment de la journée cette conversation a-t-elle lieu ?

   (A) Le matin
   (B) A midi
   (C) L'après-midi
   (D) Le soir

9. Pourquoi la mère n'a-t-elle pas pu prévenir sa fille qu'elle serait en retard ?

   (A) Le téléphone était occupé.
   (B) Elle n'avait pas son portable.
   (C) La fille n'avait pas son portable.
   (D) La fille n'a pas entendu le téléphone sonner.

10. Quel accident a causé le retard ?

   (A) Un petit chien a été écrasé par une voiture.
   (B) La voiture de la mère est montée sur le trottoir.
   (C) Un camion est monté sur le trottoir.
   (D) Un camion est rentré dans une voiture.

11. Comment la fille a-t-elle appris ce qui est arrivé ?

   (A) Elle l'a entendu à la radio.
   (B) Elle a vu l'accident au croisement.
   (C) Sa mère lui a décrit l'accident.
   (D) Son amie lui a téléphoné.

Dialogue 4

12. Pourquoi la dame est-elle furieuse au début de la conversation ?

   (A) La ligne est tout le temps occupée.
   (B) Le téléphone ne fait que sonner.
   (C) Elle pense que l'employé a honte.
   (D) On l'a laissée en attente pendant longtemps.

13. Pourquoi la dame a-t-elle téléphoné ?

   (A) Ça fait trois semaines qu'elle attend sa facture.
   (B) On lui a envoyé une facture qu'elle avait déjà payée.
   (C) La société lui doit 57 euros depuis trois semaines.
   (D) On lui a donné un mauvais numéro de compte.

14. Qu'est-ce qui a causé le problème ?

   (A) Un retard de courrier
   (B) Une facture qu'elle a oubliée
   (C) Un chèque sans provision
   (D) Un manque de communication

Dialogue 5

15. Pourquoi Caroline Delahaye est-elle si populaire dans cette petite ville ?

   (A) Elle vient des Etats-Unis.
   (B) Elle vient de Paris.
   (C) Elle vient d'y acheter une maison.
   (D) Elle y a passé son enfance.

16. Pourquoi Caroline est-elle allée à New York ?

   (A)   Pour apprendre le ballet
   (B)   Pour apprendre l'anglais
   (C)   Parce que son père y a été envoyé
   (D)   Parce qu'elle aime y vivre

17. Pourquoi se sentait-elle perdue au début ?

   (A)   Elle ne parlait pas la langue.
   (B)   Elle était toute seule.
   (C)   Elle n'aimait pas l'appartement.
   (D)   Elle n'avait pas d'amis pendant longtemps.

18. Où est-ce que Caroline a un appartement ?

   (A)   Dans sa ville natale
   (B)   À New York
   (C)   À Paris
   (D)   Dans deux villes

Dialogue 6

19. Pourquoi Suzanne pense-t-elle aller à Tahiti en juillet ?

   (A)   C'est son mois de congé
   (B)   C'est le mois de congé de son mari
   (C)   Ils y vont chaque année en juillet
   (D)   Il y aura un match de football

20. Selon ce dialogue, quelles sont les choses qu'ils pourront voir à Tahiti ?

   (A)   Des événements sportifs
   (B)   Des danses tahitiennes
   (C)   Des fêtes religieuses
   (D)   La cueillette des fruits

21. Que dit l'homme au sujet du voyage de Suzanne et de son mari ?

   (A)   Il est ravi pour eux.
   (B)   Il pense qu'il fait trop chaud en juillet.
   (C)   Il pense que ce n'est pas une bonne idée.
   (D)   Il en est jaloux.

Dialogue 7

22. Pourquoi le vendeur pense-t-il que ce sera facile de trouver ce que la dame cherche ?

   (A)   Il a un ordinateur.
   (B)   La section des livres d'histoire est tout près.
   (C)   Il a une liste dans un livre devant lui.
   (D)   Elle peut feuilleter n'importe quel livre.

23. Pourquoi le vendeur est-il désolé ?

    (A)   Tous les livres sur ce sujet sont au centre-ville.

    (B)   Il n'arrive pas à trouver ce que la dame cherche.

    (C)   Il n'y a que très peu de choix.

    (D)   Il ne sait pas dans quelle section se trouvent les livres.

24. Qu'est-ce que le vendeur propose de faire ?

    (A)   Aller chercher le livre lui-même

    (B)   Laisser la dame chercher sur toutes les étagères

    (C)   Appeler leur autre librairie pour aider la dame

    (D)   Chercher d'autres auteurs

Dialogue 8

25. Pourquoi Pierre est-il étonné ?

    (A)   Le groupe "Trois fois Trois" ne va jamais dans une petite ville.

    (B)   Son amie a acheté des billets pour le concert.

    (C)   Il pensait que le concert avait déjà eu lieu.

    (D)   Il pensait que le groupe était en ville.

26. Quand est-ce que la jeune fille a appris que le groupe venait ?

    (A)   Ce jour-là

    (B)   Deux mois plus tôt

    (C)   En novembre

    (D)   Quelques jours plus tôt

27. Pourquoi la jeune fille est-elle déçue ?

    (A)   Pierre ne peut pas aller au concert.

    (B)   Elle a autre chose à faire la semaine du concert.

    (C)   Elle doit assister au récital de Pierre.

    (D)   Ce n'est pas son groupe favori.

28. Pourquoi Pierre est-il content ?

    (A)   Il pourra aller au concert.

    (B)   La jeune fille a accepté de sortir avec lui.

    (C)   Il va assister à un récital de piano.

    (D)   Il n'a pas d'examens cette semaine-là.

Dialogue 9

29. Qu'est-ce que nous apprenons du Château Frontenac ?

    (A)   Il se trouve à Montréal.

    (B)   C'est un hôtel.

    (C)   On y donne un festival.

    (D)   Il se trouve dans la banlieue de Québec.

30. Pourquoi est-ce que c'est une bonne idée d'aller à Québec en juillet ?

   (A) C'est le mois du festival.
   (B) Il fait un temps magnifique.
   (C) Il n'y a pas beaucoup de touristes.
   (D) Toute la famille de Marguerite sera là.

31. Qu'est-ce que Marguerite va envoyer à Patricia et à sa famille ?

   (A) Un plan du vieux Québec
   (B) Le programme des pièces de théâtre
   (C) Des photos de sa famille
   (D) Des brochures sur le festival

Dialogue 10

32. Où habitent les grands-parents du jeune homme ?

   (A) Près de Paris
   (B) À Paris
   (C) À la campagne
   (D) Au Mans

33. Qu'est-ce que le jeune homme ne veut pas faire lorsqu'il sera en France ?

   (A) Conduire
   (B) Faire des courses
   (C) Regarder la télé
   (D) Aller à la poste

34. Qu'est-ce que la jeune femme rappelle au jeune homme ?

   (A) Le jour précis de la course du Mans
   (B) Le mois où a lieu la course
   (C) La longueur de la course
   (D) La semaine où a lieu la course

Dialogue 11

35. Selon Philippe, où a été construite la première voiture ?

   (A) En Amérique
   (B) En France
   (C) En Allemagne
   (D) En Belgique

36. Où le professeur dit-il que la première voiture a été construite ?

   (A) En France
   (B) En Allemagne
   (C) En Amérique
   (D) En Belgique

37. Quand le professeur dit-il que le moteur "à quatre temps" a été inventé ?

   (A) Au milieu du dix-neuvième siècle
   (B) Au début du vingtième siècle
   (C) Au milieu du vingtième siècle
   (D) À la fin du dix-huitième siècle

38. Dans la première réponse de Philippe, qu'est-ce qui était juste ?

   (A) L'aspect de la première voiture
   (B) La date du modèle T de Ford
   (C) Le nom de l'inventeur de la première voiture
   (D) Le nom de la première voiture électrique

Dialogue 12

39. Pourquoi Colette est-elle étonnée lorsque sa mère veut lui donner le timbre ?

   (A) Elle pense que la lettre vient d'une ville voisine.
   (B) Elle n'a pas de collection de timbres.
   (C) Elle ne voit pas de timbre sur l'enveloppe.
   (D) Elle a déjà ce timbre dans sa collection.

40. Pourquoi tante Marthe est-elle en Chine en ce moment ?

   (A) Elle est en vacances.
   (B) Elle y travaille depuis longtemps.
   (C) Elle est en voyage d'affaires.
   (D) Elle apprend le chinois.

41. Pourquoi Colette ne sait-elle pas que sa tante est en Chine ?

   (A) Elle n'écoute jamais ce que dit sa mère.
   (B) Sa tante ne le lui a pas dit.
   (C) Elle a oublié cela.
   (D) Elle n'a pas lu le message de sa tante.

Dialogue 13

42. Qu'est-ce qu'Anne et Nicolas viennent de finir ?

   (A) Le diner
   (B) Leur travail
   (C) Leurs devoirs
   (D) Une réparation

43. Pourquoi Nicolas ne peut-il pas parler à Georges ?

   (A) Il est en train de manger.
   (B) Il est au garage.
   (C) Il prend une douche.
   (D) Il est au travail.

44. Qu'est-ce que Nicolas ne doit pas faire le lendemain matin ?

(A) Réparer sa voiture
(B) Aller au garage
(C) Aller au bureau
(D) Conduire Georges

Dialogue 14

45. Pour quelle raison Solange préfère-t-elle son prof de dessin ?

(A) Elle vient d'un autre pays.
(B) Elle voyage beaucoup.
(C) Elle enseigne aussi l'égyptologie.
(D) Elle a beaucoup de talent.

46. Qu'est-ce que la tante de Solange aimerait faire ?

(A) Suivre un cours de dessin
(B) Suivre un cours d'égyptologie
(C) Voir des tableaux d'art
(D) Voir des monuments égyptiens

47. Où les tableaux de Madame Halim sont-ils exposés ?

(A) En Egypte
(B) À l'école
(C) Dans une galerie d'art
(D) À Paris

Dialogue 15

48. Qu'est-ce que les gens pensent du dernier film de Charles Beauclair ?

(A) Tout le monde en parle
(B) Personne ne l'aime
(C) On dit qu'il est trop long
(D) Tout le monde critique le jeu des acteurs

49. Quelle a été la réaction d'Antoine et de sa femme lorsqu'ils ont vu ce film ?

(A) Ils l'ont beaucoup aimé.
(B) Ils l'ont trouvé très long.
(C) Ils sont partis avant la fin.
(D) Ils ont apprécié le jeu des acteurs.

50. Qu'est-ce que nous apprenons au sujet d'Alice Valois ?

(A) Elle a toujours des petits rôles.
(B) Elle n'est pas connue.
(C) Elle a très bien joué son rôle.
(D) Elle est plutôt bête.

ANSWER KEY

1. **A**	11. **A**	21. **A**	31. **D**	41. **C**
2. **D**	12. **D**	22. **A**	32. **A**	42. **A**
3. **C**	13. **B**	23. **C**	33. **C**	43. **C**
4. **B**	14. **A**	24. **C**	34. **B**	44. **D**
5. **B**	15. **D**	25. **D**	35. **A**	45. **D**
6. **D**	16. **C**	26. **A**	36. **B**	46. **D**
7. **B**	17. **A**	27. **B**	37. **A**	47. **B**
8. **D**	18. **D**	28. **A**	38. **B**	48. **A**
9. **B**	19. **B**	29. **B**	39. **A**	49. **B**
10. **C**	20. **A**	30. **A**	40. **C**	50. **C**

ANSWERS EXPLAINED

1. **(A)** The lady says that she did not notice the loss of her umbrella until she got home because it had stopped raining.

2. **(D)** The man was not working the previous day.

3. **(C)** The umbrella must be in the lost and found department, which is on the top floor ("le dernier étage").

4. **(B)** The lady said that the umbrella was white and red.

5. **(B)** The boy thinks that the girl has a tan because she went to the beach.

6. **(D)** She went on vacation with her parents and her sister.

7. **(B)** Natalie would have liked to go camping because, at the beginning of the cruise, she was seasick.

8. **(D)** This conversation is taking place in the evening because the daughter says it is already dark outside.

9. **(B)** The mother couldn't call her daughter because she had left her cellular phone at the office.

10. **(C)** The traffic jam was caused by a truck that, in trying to avoid hitting a dog, drove on the sidewalk.

11. **(A)** The daughter heard about the accident on the radio.

12. **(D)** She is furious because she had to wait on hold for 20 minutes.

13. **(B)** The lady is angry because she paid her bill three weeks ago and she received another bill.

14. **(A)** The mistake was due to a delay in the mail.

15. **(D)** The ballerina spent her childhood in that small town.

16. **(C)** Caroline went to New York because her father was transferred there.

17. **(A)** She felt out of place because she could not speak the language.

18. **(D)** Caroline has an apartment in New York and one in Paris.

19. **(B)** Suzanne thinks that they'll go to Tahiti in July because it is the month during which her husband always has his yearly vacation.

20. **(A)** They will see, among other things, sports events. There is no mention in the dialogue of Tahitian dances, nor of religious celebrations, nor of the harvest of fruits.

21. **(A)** The man says that it is a very good idea to go to Tahiti at that time and that he is sure it will be a wonderful vacation.

22. **(A)** The man says it will be easy to find the information because he has a new computer.

23. **(C)** When searching on the computer, he discovers that there are only two books on the subject.

24. **(C)** He offers to call their downtown branch because they have a bigger selection.

25. **(D)** At first Pierre misunderstood and thought the group was already in town, and that is why he was surprised.

26. **(A)** She says that she had just learned about the concert that morning on her way to school.

27. **(B)** She has something else to do; she is playing at a piano recital.

28. **(A)** Pierre is happy because he will be able to go the concert since he has nothing else planned on that date.

29. **(B)** Marguerite says in her letter that the Château Frontenac is a hotel.

30. **(A)** She says that it is a good idea to go to Quebec in July because it is the month during which there is a festival.

31. **(D)** Marguerite will send brochures with pictures of the festival.

32. **(A)** He says that his grandparents live in the suburbs.

33. **(C)** He says that he is not going to Paris to watch television.

34. **(B)** She reminds the young man that the race takes place in June, but she doesn't know exactly when.

35. **(A)** Philippe thinks that the first car ever built was built by Henry Ford at the beginning of the 20th century.

36. **(B)** The teacher tells the students that it was built by Daimler, who was German, in 1886.

37. **(A)** That motor was invented approximately 20 years prior to the first car, which means around 1866.

38. **(B)** Philippe was right when he said that the model T was built by Ford at the beginning of the 20th century.

39. **(A)** Colette forgot that her aunt Marthe is overseas, and she is not interested in a stamp from the same country.

40. **(C)** Aunt Marthe is on a business trip in Shanghai.

41. **(C)** Colette admits that she forgot that her aunt was in China.

42. **(A)** Anne says that they have just finished dinner.

43. **(C)** Nicolas is taking a shower.

44. **(D)** Nicolas doesn't have to drive Georges to work because Georges' car has been repaired.

45. **(D)** Solange's teacher is very talented.

46. **(D)** Solange's aunt would love to see the monuments in Egypt.

47. **(B)** Three of the paintings are in the school.

48. **(A)** Everyone is talking about the movie in question.

49. **(B)** Antoine and his wife found the movie too long, but they did not leave before the end.

50. **(C)** She was the only one who performed well, but her role was too small.

COMPLETE SCRIPT

Dialogue 1

Female Speaker	Pardon monsieur, j'étais ici hier après-midi et je crois que j'ai laissé mon parapluie sur le comptoir. Quand j'ai quitté le magasin, il ne pleuvait plus, alors ce n'est qu'en arrivant à la maison que je me suis aperçue que je ne l'avais plus. Est-ce que vous auriez trouvé un parapluie par hasard ?
Male Speaker	Euh, je ne sais pas madame, je n'étais pas là hier, mais si c'est ici que vous l'avez laissé, on l'a sans doute envoyé aux objets trouvés. C'est au dernier étage et . . .
Female Speaker	Bon, je vais y aller !
Male Speaker	Attendez un moment, ce n'est pas la peine de monter. Je les appelle. Pouvez-vous me décrire votre parapluie ?
Female Speaker	Oui, il est blanc et rouge et je venais de l'acheter. Il était neuf !
Male Speaker	Un nouveau parapluie ? (sounds of dialing) Allô, oui, objets trouvés ? Ici Marc, au premier étage. J'ai une dame ici qui pense avoir oublié son parapluie hier et qui . . . ah on vous a envoyé cinq parapluies ! Celui de cette dame est blanc et rouge . . . ah, vous l'avez, très bien, je lui dis de monter tout de suite.

Dialogue 2

Male Speaker	Dis, Josette, tu es toute bronzée. Tu es allée à la plage avec ta famille cet été, comme chaque année ?
Female Speaker	Non, cette fois-ci, on est partis en croisière, papa, maman, ma soeur Natalie et moi.
Male Speaker	Ça a dû être formidable ! Tu as dû t'amuser comme une folle !

Female Speaker	Moi, oui. Et mes parents aussi ont bien profité de cette semaine en bateau. Par contre, Natalie a été malade pendant trois jours ! Le mal de mer, tu sais. Elle aurait préféré faire du camping sur la terre ferme, tu sais comme elle adore le camping ! Finalement, au bout de trois jours, ça allait mieux, et elle a commencé à s'amuser.
Male Speaker	Heureusement ! Et toi, qu'est-ce que tu as fait pendant toute la semaine en bateau ?
Female Speaker	Oh, du matin au soir, il y avait tant de choses à faire, des jeux organisés, du yoga, des films, des soirées ! C'est incroyable ! Même Natalie a dit à la fin du voyage qu'elle aimerait repartir en croisière l'année prochaine !

Dialogue 3

Female Speaker 1	Maman, qu'est-ce qui s'est passé ? Tu es rentrée du bureau assez tard aujourd'hui, il fait déjà nuit !
Female Speaker 2	Oui, je sais. Je suis arrivée à la maison en retard parce qu'il y avait une circulation horrible. Ça n'avançait pas. Je voulais t'appeler pour te prévenir, mais j'avais laissé mon portable au bureau.
Female Speaker 1	Je sais maman, tu oublies toujours ton téléphone ! Mais je savais qu'il y avait un embouteillage parce que j'ai écouté les informations à la radio. Il paraît qu'au croisement, un chauffeur de camion a essayé d'éviter un petit chien qui traversait la rue et, en faisant cela, il est monté sur le trottoir.
Female Speaker 2	Oh, c'est affreux ça ! Est-ce qu'il y a eu des blessés ?
Female Speaker 1	Non, heureusement pas, et le petit chien a continué sa route calmement !

Dialogue 4

Female Speaker	Allô ? Il était temps ! J'attends à l'appareil depuis vingt minutes ! Vous n'avez pas honte de faire attendre les gens comme ça ?
Male Speaker	Je regrette madame, mais toutes les lignes sont occupées, le téléphone n'arrête pas de sonner depuis ce matin.
Female Speaker	Le téléphone ne fait que sonner depuis ce matin ? J'imagine que tout le monde veut se plaindre de la dernière facture que vous leur avez envoyée . . . enfin, pas vous, votre société. Ça fait trois semaines que j'ai payé les 57 euros que je devais et aujourd'hui je reçois une facture pour 57 euros. C'est absolument ridicule, je ne vous dois plus rien !
Male Speaker	Votre nom et le numéro de votre compte s'il vous plaît madame ?
Female Speaker	Eponine Lachaise, No. 882302.
Male Speaker	Voyons, Lachaise, Eponine, No. 882302 . . . oh, je vois, il y a eu un retard de courrier. Nous avons reçu votre chèque ce matin à peine. Vous ne nous devez rien madame.

Dialogue 5

Male Speaker   Caroline Delahaye, nous sommes heureux de vous avoir parmi nous ce soir, et nos auditeurs attendent cette interview depuis plusieurs jours. Vous avez beaucoup d'admirateurs dans notre petite ville.

Female Speaker   C'est moi qui suis ravie d'être ici monsieur. Comme vous devez le savoir, je suis née ici, mais les choses ont beaucoup changé depuis ce temps-là.

Male Speaker   En effet, je savais bien que vous étiez née ici . . . mais vous n'y avez pas vécu très longtemps je crois ?

Female Speaker   Non, je n'y ai pas passé toute mon enfance. Quand j'avais onze ans, mes parents ont déménagé et nous sommes allés à New York où mon père avait été transféré. Je ne savais pas un mot d'anglais et, au début, je me sentais perdue ! Heureusement que j'ai très vite appris la langue et que je me suis tout de suite fait beaucoup d'amis. J'avais pris des cours de danse depuis que j'étais toute petite. J'ai continué à apprendre la danse à New York, et c'est là que je suis devenue ballerine. D'ailleurs, je considère New York comme ma ville d'adoption. J'ai un appartement à New York et un autre appartement à Paris.

Dialogue 6

Male Speaker   Alors Suzanne, c'est pour quand ton voyage à Tahiti ?

Female Speaker   Nous pensons y aller en juillet, mais ce n'est pas encore sûr.

Male Speaker   Pourquoi avez-vous choisi le mois de juillet ?

Female Speaker   Bon ben, tout d'abord, c'est le mois où mon mari prend d'habitude son congé annuel, mais nous avons aussi appris que c'est en juillet qu'il y a beaucoup de fêtes et d'événements sportifs à Tahiti.

Male Speaker   Quelle bonne idée d'y aller à ce moment-là ! Tu vas non seulement assister à plusieurs festivités, mais tu vas manger des fruits délicieux ! Je suis sûr que tu auras des vacances magnifiques !

Female Speaker   Mais pourquoi est-ce que toi et ta femme ne viendriez pas avec nous ? On s'amuserait si bien ensemble tous les quatre !

Dialogue 7

Female Speaker   Pardon monsieur, auriez-vous un livre consacré à l'origine de l'écriture ?

Male Speaker   Je vais voir tout de suite madame. C'est très facile avec ce nouvel ordinateur. Alors . . . vous vous intéressez à un livre sur l'origine de l'écriture . . . . Bon, voilà la liste des livres que nous avons sur ce sujet . . . oh, il n'y en a que deux ici. Je regrette, c'est tout ce que je peux trouver.

Female Speaker   Oh, ça va, pourrais-je les voir, vérifier un peu ce qu'il y a dedans, les feuilleter ?

Male Speaker	Bien sûr madame. Attendez que je vérifie . . . vous les trouverez sur l'étagère B, dans la section des livres d'histoire. Si ce n'est pas ce qu'il vous faut, revenez et je téléphonerai à notre librairie du centre-ville. Comme elle est plus grande, il est possible que vous ayez un meilleur choix.

Dialogue 8

Female Speaker	Dis Pierre, tu ne voudrais pas m'accompagner au concert du groupe "Trois fois Trois" ?
Male Speaker	Les "Trois fois Trois" sont en ville ? Comment se fait-il que je ne le savais pas ?
Female Speaker	Non, non, ils ne sont pas encore ici, ils viennent dans deux mois. Je ne l'ai appris moi-même que ce matin en allant à l'école. On a le temps ! Alors, ça t'intéresserait d'y aller ?
Male Speaker	Bien sûr ! C'est mon groupe favori. Quelle est la date exacte de ce concert ?
Female Speaker	Le 27 novembre . . . oh, zut, j'y pense, c'est la semaine de mon récital de piano et mes parents n'accepteraient jamais que j'y aille au lieu de m'exercer, et m'exercer, et m'exercer ! Oh, quel dommage !
Male Speaker	Bon ben, moi, tu sais, je n'ai pas de récital de piano, donc je peux quand même y aller !

Dialogue 9

Chère Patricia,

   Je viens de recevoir ta lettre qui m'a beaucoup fait plaisir. Tu m'annonces que tu viendras au Québec cet été et que tes parents et toi comptez passer une semaine à Québec. Tu me dis aussi que tes parents ont choisi comme hôtel le fameux Château Frontenac qui se trouve dans le vieux Québec. C'est un hôtel formidable, historique, et qu'ils aimeront beaucoup. J'espère en tout cas que toi, tu viendras chez nous. Tu pourrais avoir la chambre de mon frère Thomas qui est actuellement à l'université et qui passera tout l'été en France. Comme nous n'habitons pas trop loin du vieux Québec, ce sera facile pour toi et pour tes parents. Tu m'annonces aussi que tu viendras en juillet. C'est formidable, parce que c'est le mois du festival du Québec, et on pourra tous participer à des festivités, voir des pièces de théâtre, danser, etc. Bien sûr, il y aura beaucoup de touristes. Je vais t'envoyer des brochures pleines de photos de ce festival. Nous en avons plusieurs à la maison parce que ma tante travaille dans une agence de voyage. Mes parents ont déjà commencé à préparer une liste pour tes parents, et nous pourrons vous conduire dans de beaux endroits pas trop loin d'ici. On vous attend impatiemment.

   En attendant de tes nouvelles, je t'envoie mille bises.

Marguerite

Dialogue 10

Male Speaker	Nous partons pour la France en juin. On va voir nos grands-parents qui vivent dans la banlieue de Paris.
Female Speaker	En juin ? Super. Est-ce que tes grands-parents ont une télévision ?

Male Speaker	Pourquoi est-ce que tu me poses cette question ? Je ne vais pas à Paris pour regarder la télé !
Female Speaker	Je sais bien que non . . . mais, je sais que tu es passionné de courses automobiles. Or, c'est en juin qu'a lieu, chaque année, la fameuse course des "24 heures du Mans". Je ne sais pas exactement la date, mais je sais que ça commence un samedi après-midi et que ça finit le dimanche après-midi.
Male Speaker	C'est vrai, je n'y avais pas du tout pensé. Ce serait merveilleux de pouvoir suivre ça à la télé ! Merci de ton conseil Corinne, c'est une excellente idée !

Dialogue 11

Male Teacher	Aujourd'hui, nous allons parler d'une invention qui a révolutionné le siècle dernier, celle de l'automobile. Qui, selon vous, a construit la première voiture et en quelle année ?
Male Student	Henri Ford, au début du vingtième siècle !
Male Teacher	Non Philippe, la première voiture a été construite avant cela par l'Allemand Daimler, à la fin du dix-neuvième siècle, en 1886. Mais le principe du moteur "à quatre temps" avait été inventé par des Français vingt ans avant ça . . . et la première voiture électrique a été créée par un Belge en 1899.
Female Student	Alors, Ford a construit son modèle T à la fin du dix-neuvième siècle aussi ?
Male Teacher	Non, Philippe avait raison, Ford a construit son modèle T au début du vingtième siècle, en 1906 pour être précis. Il faut vous dire que la voiture de Daimler ressemblait plutôt à une voiture à cheval et que la modèle T était déjà plus moderne.

Dialogue 12

Female Speaker	Colette, je viens de recevoir une lettre de notre tante Marthe, et je vais te donner le timbre qui est sur l'enveloppe pour ta collection.
The Daughter	Quel timbre maman ? Marthe habite à 150 kilomètres de chez nous, nous pouvons acheter exactement les mêmes timbres !
Female Speaker	Mais non ma chérie, tu sais bien qu'elle est partie en Chine pour deux semaines. Je t'avais dit que la société pour laquelle elle travaille l'avait envoyée à Shanghai parce qu'elle parle chinois. Tu n'écoutes jamais ce que je dis !
The Daughter	Mais si maman, j'écoute toujours ce que tu dis. J'avais simplement oublié. Fais voir ce timbre !
Female Speaker	Regarde comme il est beau, et tu n'as pas de timbres de Chine !
The Daughter	Oh, il est extraordinaire, quelles couleurs magnifiques ! Il embellira ma collection de timbres !

Dialogue 13

Male Speaker	Allô ? Anne ? C'est Georges. Je m'excuse de vous appeler si tard. J'espère que je ne vous dérange pas.

Female Speaker	Pas du tout ! Pas du tout ! Nous avons fini de dîner et ne faisons rien d'important.
Male Speaker	Ah, bon ! Est-ce que je pourrais parler à Nicolas ?
Female Speaker	Oh, je suis désolée, mais il est en train de prendre sa douche, est-ce qu'il peut vous rappeler dans quelques minutes ? Ou, si vous voulez, je peux lui donner un message de votre part ?
Male Speaker	D'accord. Dites-lui que je n'ai pas besoin qu'il me conduise au bureau demain matin. Le mécanicien qui réparait ma voiture m'a appelé cet après-midi et m'a dit qu'elle était prête. Alors, mon voisin m'a conduit au garage et j'ai pu récupérer ma voiture. A présent, elle marche à merveille . . .
Female Speaker	Très bien, je lui transmettrai votre message aussitôt qu'il sortira de la salle de bains.

Dialogue 14

Female Speaker	Solange, comment sont tes cours cette année ? Tu aimes bien tes nouveaux professeurs ?
Female Student	Ça vient à peine de commencer tu sais, mais tout a l'air très bien. Ma prof favorite est Madame Halim, la prof de dessin. Elle a un de ces talents: elle peint, dessine, sculpte ! J'ai beaucoup d'admiration pour elle ! Oh, tu sais, elle vient d'Egypte.
Female Speaker	Ah oui ? Je rêve d'aller en Egypte, de voir les pyramides, le grand musée égyptien avec les momies, enfin, tout ce qu'il y a à voir ! Je sais combien tu aimes l'histoire des pharaons et j'imagine que ta prof vous en a parlé ?
Female Student	Un petit peu, mais on a toute l'année pour apprendre tu sais ! Si tu savais comme elle dessine et peint bien. C'est une excellente artiste. Trois de ses tableaux sont exposés à l'école. Je crois que je vais bien apprendre le dessin dans cette classe . . . et peut-être aussi un peu d'égyptologie !

Dialogue 15

Male Speaker 1	Antoine, tu as vu le dernier film de Charles Beauclair ? On en parle partout !
Male Speaker 2	Oui, ma femme et moi sommes allés le voir avant-hier. Je ne l'ai pas du tout aimé. Il est vraiment trop long mais nous sommes quand même restés jusqu'à la fin.
Male Speaker 1	Un film de Charles Beauclair ? Ça m'étonne. Tous ses films sont excellents d'habitude ! A part la longueur, qu'est-ce que tu n'as pas aimé ?
Male Speaker 2	Eh bien, le scénario était plutôt bête, et le jeu des acteurs ne valait pas grand'chose ! Seule Alice Valois a bien joué, mais comme elle n'avait qu'un rôle secondaire, cela n'a pas sauvé le film. C'est dommage, parce que c'est une très bonne actrice ! Elle mérite de meilleurs rôles que ça !

PART TWO
Practice Tests

ANSWER SHEET
Practice Test 1

French Subject Test

1. Ⓐ Ⓑ Ⓒ Ⓓ	30. Ⓐ Ⓑ Ⓒ Ⓓ	59. Ⓐ Ⓑ Ⓒ Ⓓ
2. Ⓐ Ⓑ Ⓒ Ⓓ	31. Ⓐ Ⓑ Ⓒ Ⓓ	60. Ⓐ Ⓑ Ⓒ Ⓓ
3. Ⓐ Ⓑ Ⓒ Ⓓ	32. Ⓐ Ⓑ Ⓒ Ⓓ	61. Ⓐ Ⓑ Ⓒ Ⓓ
4. Ⓐ Ⓑ Ⓒ Ⓓ	33. Ⓐ Ⓑ Ⓒ Ⓓ	62. Ⓐ Ⓑ Ⓒ Ⓓ
5. Ⓐ Ⓑ Ⓒ Ⓓ	34. Ⓐ Ⓑ Ⓒ Ⓓ	63. Ⓐ Ⓑ Ⓒ Ⓓ
6. Ⓐ Ⓑ Ⓒ Ⓓ	35. Ⓐ Ⓑ Ⓒ Ⓓ	64. Ⓐ Ⓑ Ⓒ Ⓓ
7. Ⓐ Ⓑ Ⓒ Ⓓ	36. Ⓐ Ⓑ Ⓒ Ⓓ	65. Ⓐ Ⓑ Ⓒ Ⓓ
8. Ⓐ Ⓑ Ⓒ Ⓓ	37. Ⓐ Ⓑ Ⓒ Ⓓ	66. Ⓐ Ⓑ Ⓒ Ⓓ
9. Ⓐ Ⓑ Ⓒ Ⓓ	38. Ⓐ Ⓑ Ⓒ Ⓓ	67. Ⓐ Ⓑ Ⓒ Ⓓ
10. Ⓐ Ⓑ Ⓒ Ⓓ	39. Ⓐ Ⓑ Ⓒ Ⓓ	68. Ⓐ Ⓑ Ⓒ Ⓓ
11. Ⓐ Ⓑ Ⓒ Ⓓ	40. Ⓐ Ⓑ Ⓒ Ⓓ	69. Ⓐ Ⓑ Ⓒ Ⓓ
12. Ⓐ Ⓑ Ⓒ Ⓓ	41. Ⓐ Ⓑ Ⓒ Ⓓ	70. Ⓐ Ⓑ Ⓒ Ⓓ
13. Ⓐ Ⓑ Ⓒ Ⓓ	42. Ⓐ Ⓑ Ⓒ Ⓓ	71. Ⓐ Ⓑ Ⓒ Ⓓ
14. Ⓐ Ⓑ Ⓒ Ⓓ	43. Ⓐ Ⓑ Ⓒ Ⓓ	72. Ⓐ Ⓑ Ⓒ Ⓓ
15. Ⓐ Ⓑ Ⓒ Ⓓ	44. Ⓐ Ⓑ Ⓒ Ⓓ	73. Ⓐ Ⓑ Ⓒ Ⓓ
16. Ⓐ Ⓑ Ⓒ Ⓓ	45. Ⓐ Ⓑ Ⓒ Ⓓ	74. Ⓐ Ⓑ Ⓒ Ⓓ
17. Ⓐ Ⓑ Ⓒ Ⓓ	46. Ⓐ Ⓑ Ⓒ Ⓓ	75. Ⓐ Ⓑ Ⓒ Ⓓ
18. Ⓐ Ⓑ Ⓒ Ⓓ	47. Ⓐ Ⓑ Ⓒ Ⓓ	76. Ⓐ Ⓑ Ⓒ Ⓓ
19. Ⓐ Ⓑ Ⓒ Ⓓ	48. Ⓐ Ⓑ Ⓒ Ⓓ	77. Ⓐ Ⓑ Ⓒ Ⓓ
20. Ⓐ Ⓑ Ⓒ Ⓓ	49. Ⓐ Ⓑ Ⓒ Ⓓ	78. Ⓐ Ⓑ Ⓒ Ⓓ
21. Ⓐ Ⓑ Ⓒ Ⓓ	50. Ⓐ Ⓑ Ⓒ Ⓓ	79. Ⓐ Ⓑ Ⓒ Ⓓ
22. Ⓐ Ⓑ Ⓒ Ⓓ	51. Ⓐ Ⓑ Ⓒ Ⓓ	80. Ⓐ Ⓑ Ⓒ Ⓓ
23. Ⓐ Ⓑ Ⓒ Ⓓ	52. Ⓐ Ⓑ Ⓒ Ⓓ	81. Ⓐ Ⓑ Ⓒ Ⓓ
24. Ⓐ Ⓑ Ⓒ Ⓓ	53. Ⓐ Ⓑ Ⓒ Ⓓ	82. Ⓐ Ⓑ Ⓒ Ⓓ
25. Ⓐ Ⓑ Ⓒ Ⓓ	54. Ⓐ Ⓑ Ⓒ Ⓓ	83. Ⓐ Ⓑ Ⓒ Ⓓ
26. Ⓐ Ⓑ Ⓒ Ⓓ	55. Ⓐ Ⓑ Ⓒ Ⓓ	84. Ⓐ Ⓑ Ⓒ Ⓓ
27. Ⓐ Ⓑ Ⓒ Ⓓ	56. Ⓐ Ⓑ Ⓒ Ⓓ	85. Ⓐ Ⓑ Ⓒ Ⓓ
28. Ⓐ Ⓑ Ⓒ Ⓓ	57. Ⓐ Ⓑ Ⓒ Ⓓ	
29. Ⓐ Ⓑ Ⓒ Ⓓ	58. Ⓐ Ⓑ Ⓒ Ⓓ	

Practice Test 1: French Subject Test

Part A

Directions: This part consists of a series of incomplete statements followed by four possible answers. Among the four choices, select the answer that best fits the statement.

D 1. Allons tout de suite au restaurant parce que j'ai _____.

    (A) raison

    (B) peur

    (C) fatigué

    (D) faim

B 2. Le professeur m'a beaucoup _____ quand il a vu que j'étais inquiète.

    (A) expliquée

    (B) encouragée

    (C) révisé

    (D) répondue

A 3. N'oublie pas d'_____ la télévision avant de te coucher.

    (A) éteindre

    (B) allumer

    (C) écouter

    (D) endormir

D 4. Elle a acheté une paire de _____ blanches à talons hauts.

    (A) chaussettes

    (B) souliers

    (C) patins

    (D) chaussures

C 5. Michel _____ sa mère parce qu'elle était très occupée.

    (A) a assisté

    (B) a vu

    (C) a aidé

    (D) a supporté

A 6. Le taxi _____ trop vite et un agent de police a obligé le chauffeur à s'arrêter.

    (A) allait

    (B) conduisait

    (C) était

    (D) courait

B 7. Hier soir, j'ai regardé les _____ à la télé et c'est là que j'ai appris que le nouveau maire avait été élu.

    (A) nouveaux

    (B) informations

    (C) programmes

    (D) électeurs

A 8. Tout était très calme dans le salon quand, soudain, la porte _____ avec un grand bruit et Félicie est entrée.

    (A) s'est ouverte

    (B) s'est fermée

    (C) s'est cassée

    (D) s'est brisée

9. Comme Charles n'avait pas _____ ses affaires, il ne pouvait rien trouver dans sa chambre.

(A) rangé
(B) mis
(C) placé
(D) fait

10. Quand Marie est arrivée en retard, elle a expliqué qu'elle s'était _____.

(A) perdu
(B) brouillée
(C) dormi
(D) égarée

11. Je viens d'acheter un costume bleu qui m'a coûté très _____.

(A) beaucoup
(B) cher
(C) fort
(D) énormément

12. Mon cousin cherche un _____ aux Caraïbes parce qu'il veut vivre au bord de la mer.

(A) emploi
(B) maison
(C) restaurant
(D) place

13. En répondant à la question, je me suis _____ et j'ai eu une mauvaise note.

(A) confus
(B) embrouillé
(C) oublié
(D) étourdi

14. J'ai décidé de ne pas prendre l'autoroute parce qu'il y avait un _____.

(A) embouteillage
(B) carrefour
(C) queue
(D) trajet

15. Tout le monde s'est mis à table en même _____.

(A) fois
(B) moment
(C) instant
(D) temps

16. _____ qu'elle est arrivée, Régine a embrassé sa mère.

(A) Quand
(B) Aussi
(C) Dès
(D) Avant

17. Attention, Suzanne, il est _____ de fumer dans ce restaurant.

(A) interdit
(B) défendue
(C) prévenu
(D) empêchée

18. Les habitants de ce village au bord de la mer vivent essentiellement de la _____.

(A) marine
(B) pêche
(C) poisson
(D) montagne

19. Aujourd'hui, il fait une chaleur _____.

(A) grande
(B) brûlée
(C) étouffante
(D) extrémiste

20. Après mon dernier examen, j'étais si fatiguée que je n'avais aucune _____.

(A) envie
(B) énergie
(C) idée
(D) réponse

Part B

> **Directions:** In this part, each sentence contains a blank. Select, from the four choices that follow, the one that forms a grammatically correct sentence. Whenever there are dashes following (A), it means that no insertion is necessary. However, this may or may not be the correct answer.

21. En entrant _____ la salle de classe, le professeur a laissé tomber son livre.

    (A) - - -
    (B) de
    (C) dans
    (D) à

22. Elles allaient _____ au cinéma avec leurs amies.

    (A) avant
    (B) bien
    (C) hier
    (D) parfois

23. Le bâtiment devant _____ il a garé sa voiture est gris.

    (A) qu'
    (B) duquel
    (C) lequel
    (D) quoi

24. Vous avez compris ce chapitre _____ que moi.

    (A) mieux
    (B) bien
    (C) aussi
    (D) meilleur

25. Ils comptent se rendre _____ Suisse pour les vacances de Noël.

    (A) de
    (B) au
    (C) en
    (D) à

26. C'est elle qui vous _____ de venir vers huit heures.

    (A) avez dit
    (B) a dit
    (C) ayant dit
    (D) ait dit

27. Après _____ le livre, j'ai décidé de voir le film.

    (A) lisant
    (B) lisait
    (C) avoir lu
    (D) ayant lu

28. J'ai acheté un litre _____ lait ce matin.

    (A) - - -
    (B) du
    (C) à
    (D) de

29. Je viendrai te voir samedi _____ ma voiture soit chez le garagiste.

    (A) bien que
    (B) parce que
    (C) puisque
    (D) lorsque

30. Quand tu verras Corrine, tu _____ diras bonjour de ma part.

    (A) lui
    (B) la
    (C) y
    (D) en

D 31. Malheureusement, Laura peint très _____.

   (A) mauvais

   (B) mauvaise

   (C) terrible

   (D) mal

A 32. Cet acteur n'a aucun _____ talent.

   (A) ---

   (B) de

   (C) du

   (D) un

B 33. Ils étaient assis _____ de la jetée et ils écoutaient le bruit des vagues.

   (A) devant

   (B) près

   (C) sur

   (D) face

C 34. Merci encore _____ m'avoir fait visiter votre belle ville.

   (A) ---

   (B) parce que

   (C) de

   (D) par

Part C

Directions: The following paragraphs contain some blank spaces. Choose, among the four answers that accompany each blank, the one that best completes the sentence, either for the meaning or for the grammar. In some instances, the first answer (A) may only have dashes, indicating that no insertion is necessary to form a grammatically correct sentence.

Lors de son séjour en Grèce, Noëlle avait pu _____(35) la langue de ce pays, qu'elle avait étudiée plusieurs années _____(36) et qu'elle pensait avoir oubliée depuis _____(37) . Il va sans dire qu'elle avait fait des fautes, mais on _____(38) comprenait ! Son professeur de grec lui avait _____(39) dit qu'une fois qu'une langue est _____(40) , elle reste gravée pour toujours dans _____(41) subconscient, mais Noëlle ne l'avait pas cru. _____(42) , sitôt qu'elle avait _____(43) , Noëlle s'était _____(44) compte qu'elle pouvait comprendre ce _____(45) était écrit sur les panneaux publicitaires.

C 35. (A) dire

   (B) prendre

   (C) pratiquer

   (D) commander

A 36. (A) auparavant

   (B) déjà

   (C) bientôt

   (D) passé

C 37. (A) beaucoup

   (B) quelquefois

   (C) longtemps

   (D) toujours

D 38. (A) y

   (B) lui

   (C) se

   (D) la

B 39. (A) sinon

   (B) bien

   (C) partout

   (D) enfin

B 40. (A) complétée

   (B) maîtrisée

   (C) écrite

   (D) discutée

D A 41. (A) ton

   (B) son

   (C) votre

   (D) notre

A 42. (A) Cependant

   (B) Aussi

   (C) Souvent

   (D) Quelquefois

C 43. (A) arrivé

   (B) parlé

   (C) atterri

   (D) conclu

A 44. (A) rendu

   (B) fait

   (C) dit

   (D) réalisé

A 45. (A) qui

   (B) qu'

   (C) quoi

   (D) dont

Le thé à la menthe est une boisson traditionnelle _____(46)_____ _____(47)_____ Maghreb. Servir un thé chaud dans un pays chaud peut sembler surprenant, et pourtant, _____(48)_____ une tradition ancestrale de cette région. _____(49)_____ offert toute la journée aux invités en signe d'hospitalité et ne se refuse pas !

D 46. (A) Africain
(B) Africaine
(C) africain
(D) africaine

A 47. (A) au
(B) à
(C) de la
(D) en

D 48. (A) elle est
(B) il est
(C) c'était
(D) c'est

A 49. (A) Il est
(B) Elle est
(C) C'est
(D) C'était

* *

L'autre jour, je n'arrivais pas _____(50)_____ trouver mon dossier sur Victor Hugo. Je l'avais peut-être oublié à la _____(51)_____ où je faisais des recherches. Tout _____(52)_____ j'ai cherché ces papiers dans ma chambre, mais _____(53)_____ succès. Au _____(54)_____ de perdre du temps, j'ai décidé de _____(55)_____ un coup de fil à Madame Leclerc, la mère de mon copain Julien, chez qui j'étais allé avant de rentrer chez moi. Heureusement, mon dossier _____(56)_____ était !

B 50. (A) ---
(B) à
(C) de
(D) par

C 51. (A) bureau ✗
(B) librairie
(C) bibliothèque
(D) endroit ✗

A 52. (A) d'abord
(B) après
(C) jour
(D) temps

C 53. (A) avec
(B) pas
(C) sans
(D) sauf

B D 54. (A) place
(B) lieu
(C) début
(D) moment

A B 55. (A) passer
(B) faire
(C) décrocher
(D) dire

D 56. (A) ---
(B) elle
(C) l'
(D) y

Directions: Each passage or document in this section is followed by questions or incomplete statements. Among the four choices, choose the one that applies to the text.

Si vous êtes un adepte des puzzles, vous serez certainement conquis par ceux que nous avons créés pour vous. Il y en a pour
Line tous les goûts, de dix à cinq mille pièces
(5) ou plus, selon que vous préférez ceux qui prennent plusieurs jours à compléter ou, au contraire, une ou deux heures. Tout amateur sera plongé avec délices dans le défi que le puzzle présente. Nous en avons
(10) même pour tous les âges, des puzzles pour enfants de deux ou trois ans à ceux desti- nés aux adultes. Et les images ? Eh bien, si vous aimez voyager, nous vous offrons des monuments de tous les pays du monde,
(15) aussi bien que des paysages extraordinaires de ces mêmes pays. Si vous aimez les scènes amusantes de la vie quotidienne, vous serez charmés par ces images en couleur ou en noir et blanc. Vous n'aurez que l'embarras
(20) du choix !

57. D'après cette publicité, les puzzles offerts sont destinés à . . .

(A) des enfants.
(B) des adultes.
(C) tous les jeunes.
(D) tout le monde.

58. Parmi ces puzzles, on peut trouver tous les exemples suivants SAUF . . .

(A) des bandes dessinées amusantes.
(B) des images en noir et blanc.
(C) des paysages de beaucoup de pays.
(D) des images en couleur.

59. Selon ce passage, les puzzles contiennent tous . . .

(A) très peu de pièces.
(B) environ cinq mille pièces.
(C) entre dix et plusieurs milliers de pièces.
(D) quelques centaines de pièces.

60. La phrase "vous n'aurez que l'embarras du choix" signifie que les adeptes des puzzles . . .

(A) pourront choisir de belles images.
(B) auront du mal à choisir entre les puzzles.
(C) n'auront pas à prendre une décision.
(D) pourront vérifier les puzzles.

	Dès le 1er mois	À partir de 2 mois	À partir de 12 mois	Entre 16 et 18 mois	Entre 3 et 6 ans	Entre 11 et 13 ans	Entre 16 et 18 ans	À partir de 70 ans
Maladies contre lesquelles la vaccination est obligatoire	Tuberculose	Diphtérie Tétanos Polio Coqueluche		1er rappel : Diphtérie Tétanos Polio Coqueluche	2ème rappel Diphtérie Tétanos Polio Coqueluche	3ème rappel Diphtérie Tétanos Polio Coqueluche	4ème rappel Diphtérie Tétanos Polio Coqueluche	
Maladies contre lesquelles la vaccination est recommandée		Hépatite B	Rougeole Oreillons Rubéole (1ère dose) Hépatite B		Rougeole Oreillons Rubéole (2ème dose)	Rougeole Oreillons Rubéole Hépatite B	Rubéole (et au-delà de 18 ans pour les jeunes femmes non vaccinées)	Grippe (tous les ans)

Les Vaccinations Permettent de se Protéger Contre les Maladies
Extrait du calendrier vaccinal français

61. Contre quelle(s) maladie(s) la vaccination est-elle recommandée annuellement pour les personnes âgées ?

   (A) La diphtérie, le tétanus, la polio, la coqueluche
   (B) La rubéole
   (C) La tuberculose
   (D) La grippe

62. Pour quels adultes la vaccination contre la rubéole est-elle recommandée ?

   (A) Les jeunes femmes
   (B) Les jeunes gens
   (C) Les hommes
   (D) Les personnes du troisième âge

63. Laquelle de ces affirmations est vraie ?

   (A) La vaccination contre la rougeole est obligatoire.
   (B) Les nouveaux-nés doivent être vaccinés contre la tuberculose.
   (C) Il y a trois vaccinations contre la polio.
   (D) Il n'y a pas de vaccinations pour les adultes.

Plusieurs familles françaises, implantées au Canada depuis le dix-septième siècle, ont aujourd'hui un nombre incalculable de descendants. C'est le cas pour le premier immigré, Jacques Archambault qui vint à Québec avec sa famille, contrairement à beaucoup d'autres qui préféraient tenter leur chance seuls, et ensuite, si cela réussissait, faisaient venir leur famille. Arrivé avec son épouse et ses sept enfants, il avait, à sa mort à l'âge de 84 ans, 52 petits-enfants et 12 arrière-petits-enfants. Actuellement, les vingt mille et quelques descendants de cet immigré français vivent au Canada et aux Etats-Unis, en Nouvelle Angleterre.

Il est intéressant de noter que c'est Jacques Archambault qui a construit le premier puits dans le fort de Ville-Marie à Montréal à la demande de Paul Chomedey de Maisonneuve, le fondateur de Ville-Marie. En effet, celui-ci ne voulait pas que la vie de ses hommes soit mise en danger en allant puiser de l'eau hors du fort car les Iroquois présentaient un danger pour les colons.

Parmi les descendants de Jacques Archambault, on compte des juges, des prêtres, des notaires, des sculpteurs de renommée internationale, etc.

A Dompierre-sur-Mer, où Jacques Archambault est né, il existe aujourd'hui une rue portant le nom "Jacques Archambault". En 1990, on a célébré le jumelage de Dompierre-sur-Mer, en France et Saint-Antoine sur Richelieu au Québec, trois cents ans après la mort de Jacques Archambault.

Line
(5)
(10)
(15)
(20)
(25)
(30)
(35)

64. D'après ce texte, nous apprenons que beaucoup de familles canadiennes d'origine française . . .

(A) ont une éducation religieuse approfondie.
(B) ont fait un voyage dans leur pays d'origine.
(C) ont beaucoup de descendants.
(D) arrivaient à Québec avec toute leur famille.

65. Aujourd'hui, on trouve des descendants de Jacques Archambault . . .

(A) seulement au Canada.
(B) au Canada et en Angleterre.
(C) au Canada et aux Etats-Unis.
(D) en France.

66. A l'époque de Jacques Archambault, Ville-Marie était . . .

(A) un puits important.
(B) une petite ville.
(C) un fort à Montréal.
(D) une fondation.

67. Archambault avait construit le premier puits parce que Monsieur de Maisonneuve . . .

(A) voulait protéger ses hommes.
(B) pouvait ainsi attaquer les Iroquois.
(C) trouvait le Saint-Laurent trop éloigné.
(D) avait confiance en lui.

68. On trouve des descendants de Jacques Archambault . . .

(A) dans le domaine légal.
(B) dans le clergé.
(C) dans le domaine artistique.
(D) dans tous les domaines ci-dessus.

69. Dans la ville natale de Jacques Archambault, on a célébré ce colon du dix-septième siècle en . . .

(A) donnant son nom à plusieurs bâtiments.
(B) faisant un jumelage.
(C) construisant une église.
(D) donnant son nom à une rue.

Lorsque les quatre parents se trouvèrent seuls dans la salle, Monsieur Grandet dit à son neveu: "Il faut se coucher. Il est trop tard pour causer des affaires qui vous amènent ici, nous prendrons demain un moment convenable. Ici, nous déjeunons à huit heures. A midi, nous mangeons un fruit, un rien de pain sur le pouce, et nous buvons un verre de vin blanc; puis nous dînons, comme les Parisiens, à cinq heures. Voilà l'ordre. Si vous voulez voir la ville ou les environs, vous serez libre comme l'air. Vous m'excuserez si mes affaires ne me permettent pas toujours de vous accompagner. Vous les entendrez peut-être tous ici vous disant que je suis riche: Monsieur Grandet par-ci, Monsieur Grandet par-là ! Je les laisse dire, leurs bavardages ne nuisent point à mon crédit. Mais je n'ai pas le sou, et je travaille à mon âge comme un jeune compagnon, qui n'a pour tout bien qu'une mauvaise plane et deux bons bras".

Line

(5)

(10)

(15)

(20)

70. Cette conversation a lieu . . .

    (A) tôt le matin.
    (B) dans la soirée.
    (C) à cinq heures.
    (D) au moment du déjeuner.

71. Le neveu de Monsieur Grandet est venu . . .

    (A) pour voir la famille.
    (B) pour discuter de quelque chose.
    (C) pour dîner avec les siens.
    (D) pour voir la ville.

72. D'après ce passage, Monsieur Grandet a la réputation . . .

    (A) d'être avare.
    (B) d'être très travailleur.
    (C) d'être bavard.
    (D) d'avoir beaucoup d'argent.

73. Pourquoi Monsieur Grandet ne peut-il pas accompagner son neveu ?

    (A) Il n'aime pas marcher.
    (B) Il n'a pas d'argent.
    (C) Il dîne tôt.
    (D) Il a beaucoup de travail.

74. Selon Monsieur Grandet, son neveu ne doit pas . . .

    (A) écouter ce que les gens disent.
    (B) voir la ville tout seul.
    (C) dîner comme les Parisiens.
    (D) acheter à crédit.

Languedoc-Roussillon

Ici, les villes ont une histoire et de vraies traditions maritimes. Et au bord des étangs, pêcheurs et éleveurs de coquillages content encore leur histoire, comme Paul Valéry ou Brassens ont si bien su le faire. Ce sont aussi les hommes de la mer et leurs coutumes ancestrales que l'on rencontre. Ces authentiques marins vous permettront de découvrir la vente à la criée, les sorties en mer. Le Languedoc-Roussillon dispose de plus de 30% de tous les Pavillons Bleus du littoral français. Décerné depuis 10 ans aux ports et aux plages pour leurs efforts de respect de l'environnement, ce label écologique récompense finalement la plupart des stations balnéaires du Languedoc-Roussillon.

Hôtel La Frégate
Canet

Situation : au cœur de Canet, à 100 m de sa magnifique plage
Parking : parking privé gratuit
Infrastructures : salon de détente, terrasse ombragée et solarium
Chambres :
Type A : douche, wc, télévision, téléphone, coffre individuel
Type B : bain, wc, télévision, téléphone, coffre individuel
Repas :
   Petit déjeuner continental
   Repas 4 plats
Chiens : admis
Particularités :
Accueil chaleureux et hôtel confortable.

Hôtel La Frégate***   **FRCANVol**
Canet
*Prix par personne par nuit en chambre double
en logement et petit déjeuner*

Dates	Type A	Type B
15/03–30/06, 01/09–31/12	161	178
01/07–11/07,16/07–03/08, 21/08–31/08	171	186
12/07–15/07, 04/08–20/08	231	244

Demi-pension 110€ de supplément par pers, par nuit

Pension complète 150€ de supplément par pers, par nuit

75. Pour quelle tradition le Languedoc-Roussillon est-il connu ?

  (A)   On y fait du bon vin.
  (B)   On y trouve des produits de la mer.
  (C)   On y fabrique des produits artisanaux.
  (D)   On y cultive des fleurs.

76. Où cette région est-elle située ?

  (A)   Sur la côte méditerranéenne
  (B)   Dans les Alpes
  (C)   Près d'un lac
  (D)   Dans le centre de la France

77. Quels efforts particuliers cette région fait-elle ?

  (A)   Elle vend à la criée.
  (B)   Elle a des coutumes ancestrales.
  (C)   Elle protège la nature.
  (D)   Elle a des marins authentiques.

78. Qu'est-ce que Paul Valéry et Brassens ont su faire ?

  (A)   Chanter leurs poèmes
  (B)   Rencontrer des marins
  (C)   Raconter leur histoire
  (D)   Compter des points

79. Quelle profession n'est pas mentionnée dans cette publicité ?

  (A)   Marin
  (B)   Conteur
  (C)   Pêcheur
  (D)   Éleveur

Chaque été, le Festival Interceltique de Lorient accueille des milliers de spectateurs dans cette petite ville bretonne pendant une dizaine de jours, depuis plus de quarante ans. Il y célèbre l'identité celtique de la région et se démarque ainsi d'autres célébrations musicales annuelles, qui se tiennent aussi en Bretagne, mais dont les thèmes restent très éloignés de celui de Lorient.

Cet événement très médiatisé offre multiples concerts, danses, compétitions, défilés et ateliers culturels et musicaux, et vise ainsi à servir tous les intérêts locaux, nationaux et mondiaux touchant la culture celtique. Chaque année une nation celtique y est mise à l'honneur, et ce sera le tour de l'Écosse cet été. Des centaines de musiciens, chanteurs, danseurs, et autres artistes de ce pays viennent présenter leurs traditions nationales ou régionales au festival, et, en tant qu'invités d'honneur, y jouissent d'une visibilité plus marquée et de leur propre chapiteau.

Il va sans dire que le Festival Interceltique de Lorient a un impact économique et touristique favorable sur la région, et un de ses buts est bien de redistribuer une partie de son budget annuel dans la région. Bien entendu, il fournit de l'emploi avant, pendant et après les festivités à de nombreux locaux embauchés pour l'occasion. D'autre part, les établissements régionaux tels que les bars, restaurants et hôtels en bénéficient énormément d'autant plus que la fréquentation de cet événement a doublé dans les dix dernières années.

Line
(5)

(10)

(15)

(20)

(25)

(30)

(35)

80. Où a lieu le Festival Interceltique de Lorient ?

(A) En Grande-Bretagne
(B) En Écosse
(C) En Irlande
(D) En Bretagne

81. Quelle activité ne peut-on pas faire au festival ?

(A) Danser
(B) Écouter de la musique
(C) Regarder des défilés
(D) Visionner des films celtiques

82. Comment la région profite-t-elle de ce festival ?

(A) On y consomme des produits régionaux.
(B) On y vend des costumes celtiques.
(C) On y produit de la bière.
(D) On y donne des billets gratuits aux habitants.

83. Comment L'Écosse sera-t-elle mise à l'honneur ?

(A) Elle aura plus de danseurs.
(B) Ses représentants seront plus médiatisés.
(C) Elle gagnera plus d'argent.
(D) Elle y vendra ses produits régionaux.

(Adieux à une amie—poème québécois de François-Magloire Derome)

En m'éloignant des lieux qui m'ont vu
    naître,
Par mes ennuis je compterai mes jours;
Line De mes destins si j'eusse été le maître,
(5) Auprès de vous j'aurais vécu toujours.
Quand le devoir bien loin de vous
    m'appelle
En d'autres lieux où n'est pas le bonheur,
Au souvenir du moins soyez fidèle
(10) Pour un ami qui vous donne son cœur.
Du bord natal j'éprouve encore les
    charmes :
Bientôt vivant sous un ciel étranger,
Un triste sort exigerait mes larmes
(15) Si votre cœur, hélas ! devait changer.
Mais, bannissant un penser si funeste,
Vous m'avez dit d'espérer au bonheur :
J'ai donc assez : votre amitié me reste;
Et sans regret je vous laisse mon cœur.

84. De quoi s'agit-il dans ce poème ?

(A) Du départ d'un homme
(B) De la vie dans un autre pays
(C) De la vie d'une femme
(D) D'une amitié qui se termine

85. Quel sentiment ce poème n'exprime-t-il pas ?

(A) L'amitié
(B) L'impatience
(C) La tristesse
(D) La peine

SCORING

Once you have taken the practice test, compare your answers with those given in the Answers Explained section on page 117.

1. Count the number of correct answers and mark the total here _____
2. Count the number of incorrect answers and mark the total here _____
3. Divide the total number of incorrect answers by 3 and mark the total here _____

You Will Now Proceed as Follows

Subtract (3) from (1) and mark the result here _____

Round the result obtained to the nearest whole number. This is your **raw** test score. The raw test score will be converted to a **scaled** score.

To help you evaluate your approximate scaled score, please consult the following table. However, remember that these scores are approximate and may vary slightly from test to test.

Raw Score	Scaled Score
75 to 85	800
61 to 74	710 to 790
49 to 60	640 to 700
39 to 48	590 to 630
28 to 38	540 to 580
20 to 27	500 to 530
–1 to 19	380 to 490
–13 to –2	310 to 370
–28 to –14	220 to 300

ANSWER KEY
Practice Test 1

French Subject Test

1.	D	31.	D	61.	D
2.	B	32.	A	62.	A
3.	A	33.	B	63.	B
4.	D	34.	C	64.	C
5.	C	35.	C	65.	C
6.	A	36.	A	66.	C
7.	B	37.	C	67.	A
8.	A	38.	D	68.	D
9.	A	39.	B	69.	D
10.	D	40.	B	70.	B
11.	B	41.	D	71.	B
12.	A	42.	A	72.	D
13.	B	43.	C	73.	D
14.	A	44.	A	74.	A
15.	D	45.	A	75.	B
16.	C	46.	D	76.	A
17.	A	47.	A	77.	C
18.	B	48.	D	78.	C
19.	C	49.	A	79.	B
20.	B	50.	B	80.	D
21.	C	51.	C	81.	D
22.	D	52.	A	82.	A
23.	C	53.	C	83.	B
24.	A	54.	B	84.	A
25.	C	55.	A	85.	B
26.	B	56.	D		
27.	C	57.	D		
28.	D	58.	A		
29.	A	59.	C		
30.	A	60.	B		

ANSWERS EXPLAINED

1. **(D)** Going to the restaurant infers being hungry. (A) and (B) are also "avoir" idioms but do not make sense in this context. (C) requires the verb "être" and is grammatically wrong.

2. **(B)** The student was worried; therefore, the teacher encouraged her. The other answers are grammatically incorrect.

3. **(A)** The television has to be turned on (verb "allumer") or turned off (verb "éteindre"). Because it is to be done before going to bed, it should be "éteindre." (C) applies to a radio, and (D) means to fall asleep.

4. **(D)** Because the pair she bought had high heels, we know it refers to shoes. It cannot be "souliers" because it is a masculine word. Obviously it cannot be (A) because socks do not have high heels, and (C) means skates.

5. **(C)** Michel's mother was very busy; therefore, he offered to help. It is important to note here that "assister" does not mean to assist, but to attend. (B) would be a good answer if, instead of "parce qu'elle," we had "qui."

6. **(A)** A taxi doesn't drive, a person drives; therefore, it cannot be (B). (C) is correct in English, but in French it is wrong. (D) applies to living things only.

7. **(B)** The person was watching the news, which is "informations." (A) is an adjective, (C) is an anglicism, and (D) means voters, not the elections.

8. **(A)** In this statement, the door opened suddenly. It cannot be (B) because if the door closed, Félicie couldn't have entered. (C) and (D) both mean broke.

9. **(A)** The expression "ranger ses affaires" means to straighten up one's belongings. (B) and (C) are incomplete statements, and (D) doesn't mean anything.

10. **(D)** It is tempting to use (A), but this is not grammatically correct because it doesn't agree with the feminine subject Marie. (C) is also tempting, but "dormir" is not a reflexive verb. (B) "se brouiller" is followed by "avec" and means to quarrel.

11. **(B)** The expression is "coûter cher." (A) cannot be used after "très," and neither can (D). Although (C) can be used with "très," it doesn't fit the statement.

12. **(A)** The cousin wants to live in the Carribean; therefore, he is looking for a job there ("un emploi"). (B) is a feminine word and cannot be preceded by "un." The two other answers do not apply.

13. **(B)** When he answered the question, he became confused ("embrouillé"). (A) "confus" means embarrassed. The two others do not fit the statement.

14. **(A)** He/She did not want to take the highway because there was a traffic jam; therefore, (A) is the only applicable answer.

15. **(D)** Everyone sat down to eat at the same time. The expression is "en même temps." (A) does not apply, and the two other answers require "au," rather than "en."

16. **(C)** As soon as she arrived, she kissed her mother. (A) would apply only without the "qu'" (B) is grammatically incorrect. (D) does not fit the statement (she cannot kiss her

mother before she arrives), nor is it grammatically correct because "avant que" requires the subjunctive.

17. **(A)** It is forbidden to smoke in this restaurant. (B) also means forbidden; however, in this case, it should not have an "e" at the end. The two others do not fit the statement.

18. **(B)** The inhabitants in the village make their living from fishing. (A), (C), and (D) are not applicable.

19. **(C)** The adjective "étouffante" means stifling or suffocating, which describes the heat. (A) would apply if placed before the noun "chaleur," and the two others are not applicable.

20. **(B)** She was so tired after her last exam that she had no energy. In this case, (C) and (D) are tempting if it were during the exam. (A) does not apply unless it is followed by an explanation ("je n'avais aucune envie de travailler").

21. **(C)** Whereas in English you enter a place, in French you must use "dans" after the verb "entrer."

22. **(D)** The other answers do not fit the statement. (A) "devant" means in front of; (B) "aller bien" means to feel well; and (C) "hier" only applies if the verb "aller" is in the passé composé.

23. **(C)** After the preposition "devant," you must use "lequel" if the antecedent is in the masculine form.

24. **(A)** The word to be chosen has to be an adverb since it explains HOW the person has understood the chapter, and does not describe the chapter itself. So, (C) and (D) are not possible. (B) is incorrect as well because it would have to be preceded by "aussi" for the sentence to be correct, and "aussi" does not appear in the original sentence.

25. **(C)** Before a feminine country ("La Suisse"), you must use "en" to translate "to." See grammar section, "Geographical Expressions."

26. **(B)** "A dit" is correct because the subject of the verb is "elle."

27. **(C)** After "après," the past infinitive must be used.

28. **(D)** When a quantity precedes the noun, "de" must be used.

29. **(A)** The verb that follows is in the subjunctive and, out of the four possibilities, only (A) requires the subjunctive.

30. **(A)** The verb "dire" is followed by "à" ("tu diras bonjour à Corinne"); therefore, the indirect object pronoun "lui" is required here.

31. **(D)** The only adverb is "mal"; the other answers are adjectives.

32. **(A)** "De" could be used before a plural noun, as in "aucun de mes amis," which is not the case here. The other answers are grammatically incorrect.

33. **(B)** (A) would be correct if not followed by "de." The same goes for (C). (D) is incomplete ("en face de").

34. **(C)** It is the only one of the four choices that can follow "merci."

35. **(C)** Noëlle had already learned the language, so, when she went to Greece, she was able to practice it.

36. **(A)** She had studied the language several years before going to Greece. (B) means already, (C) means soon, and (D), which doesn't even agree with the subject, means past.

37. **(C)** (A) would not give a complete sentence. (B) means sometimes and doesn't apply here, and (D) means always.

38. **(D)** The verb "comprendre" requires a direct object pronoun ("le," "la," or "les"); because Noëlle is a girl, it should be "la."

39. **(B)** The adverb "bien" emphasizes the verb "dire." The teacher not only had said it, but he insisted upon it. (A) means otherwise, (C) means everywhere, (D) means finally; therefore, they do not apply in this case.

40. **(B)** The teacher said that once a language has been mastered ("maîtrisée"), it remains in our subconscious mind.

41. **(D)** The language remains in "our" subconscious mind. (B) is incorrect because it means "his" or "her." In English, "your" is used in this instance, but in French, the first person plural "nous" is used instead of the second person singular (A) or plural (C).

42. **(A)** The only answer that applies is "however," or "cependant." In English, one could have used (B) meaning also. In French, you cannot begin a sentence with "aussi." (C) means often and (D) means sometimes.

43. **(C)** (A) is tempting but is grammatically wrong because the verb "arriver" requires the auxiliary verb "être." The two others do not apply here.

44. **(A)** The expression is "se rendre compte," or to realize.

45. **(A)** It is the subject of the verb "être"; therefore, "qui" must be used. (B) is wrong because the "qu'" requires a noun or a pronoun, which makes it the object of the verb. (C) "quoi" and (D) "dont" are grammatically incorrect.

46. **(D)** The feminine adjective is correct since it describes the feminine noun "boisson." (A) and (B) are incorrect because the capital letter is used only when the nationality is a noun replacing a person. (C) is incorrect because the word "boisson" is feminine.

47. **(A)** "Au" is correct because "le Maghreb" is masculine. (B) would be correct with the name of a city, but that is not the case here. (C) and (D) would work with a feminine region or country, but that is not the case here.

48. **(D)** "C'est" is the correct answer because it is followed by the article "une." (A) and (B) would be correct if they were followed by an adjective, but that is not the case here. (C) is past tense, which would mean that the tradition has been abandoned. However, that is not true according to the passage. Since the tradition continues today, the present tense is needed here.

49. **(A)** "Il est" is correct because it refers to "un thé," a masculine noun, and also because the passive form turns "offert" into an adjective. For (B) to work here, "offert" would have to be feminine. (C) and (D) are incorrect because they are not followed by an article.

50. **(B)** Before an infinitive, the verb "arriver" requires "à." It means to be able to, or to suc-ceed in.

51. **(C)** The narrator was doing some research in the library ("bibliothèque"). The word "librairie" is a false cognate and means bookstore. (A) is a masculine word, and (D) must be preceded by "l'."

52. **(A)** "Tout d'abord" means first of all (idiomatic).

53. **(C)** The narrator looked for the papers without finding them. (A) is the opposite, mean-ing he was able to find them; therefore, it should not be preceded by "mais." (B) is gram-matically incorrect, and (D) "sauf" means except, which makes no sense here.

54. **(B)** The expression is "au lieu de" meaning instead of. (A) does not agree with "au." "Début" (C) means beginning and does not fit there, and neither does (D).

55. **(A)** The expression is "passer un coup de fil."

56. **(D)** It indicates a location: the file was there. (A) makes for an incomplete sentence. (B) does not fit; (C) cannot apply because it is a location.

57. **(D)** The puzzles are for everyone ("Nous en avons même pour tous les âges").

58. **(A)** There is no mention of cartoons ("bandes dessinées").

59. **(C)** There are some puzzles with only ten pieces and some with more than five thou-sand pieces.

60. **(B)** The choice between the various puzzles will be difficult.

61. **(D)** "Les personnes âgées" are the senior citizens. The chart shows the only yearly rec-ommended vaccination is against "la grippe" (the flu).

62. **(A)** The chart shows that the only adults (16–18) for whom this vaccination is recom-mended are "les jeunes femmes."

63. **(B)** Choice (A) is incorrect because vaccination against "la rougeole" is only recom-mended, not "obligatoire" (compulsory). Choice (C) is also incorrect because there are four vaccinations against polio. (D) is also wrong because adults (16 and older) can be vaccinated against "la rubéole" and "la grippe."

64. **(C)** The passage starts with mentioning that several French families had "un nombre incalculable de descendants," meaning that they had a huge number of descendants.

65. **(C)** The descendants live in Canada and in New England.

66. **(C)** Ville Marie was a fort in Montreal.

67. **(A)** The founder of Ville Marie did not want to endanger the lives of his men.

68. **(D)** There are descendants of Jacques Archambault in all the areas mentioned.

69. **(D)** It is mentioned in the last paragraph.

70. **(B)** It is obviously evening since monsieur Grandet tells his nephew that it is time to go to bed.

71. **(B)** "Il est trop tard pour causer des affaires qui vous amènent ici."

72. **(D)** "Vous disant que je suis riche."

73. **(D)** He says that his business does not permit him to accompany his nephew.

74. **(A)** He mentions what people are saying about him and then says that it is false.

75. **(B)** Choice (A) is not correct because making wine is not mentioned in this ad. (C) and (D) are also wrong because neither crafts nor flower cultivation are mentioned.

76. **(A)** Words such as "marins," "coquillages," "stations balnéaires," "hommes de la mer," and "le littoral" in this ad show that this region is not located in the mountains (B), near a lake (C), or in the center of France (D).

77. **(C)** Choice (A) is not possible because "vendre à la criée" means to sell things in an open-air market by yelling to attract attention to the products. (B) is incorrect because having old traditions does not require an effort be made by a region. Having real sailors (D) also does not require a region to make an effort.

78. **(C)** Choice (A) cannot be verified because singing is not mentioned in the ad. Choice (B), "meeting sailors," is not a skill. Nothing is written about counting points (D).

79. **(B)** "Marins," "pêcheurs," and "éleveurs" are all jobs mentioned in this ad.

80. **(D)** The region where the festival takes place is "la Bretagne." (A) and (C) are not mentioned in the text. (B) is mentioned, but it is not where the festival is located.

81. **(D)** There is no mention of anyone watching movies at this festival. (A), (B), and (C) are all activities mentioned in the text.

82. **(A)** The passage stresses that the festival is beneficial to the economy of the region. (B), (C), and (D) are not presented in the text.

83. **(B)** The text states that this region will be given more "visibility" in the festival. (A), (C), and (D) are not discussed in this text.

84. **(A)** The poem is about a man leaving, as shown in the first line "en m'éloignant" and in the thirteenth line. There is no discussion of life in another country, only a mention of a departure, so eliminate (B). This poem is not about a woman's life like (C) suggests. Rather, it is about a relationship between two people. (D) is also incorrect because the friendship is not stopping since the poem states "votre amitié me reste" in line 18.

85. **(B)** Impatience is the only sentiment from the answer choices that is not shown in this poem. (A) is incorrect because line 18 talks about friendship. (C) is also incorrect because sadness is seen throughout the poem, notably in line 14. (D) is also a feeling that is shown throughout the poem with a word such as "larmes," which means tears.

ANSWER SHEET
Practice Test 2

French Subject Test with Listening

1. Ⓐ Ⓑ Ⓒ Ⓓ
2. Ⓐ Ⓑ Ⓒ Ⓓ
3. Ⓐ Ⓑ Ⓒ Ⓓ
4. Ⓐ Ⓑ Ⓒ Ⓓ
5. Ⓐ Ⓑ Ⓒ Ⓓ
6. Ⓐ Ⓑ Ⓒ Ⓓ
7. Ⓐ Ⓑ Ⓒ Ⓓ
8. Ⓐ Ⓑ Ⓒ Ⓓ
9. Ⓐ Ⓑ Ⓒ Ⓓ
10. Ⓐ Ⓑ Ⓒ Ⓓ
11. Ⓐ Ⓑ Ⓒ Ⓓ
12. Ⓐ Ⓑ Ⓒ Ⓓ
13. Ⓐ Ⓑ Ⓒ Ⓓ
14. Ⓐ Ⓑ Ⓒ Ⓓ
15. Ⓐ Ⓑ Ⓒ Ⓓ
16. Ⓐ Ⓑ Ⓒ Ⓓ
17. Ⓐ Ⓑ Ⓒ Ⓓ
18. Ⓐ Ⓑ Ⓒ Ⓓ
19. Ⓐ Ⓑ Ⓒ Ⓓ
20. Ⓐ Ⓑ Ⓒ Ⓓ
21. Ⓐ Ⓑ Ⓒ Ⓓ
22. Ⓐ Ⓑ Ⓒ Ⓓ
23. Ⓐ Ⓑ Ⓒ Ⓓ
24. Ⓐ Ⓑ Ⓒ Ⓓ
25. Ⓐ Ⓑ Ⓒ Ⓓ
26. Ⓐ Ⓑ Ⓒ Ⓓ
27. Ⓐ Ⓑ Ⓒ Ⓓ
28. Ⓐ Ⓑ Ⓒ Ⓓ
29. Ⓐ Ⓑ Ⓒ Ⓓ

30. Ⓐ Ⓑ Ⓒ Ⓓ
31. Ⓐ Ⓑ Ⓒ Ⓓ
32. Ⓐ Ⓑ Ⓒ Ⓓ
33. Ⓐ Ⓑ Ⓒ Ⓓ
34. Ⓐ Ⓑ Ⓒ Ⓓ
35. Ⓐ Ⓑ Ⓒ Ⓓ
36. Ⓐ Ⓑ Ⓒ Ⓓ
37. Ⓐ Ⓑ Ⓒ Ⓓ
38. Ⓐ Ⓑ Ⓒ Ⓓ
39. Ⓐ Ⓑ Ⓒ Ⓓ
40. Ⓐ Ⓑ Ⓒ Ⓓ
41. Ⓐ Ⓑ Ⓒ Ⓓ
42. Ⓐ Ⓑ Ⓒ Ⓓ
43. Ⓐ Ⓑ Ⓒ Ⓓ
44. Ⓐ Ⓑ Ⓒ Ⓓ
45. Ⓐ Ⓑ Ⓒ Ⓓ
46. Ⓐ Ⓑ Ⓒ Ⓓ
47. Ⓐ Ⓑ Ⓒ Ⓓ
48. Ⓐ Ⓑ Ⓒ Ⓓ
49. Ⓐ Ⓑ Ⓒ Ⓓ
50. Ⓐ Ⓑ Ⓒ Ⓓ
51. Ⓐ Ⓑ Ⓒ Ⓓ
52. Ⓐ Ⓑ Ⓒ Ⓓ
53. Ⓐ Ⓑ Ⓒ Ⓓ
54. Ⓐ Ⓑ Ⓒ Ⓓ
55. Ⓐ Ⓑ Ⓒ Ⓓ
56. Ⓐ Ⓑ Ⓒ Ⓓ
57. Ⓐ Ⓑ Ⓒ Ⓓ
58. Ⓐ Ⓑ Ⓒ Ⓓ

59. Ⓐ Ⓑ Ⓒ Ⓓ
60. Ⓐ Ⓑ Ⓒ Ⓓ
61. Ⓐ Ⓑ Ⓒ Ⓓ
62. Ⓐ Ⓑ Ⓒ Ⓓ
63. Ⓐ Ⓑ Ⓒ Ⓓ
64. Ⓐ Ⓑ Ⓒ Ⓓ
65. Ⓐ Ⓑ Ⓒ Ⓓ
66. Ⓐ Ⓑ Ⓒ Ⓓ
67. Ⓐ Ⓑ Ⓒ Ⓓ
68. Ⓐ Ⓑ Ⓒ Ⓓ
69. Ⓐ Ⓑ Ⓒ Ⓓ
70. Ⓐ Ⓑ Ⓒ Ⓓ
71. Ⓐ Ⓑ Ⓒ Ⓓ
72. Ⓐ Ⓑ Ⓒ Ⓓ
73. Ⓐ Ⓑ Ⓒ Ⓓ
74. Ⓐ Ⓑ Ⓒ Ⓓ
75. Ⓐ Ⓑ Ⓒ Ⓓ
76. Ⓐ Ⓑ Ⓒ Ⓓ
77. Ⓐ Ⓑ Ⓒ Ⓓ
78. Ⓐ Ⓑ Ⓒ Ⓓ
79. Ⓐ Ⓑ Ⓒ Ⓓ
80. Ⓐ Ⓑ Ⓒ Ⓓ
81. Ⓐ Ⓑ Ⓒ Ⓓ
82. Ⓐ Ⓑ Ⓒ Ⓓ
83. Ⓐ Ⓑ Ⓒ Ⓓ
84. Ⓐ Ⓑ Ⓒ Ⓓ
85. Ⓐ Ⓑ Ⓒ Ⓓ
86. Ⓐ Ⓑ Ⓒ Ⓓ
87. Ⓐ Ⓑ Ⓒ Ⓓ

Practice Test 2: French Subject Test with Listening

SECTION I—LISTENING

Approximate time—20 minutes
Questions 1–33

Part A

> **Track 4**
>
> **Directions:** In this section, you will hear four sentences—(A), (B), (C), and (D). You will hear these sentences only once, and they will not be printed in your book. As you listen to the sentences, look carefully at the picture and select the sentence which best fits what is in the picture.

1.

2.

3.

4.

5.

6.

7.

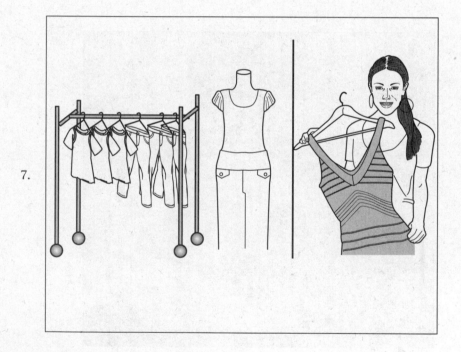

8.

9.

10.

Part B

Directions: In this section, you will hear a series of short dialogues. These dialogues will not be printed in your book, and each dialogue will be said only once. For each selection, you will be asked one or two questions followed by three possible answers—(A), (B), and (C). These answers are not printed in your book. You will hear them only once. Listen carefully to the speaker and mark the correct answer on your answer sheet. You are now ready to begin.

Questions 11 through 22

Part C

DIALOGUE 1

23. Qu'est-ce que Jacques reproche à Philippe ?

    (A) De ne pas être allé à l'école
    (B) D'avoir manqué un rendez-vous
    (C) D'avoir déménagé en banlieue
    (D) De ne pas avoir gardé le contact

24. Pour quelle raison la soeur de Philippe est-elle heureuse ?

    (A) Elle vient d'avoir cinq ans.
    (B) Elle aime jouer avec ses voisins.
    (C) Elle adore sa nouvelle maison.
    (D) Elle aime son école.

25. Pourquoi Philippe n'est-il pas heureux ?

    (A) Il déteste sa nouvelle école.
    (B) Il n'aime pas les élèves.
    (C) Les professeurs le traumatisent.
    (D) Ses amis lui manquent.

26. Qu'est-ce que Philippe essaie de faire ?

    (A) De s'habituer à sa nouvelle vie
    (B) De parler avec ses professeurs
    (C) De s'accrocher à son ancienne vie
    (D) D'accueillir les élèves de son école

DIALOGUE 2

27. Qu'est-ce que nous apprenons de Monsieur et Madame Blancpain ?

    (A) Ils étaient célèbres il y a quelques années.
    (B) Ils ont toujours enseigné la danse classique.
    (C) Ils ont toujours enseigné la danse moderne.
    (D) Ils ont un studio près de chez Didier.

28. Qu'est-ce que Line, la soeur de Didier, aimerait ?

    (A) Que Claire prenne aussi des leçons de danse
    (B) Que Didier prenne aussi des leçons de danse
    (C) Que Didier soit plus discipliné
    (D) Que Claire réponde à ses questions

29. Pourquoi Didier ne veut-il pas apprendre la danse ?

    (A) Il n'aime pas les Blancpain.
    (B) Il n'apprécie pas la danse.
    (C) Il n'a pas le temps.
    (D) Il a peur d'avoir l'air bête.

DIALOGUE 3

30. Qu'est-ce que Vanessa dit à sa mère ?

   (A) Elle doit finir ses devoirs.
   (B) Elle doit faire de la recherche.
   (C) Elle doit lire une pièce de théâtre.
   (D) Elle doit aller au théâtre.

31. Qu'est-ce que la mère de Vanessa lui rappelle ?

   (A) Il y a plusieurs livres utiles à la maison.
   (B) Il faut qu'elle prépare le dîner.
   (C) Il faut qu'elle aille à la bibliothèque.
   (D) Il ne faut pas qu'elle tarde.

32. Pour quelle raison Vanessa n'est-elle pas trop sûre d'elle ?

   (A) Elle n'a jamais étudié la littérature.
   (B) Elle ne connaît pas bien le dix-huitième siècle.
   (C) Elle ne connaît pas bien la littérature anglaise.
   (D) Elle n'a jamais vu de pièce de théâtre classique.

33. Qu'est-ce que la mère pense que Vanessa voudra faire ce soir ?

   (A) Dormir
   (B) Manger
   (C) Sortir
   (D) Étudier

SECTION II—READING

Time—40 minutes
Questions 34–87

Part A

> **Directions:** This part consists of a series of incomplete statements followed by four possible answers. Among the four choices, select the answer that best fits the statement.

34. Elle n'a pas su _____ à la question parce qu'elle n'avait pas étudié.

    (A) répondre
    (B) comprendre
    (C) résoudre
    (D) finir

35. Quand j'aurai fini de le lire, je mettrai ce livre sur _____.

    (A) la bibliothèque
    (B) la librairie
    (C) l'étagère
    (D) le tiroir

36. Avant de sortir, Christine a pris son _____ parce qu'il pleuvait.

    (A) ombrelle
    (B) imperméable
    (C) manteaux
    (D) tablier

37. Si tu vas à Paris, n'oublie pas d'acheter un _____ de la ville, tu en auras besoin !

    (A) quartier
    (B) plan
    (C) livre
    (D) métro

38. Louis, tu ferais bien de te _____, sinon tu vas rater l'autobus.

    (A) courir
    (B) détendre
    (C) dépêcher
    (D) discuter

39. Pour pouvoir retrouver plus tard les phrases importantes du chapitre, elle les avait _____.

    (A) décrites
    (B) lues
    (C) finies
    (D) soulignées

40. Je ne comprends _____ rien dans cette classe depuis le début de l'année.

    (A) actuellement
    (B) vraiment
    (C) hier
    (D) comment

41. Corinne, n'oublie pas de _____ la table avant de t'habiller, tu n'en auras pas le temps après.

    (A) mettre
    (B) fixer
    (C) placer
    (D) ranger

42. Avant de vous _____ dans la lecture de ce roman, vous feriez bien de faire un peu de recherche sur son auteur.

    (A) commencer
    (B) lancer
    (C) analyser
    (D) passer

Part B

> **Directions:** Each of the following incomplete sentences is followed by four choices. Select, among these choices, the one that forms a grammatically correct sentence. If (A) is followed by dashes, this means that, in order to form a grammatically correct sentence, no word needs to be inserted.

43. Ils sont sortis avec _____ la semaine passée.

   (A) leur
   (B) te
   (C) elle
   (D) il

44. Il est évident que vous _____ malade, vous feriez bien de vous reposer.

   (A) soyez
   (B) seriez
   (C) irez
   (D) êtes

45. Elle est vraiment gentille _____ tout le monde, c'est pour cela qu'on l'aime.

   (A) vers
   (B) envers
   (C) à
   (D) par

46. Les élèves se sont levés lorsque le directeur est entré _____ la classe.

   (A) ---
   (B) à
   (C) par
   (D) dans

47. Je crois qu'ils comptent se rendre _____ Australie cet hiver.

   (A) à l'
   (B) dans l'
   (C) en
   (D) pour

48. Les amies qu'elle avait _____ étaient toutes là.

   (A) invitées
   (B) invité
   (C) invitée
   (D) invités

49. Je préfère ma voiture à _____ de ma soeur.

   (A) celui
   (B) cette
   (C) cela
   (D) celle

50. Nous sommes allés au restaurant _____ avoir raccompagné Monique.

   (A) pour
   (B) après
   (C) en
   (D) puis

51. Si elle achète cette bague et qu'elle _____ donne, je serai heureuse pour toi.

   (A) t'en
   (B) te la
   (C) t'y
   (D) te le

52. Je donnerai le cadeau à Josette lorsque je la _____.

   (A) vois
   (B) voyais
   (C) verrais
   (D) verrai

Part C

> **Directions:** The following paragraphs contain some blank spaces. Choose, among the four answers that accompany each blank, the one that best completes the sentence, either for the meaning or for the grammar. In some instances, the first answer (A) may only have dashes, indicating that no insertion is necessary to form a grammatically correct sentence.

Je ne comprends pas pourquoi Paulette _____(53)_____ toujours en retard quand elle vient chez moi. Je sais bien que chaque fois qu'elle doit _____(54)_____ chez ses autres amis, elle arrive toujours _____(55)_____ l'heure. Je finis _____(56)_____ perdre patience ! La semaine prochaine, je donne une fête pour une de nos amies qui _____(57)_____ à New York _____(58)_____ un an et qui vient passer quelques jours parmi nous avant d'y _____(59)_____. Cette fois-ci, si Paulette _____(60)_____ en retard, je ne l'inviterai jamais plus !

53. (A) est
    (B) soit
    (C) serait
    (D) était

54. (A) allant
    (B) allait
    (C) va
    (D) aller

55. (A) ---
    (B) sur
    (C) à
    (D) dans

56. (A) par
    (B) de
    (C) en
    (D) à

57. (A) vivrait
    (B) vécut
    (C) vit
    (D) vivait

58. (A) il y a
    (B) dans
    (C) pendant
    (D) depuis

59. (A) venir
    (B) aller
    (C) retourner
    (D) parvenir

60. (A) arrivera
    (B) arrivait
    (C) arrive
    (D) arriverait

_____(61)_____-vous que c'est le roi Louis XIV, aussi connu sous le nom de Roi Soleil, qui, lorsqu'il _____(62)_____ l'Edit de Nantes, a en même _____(63)_____ fait naître la traditon de l'asile politique en Europe ? En effet, _____(64)_____ révocation _____(65)_____ des milliers de protestants à _____(66)_____ la France et . . . vous _____(67)_____ , à demander asile à des pays voisins, _____(68)_____ que l'Angleterre, l'Allemagne, etc. Plus tard, les nobles _____(69)_____ ont suivi le même _____(70)_____ au temps de la Révolution Française, cette fois-ci afin d' _____(71)_____ le couperet de Madame Guillotine !

61. (A) Savez
    (B) Connaissez
    (C) Expliquez
    (D) Décrivez

62. (A) a révoqué
    (B) révoquait
    (C) révoquerait
    (D) révoque

63. (A) fois
    (B) moment
    (C) temps
    (D) époque

64. (A) ce
    (B) cette
    (C) celle
    (D) celui

65. (A) force
    (B) a forcé
    (C) forçait
    (D) aura forcé

66. (A) partir
    (B) délaisser
    (C) sortir
    (D) quitter

67. (A) l'avez deviné
    (B) l'avez devinée
    (C) la devinez
    (D) le deviniez

68. (A) comme
    (B) aussi
    (C) tels
    (D) tant

69. (A) - - -
    (B) qui
    (C) qu'
    (D) lesquels

70. (A) voyage
    (B) moyen
    (C) départ
    (D) chemin

71. (A) abolir
    (B) tromper
    (C) éviter
    (D) tricher

Directions: Read the following passages and documents very carefully for comprehension. Each one is followed by an incomplete statement or a question. Choose, among the four answers that follow, the completion or the answer that best applies, according to the text.

Afin de ne pas oublier l'heure exacte de son rendez-vous avec Martine, Guillaume avait inscrit, sur son calendrier person-
Line nel "RVM730JS" soit "**R**endez-**V**ous avec
(5) **M**artine à **7**h**30 J**eudi **S**oir". Il ne voulait certainement pas que tous ses collègues sachent ce qui se passait dans sa vie privée. Si, par exemple, Victor Laforgue soupçonnait quelque chose, il le raconterait à tous
(10) les autres, et Guillaume devrait souffrir les regards taquins et les questions indiscrètes. Ce n'est pas qu'il avait honte de sortir avec Martine, au contraire, il en était très fier. Martine était si intelligente, si jolie, et son
(15) sens de l'humour était tellement fin que tous les hommes auraient voulu être à sa place. La raison de sa réticence était la sui-vante: quelques mois auparavant, Delphine, la secrétaire du Directeur des ventes,
(20) Monsieur Papin, avait brièvement mention-né à une collègue qu'elle avait fait la con-naissance d'un jeune homme formidable et qu'elle en était tombée amoureuse. Victor Laforgue, dont le bureau se trouvait tout
(25) près, avait entendu la confidence et avait répété cela à plusieurs autres employés. Avant la fin de la journée, tout le monde était au courant et les questions pleuvaient sur la pauvre Delphine, qui était très gênée
(30) et aurait bien aimé disparaître du bureau.

72. Guillaume craignait surtout que . . .

(A) Martine refuse de sortir avec lui.
(B) Delphine commence à le taquiner.
(C) ses collègues pensent qu'il avait honte.
(D) tous les employés sachent avec qui il sortait.

73. D'après ce passage, nous apprenons . . .

(A) qu'il y a trop de commérages dans ce bureau.
(B) que beaucoup d'hommes auraient aimé travailler là.
(C) que Guillaume cachait son calendrier.
(D) que Martine était une collègue de Guillaume.

74. L'expression "quelques mois auparavant" signifie . . .

(A) pendant quelques mois.
(B) depuis quelques mois.
(C) il y a quelques mois.
(D) dans quelques mois.

75. De quoi Delphine était-elle coupable ?

(A) D'avoir eu confiance en une amie
(B) D'avoir parlé trop fort
(C) De ne pas avoir donné de détails
(D) De ne pas avoir abrégé sa conversation

76. La réaction de Delphine, à la fin de ce passage, est . . .

(A) inquiétante.
(B) justifiée.
(C) étonnante.
(D) prématurée.

La Fête des Lumières de Lyon trouve son origine dans une tradition religieuse ancienne, qui consistait à placer certaines personnes ou lieux sous la protection d'un
(5) saint. A l'époque où sévissait la peste, une maladie extrêmement contagieuse et incurable, la ville fut placée sous la protection de la Vierge Marie. Plus tard, la ville lui installa une statue pour la protéger du haut d'un
(10) des clochers de la Basilique Notre Dame de Fourvière, qui domine Lyon. La tradition veut que les Lyonnais aient allumé des lumignons qu'ils auraient placés sur leurs fenêtres à l'occasion du 8 décembre, jour de
(15) fête de Sainte Marie.

Cette tradition se poursuit depuis près de 200 ans et a donné naissance à la Fête des Lumières de Lyon telle qu'on la connaît aujourd'hui, et lancée officiellement par la
(20) municipalité en 1999. Bien que les Lyonnais perpétuent la tradition d'illuminer leurs fenêtres de lampions à cette occasion, la version moderne de cette fête ancienne offre un programme plus large. On peut y
(25) voir de nombreuses projections lumineuses sur les bâtiments ancestraux dans toute la ville, ainsi que sur les places et dans certains jardins, comme celui du théâtre antique de Fourvière. Cette année ces feux de lumières
(30) se tiendront de 20h à minuit du 8 au 10 décembre. Venez-y nombreux à pied ou à vélo, ou privilégiez les transports en commun mis à votre disposition : bus, trams, métros et trains !

77. Quelle est l'origine de la Fête des Lumières de Lyon ?

(A) Une habitude française
(B) Une tradition ancienne
(C) Une maladie
(D) Une expression artistique

78. Quand la fête moderne a-t-elle commencé ?

(A) A la fin du XXème siècle
(B) A 20 heures
(C) A l'époque antique
(D) Il y a 200 ans

79. Quelle activité n'est pas inclue dans les festivités ?

(A) Des lumignons sur les fenêtres
(B) Des projections lumineuses
(C) Des feux de lumière dans un jardin
(D) Des orchestres dans les rues

80. Comment les gens ne doivent-ils pas aller à cette fête ?

(A) En train
(B) En autobus
(C) En voiture
(D) En métro

La Grande Mosquée de Paris est un lieu de culte musulman parmi les plus grands de France. Construite en 1926 dans le quartier du Jardin des Plantes, elle est fière de son
Line
(5) imposant minaret qui la domine du haut de ses 33 mètres. Sous la direction de M. Dalil Boubakeur, son recteur depuis 1992, elle a récemment annoncé le nouvel an musulman 1438/H, le 2 octobre 2016. Un commu-
(10) niqué officiel de M. Boubakeur a présenté tous ses vœux de bonheur, santé, prospérité et paix pour cette nouvelle année à tous les Parisiens.

81. Qui est M. Boubakeur ?

   (A) L'imam de la Mosquée de Paris
   (B) Le directeur de la Grande Mosquée
   (C) Le constructeur de la Grande Mosquée
   (D) Celui qui choisit quand commence le nouvel an musulman

82. Qu'est-ce que M. Boubakeur a fait ?

   (A) Il a souhaité une bonne année à tous.
   (B) Il a fait construire la Grande Mosquée en 1929.
   (C) Il a choisi quand commencerait la nouvelle année musulmane.
   (D) Il a dominé le quartier du minaret de la Grande Mosquée.

* *

Espèces d'arbres \ Conditions de vie	Température moyenne annuelle (en degrés)	Quantité moyenne annuelle de pluie (en millimètres)	Ensoleillement
Chêne vert	13 à 14	400 à 700	+++
Pin maritime	13 à 15	800 à 1100	+++
Hêtre	7 à 12	700 à 1600	+
Mélèze	5 à 9	1000 à 2000	++

D'après "Sciences de la vie et de la terre", classe de sixième, Hachette, 1996.

83. De quoi s'agit-il dans ce tableau ?

   (A) De la déforestation en France
   (B) Du climat de certaines régions françaises
   (C) De la faune française
   (D) De la flore française

84. A quel niveau scolaire ce tableau va-t-il servir ?

   (A) Au lycée
   (B) À la faculté
   (C) Au collège
   (D) À la maternelle

85. Laquelle de ces comparaisons est vraie ?

   (A) Le pin maritime aime plus la chaleur que le hêtre.
   (B) Le chêne vert a besoin d'autant de soleil que le mélèze.
   (C) Le hêtre a moins besoin d'eau que le chêne vert.
   (D) Le mélèze pousse dans les régions les plus sèches.

Ce jour-là, je suis arrivée à l'école de bonne heure, ce qui m'a donné le temps de réviser avant l'examen de maths. Je

Line
(5) n'ai jamais été forte en maths, mais je me débrouille quand même et, quoique, selon mon père, mes notes ne soient pas bonnes, je n'ai jamais échoué à un examen. Papa, lui, a toujours été premier en maths . . . du moins c'est ce qu'il me dit !

(10) L'examen n'était pas trop difficile et la plupart des élèves avaient l'air satisfaits. Moi, je suis toujours inquiète jusqu'au moment où je reçois ma note. Ce matin, Madame Dufresne a rendu les examens.

(15) Quelle n'a été ma surprise : j'ai eu la meilleure note de la classe ! Je me demande ce que papa va dire cette fois-ci !

86. La narratrice semble penser . . .

(A) que ses notes de maths ne sont pas bonnes.

(B) que l'examen sera très difficile.

(C) qu'elle est bonne en maths.

(D) que son père a tendance à exagérer.

87. Selon ce passage, on peut supposer que le père de la narratrice . . .

(A) sera satisfait.

(B) n'aimera pas sa note.

(C) lui fera une surprise.

(D) parlera à Mme Dufresne.

SCORING

Listening

Once you have taken the practice test, compare your answers with those given in the Answers Explained section on page 144.

1. Count the number of correct answers for questions 1 through 10 and 23 through 33 and mark the total here _____
2. Count the number of incorrect answers for these two sections _____
3. Divide the total number of incorrect answers by 3 and mark the result here _____
4. Subtract (3) from (1) and mark the result here _____
5. Count the number of correct answers for questions 11 through 22 and mark the total here _____
6. Count the number of incorrect answers for questions 11 through 22 and mark the total here _____
7. Divide the number obtained in (6) by 2 and mark the result here _____
8. Subtract the amount obtained in (7) from that in (5) and mark the result here _____
9. Add the result from (8) to the result from (4) and enter the number here _____
10. Round the number from (9) to the nearest whole number _____

The number obtained in (10) is your raw Listening subscore.

Reading

1. Count the number of correct answers for questions 34 through 87 and mark the total here _____
2. Count the number of incorrect answers and mark the total here _____
3. Divide the number from (2) by 3 and mark the total here _____
4. Subtract (3) from (1) and mark the result here _____
5. Round the number obtained in (4) to the nearest whole number _____

The number obtained in (5) is your raw Reading subscore.

Raw Composite Score

1. Divide your unrounded Listening subscore by 1.3164 _____
2. Add your unrounded Reading subscore _____
3. Round the result obtained to the nearest whole number _____

The number obtained in (3) is your Raw Composite Score.

To help you evaluate your approximate scaled score, please consult the following table. However, remember that these scores are approximate and may vary slightly from test to test.

Raw Composite Score	Scaled Score
75 to 87	800
61 to 74	710 to 790
49 to 60	640 to 700
39 to 48	590 to 630
28 to 38	540 to 580
20 to 27	500 to 530
–1 to 19	380 to 490
–13 to –2	310 to 370
–28 to –14	220 to 300

French Subject Test with Listening

1.	**B**	31.	**A**	61.	**A**
2.	**A**	32.	**C**	62.	**A**
3.	**B**	33.	**B**	63.	**C**
4.	**D**	34.	**A**	64.	**B**
5.	**C**	35.	**C**	65.	**B**
6.	**C**	36.	**B**	66.	**D**
7.	**B**	37.	**B**	67.	**A**
8.	**A**	38.	**C**	68.	**C**
9.	**C**	39.	**D**	69.	**A**
10.	**B**	40.	**B**	70.	**D**
11.	**C**	41.	**A**	71.	**C**
12.	**A**	42.	**B**	72.	**D**
13.	**B**	43.	**C**	73.	**A**
14.	**A**	44.	**D**	74.	**C**
15.	**C**	45.	**B**	75.	**B**
16.	**C**	46.	**D**	76.	**B**
17.	**B**	47.	**C**	77.	**B**
18.	**A**	48.	**A**	78.	**A**
19.	**A**	49.	**D**	79.	**D**
20.	**A**	50.	**B**	80.	**C**
21.	**A**	51.	**B**	81.	**B**
22.	**C**	52.	**D**	82.	**A**
23.	**D**	53.	**A**	83.	**D**
24.	**B**	54.	**D**	84.	**C**
25.	**D**	55.	**C**	85.	**A**
26.	**A**	56.	**A**	86.	**D**
27.	**A**	57.	**C**	87.	**A**
28.	**B**	58.	**D**		
29.	**D**	59.	**C**		
30.	**B**	60.	**C**		

ANSWERS EXPLAINED

1. **(B)** The children are having fun, so it cannot be (A). Since there are only three children (and not "treize," meaning 13), it cannot be (C), and by their clothes, one can tell it isn't cold so (D) doesn't apply.

2. **(A)** They are smiling and seem to enjoy reading the book.

3. **(B)** She is smelling the flowers.

4. **(D)** The people are getting onto the bus, so there must be some empty seats.

5. **(C)** The student is writing, and this answer is the only one that refers to writing.

6. **(C)** Choice (A) is incorrect because the person is not reading. (B) is also incorrect since one cannot verify this fact. (D) uses the verb "rester," which means to stay. So this choice makes no sense.

7. **(B)** Choice (A) is wrong because the customer is not window shopping. (C) is also wrong because the customer is talking about a skirt, not a dress. (D) is impossible because boots are not shown.

8. **(A)** Choices (B) and (C) are both incorrect since the car is speeding. (D) suggests that the speed of the car is lower than the speedometer indicates.

9. **(C)** The young boy is singing while playing guitar. Therefore, of all the four answers, this is the only one that is possible.

10. **(B)** Choice (B) is the only answer that can be verified with the picture. (A) is incorrect since she is not using a computer. (C) and (D) cannot be verified.

11. **(C)** He is asking the woman about the location of the "Palais des Tuileries."

12. **(A)** The woman tells him to ask the concierge.

13. **(B)** The friend arrived with her clothes in a terrible state; therefore, she thinks that it was due to some accident.

14. **(A)** Catherine wanted to see if her new skirt looked good on her.

15. **(C)** The father is expecting a telephone call; he wants his son to hang up.

16. **(C)** Nicolas thinks that if he had his own phone, there would not be any more problems.

17. **(B)** Nadine says "j'ai tout ce qu'il me faut pour cet hiver" (I have everything I need for this winter).

18. **(A)** Marie knows that Nadine loves to shop ("tu adores faire les magasins"); therefore, she is surprised.

19. **(A)** Colette is saying that she hopes the people she is calling have finished eating dinner. She did not forget anything (B), nor did she lose anything (C). It is a friend of hers who lost her book.

20. **(A)** Her friend needs to borrow a book because she lost hers.

21. **(A)** It is the 50th anniversary of the high school. They had indeed moved, but that was six years before, so answer (C) does not apply.

22. **(C)** They had moved because the number of students had increased and the school was not big enough ("le nombre d'élèves ayant augmenté nous avons dû déménager").

23. **(D)** Philippe has not contacted Jacques in at least two months.

24. **(B)** Philippe's little sister Elodie loves to play with the neighbors.

25. **(D)** He recognizes that his new school is fine, and that his room is even bigger in the new house, but he misses his friends.

26. **(A)** Philippe says that the reason he hadn't called is because he was trying to get used to his new environment without hanging on to his previous life in the city.

27. **(A)** Claire says that Mr. and Mrs. Blancpain "étaient tous deux danseurs professionnels quand ils étaient plus jeunes, et ils étaient très connus."

28. **(B)** Didier says that she is trying to convince him to sign up for a dance class.

29. **(D)** Didier feels that he is "maladroit" (clumsy) and might look ridiculous.

30. **(B)** Vanessa has an essay for the following week, and she says "je voudrais faire un peu de recherche."

31. **(A)** Vanessa's mother reminds her that they have many books on French theater at home: "nous les collectionnons depuis des années."

32. **(C)** Because her essay is a comparison between 18th century French and English theater, she admits that she knows nothing about English literature.

33. **(B)** Her mother feels that, after working so hard, she will be very hungry.

34. **(A)** "Répondre" is the only verb here that can be followed by the preposition "à."

35. **(C)** When the person will be through reading, he/she will put the book *on* the shelf.

36. **(B)** It was raining; therefore Christine needed her raincoat. Answer (A) means "parasol" or umbrella used for the sun only, or beach umbrella. (C) is in the plural form, and (D) is an apron.

37. **(B)** "Un plan" means a map. (C) would apply if followed by "sur." (A) is a part of town, and, of course, "métro" (D) makes no sense here.

38. **(C)** Louis is late; therefore, he needs to hurry ("se dépêcher"). (A) would apply if not preceded by "te," "courir" is not a reflexive verb. (B) means to relax and doesn't apply here.

39. **(D)** To find the important sentences, she had underlined them. The three other answers cannot apply here (described, read, and finished).

40. **(B)** "Vraiment" means actually, whereas (A) "actuellement" means at the present time. (C) means yesterday, and (D) means how; neither applies.

41. **(A)** (B) is incorrect because the verb "fixer" cannot be used in this context. (C) "Placer" (to place) doesn't fit here either and (D) "ranger" means to put away.

42. **(B)** "Se lancer" is to dive into. It is the only reflexive verb among the four choices.

43. **(C)** None of the other answers can be used with "avec."

44. **(D)** After the expression "il est évident que" the subjunctive cannot be used because it is a certainty. (B) is in the conditional and makes no sense here. (C) is the conditional of the verb "aller" (to go), which also does not make sense in the sentence.

45. **(B)** "Envers" means toward in the abstract sense. (A) means toward in the physical sense, as in "to walk toward the door." (C) and (D) are grammatically incorrect.

46. **(D)** The verb "entrer" is followed by "dans" before a location.

47. **(C)** The preposition "en" is used before a feminine country and either a continent or a country beginning with a vowel.

48. **(A)** Since the antecedent is in the feminine plural form ("les amies"), it is the only possible answer.

49. **(D)** Because "voiture" is a feminine word, only a feminine demonstrative pronoun can be used.

50. **(B)** The missing word precedes the past infinitive "avoir raccompagné"; therefore, this is the only possible answer. (A) "pour" can be used before a past infinitive, but it does not make sense in this context.

51. **(B)** "Bague" is a feminine noun, and "la" refers to it.

52. **(D)** In French, unlike English, when using when ("lorsque"), if the first verb is in the future, the verb that follows when must also be in the future.

53. **(A)** After "pourquoi" the indicative must be used; therefore, (B) is wrong. The other choices are in the conditional (C) and the imperfect (D), which are grammatically incorrect in this context.

54. **(D)** A verb following "devoir" must be in the infinitive.

55. **(C)** The expression is "à l'heure" (on time).

56. **(A)** The verb "finir" followed by "par" means to end up by or to end up. (B) "de" is often used with "finir," but means to finish. The others are grammatically incorrect.

57. **(C)** The friend has been living in New York for one year and is still living there, so the present tense is required here.

58. **(D)** "Depuis" means that it started in the past and is continuing in the present. (A) would be correct if it began the sentence ("il y a un an qu'une de nos amies vit à New York"). (B) "dans" means in. (C) would indicate that the friend no longer lives in New York.

59. **(C)** She lives there and is returning after her visit. (A) would indicate that she lives elsewhere and is coming to New York. (B) means that she is just going to New York, which would apply if the previous sentence had been omitted. (D) doesn't make sense in this context.

60. **(C)** This is a "si" clause, and it is the only possible answer.

61. **(A)** The verb "savoir" means to know a fact or to know something by heart. The verb "connaître" means to know a person or a place. The two other answers don't fit in this context.

62. **(A)** The passé composé must be used here because it is a one-time action in the past.

63. **(C)** The expression is "en même temps" (at the same time). (A) does not fit in this context, (B) cannot be used with "en," and (D) would have to be preceded by "à la même."

64. **(B)** "Révocation," like all nouns ending in "ion," is feminine. Although (C) is feminine, it is a pronoun and cannot be followed by a noun.

65. **(B)** The passé composé must be used here because it is a one-time action in the past.

66. **(D)** The verb "quitter" (to leave) is not followed by a preposition and therefore works here. (A) would need the preposition "de." (C) would also need to be followed by "de." (B) does not fit contextually.

67. **(A)** The passé composé is necessary, and since the verb "deviner" refers to a generality, not to a specific word, it cannot agree with anything.

68. **(C)** "Tels que" means such as. (A) would be possible if not followed by "que." The other two choices do not fit the context.

69. **(A)** There can be no relative pronoun before the verb here because then the sentence would be incomplete.

70. **(D)** The noblemen and women who left France at the time of the revolution followed the same path ("chemin"). One does not follow a voyage, nor a means, nor a departure.

71. **(C)** The only verb that fits is "éviter" (to avoid).

72. **(D)** "Il ne voulait . . . sa vie privée."

73. **(A)** There is, in fact, too much talking and gossiping in that office.

74. **(C)** The incident with Delphine occurred a few months before. (B) would mean that the incident was ongoing. (A) means that the incident lasted several months, and (D) indicates that the incident will occur in a few months.

75. **(B)** Delphine had spoken to a colleague, and Victor overheard it.

76. **(B)** It is understandable that Delphine was embarrassed.

77. **(B)** The Festival of Lights in Lyon is an old tradition, as stated at the beginning of the text. (A) is incorrect because looking for the protection of a saint was not done only in France. (C) is incorrect because, even though "la peste," an illness, is mentioned, it is not the illness that started the celebration. (D) is incorrect because there is no mention of any art.

78. **(A)** The text cites 1999 as the beginning of the current version of this celebration. (B) is the time when the celebration starts daily. (C) and (D) do not refer to the modern version of this celebration.

79. **(D)** There is no mention of musical performances as part of this celebration. (A), (B), and (C) are activities that are mentioned in the text.

80. **(C)** The text advises taking public transportation. (C) is the only choice that is not public transportation since by train (A), by bus (B), and by subway (D) are all forms of public transportation.

81. **(B)** The text states that the mosque is under M. Boubakeur's direction. There is no reference to M. Boubakeur serving as a Muslim religious leader, so (A) is incorrect. There is no mention of him participating in the building of the mosque, so eliminate (C). Finally, he had no role in deciding when the Muslim New Year would start, so (D) must be incorrect as well.

82. **(A)** The text states that he "a présenté ses voeux" for "la nouvelle année." (B) and (C) are not mentioned as part of his responsibilities. (D) is incorrect because the tower dominates the neighborhood, not the person.

83. **(D)** Choices (A) and (C) are incorrect because the chart is about "espèces d'arbres," which means kinds of trees so deforestation and regional climate are not what the chart is about. (B) is wrong also because it is not about the animal kingdom either.

84. **(C)** The chart gives credit to a textbook for "classe de sixième," which is part of "le collège" in France (middle school) so (A), (B), and (C) are incorrect.

85. **(A)** Choice (B) is incorrect because the "chêne vert" needs more sun than the "mélèze." (C) is wrong also because the "hêtre" needs more water than the "chêne vert," and (D) is wrong too because the "mélèze" cannot grow in the driest regions since it needs more water than all the other types of trees.

86. **(D)** The narrator thinks her father is exaggerating when she says, "du moins c'est ce qu'il me dit" (at least, this is what he says).

87. **(A)** Since the father is never satisfied with her grades, although she thinks they are OK, this time he'll be happy: she had the best grade in the class.

PRACTICE TEST 2—FRENCH SUBJECT TEST WITH LISTENING

Section I—Listening Script

Part A

>
> **Directions:** In this section, you will hear four sentences—(A), (B), (C), and (D). You will hear these sentences only once, and they will not be printed in your book. As you listen to the sentences, look carefully at the picture and select the sentence which best fits what is in the picture.

(Below is the script for all of the sentences that you heard, but didn't see, for all of the pictures in Part A. Use this script to help you diagnose any potential errors you may have made while listening. Remember that on the actual exam, the written script will not be provided for you.)

1. (A) Que c'est ennuyeux !
   (B) J'adore jouer avec mes amis.
   (C) J'ai treize amies avec moi.
   (D) Il fait un peu froid aujourd'hui.

2. (A) Ils aiment bien ce qu'ils lisent.
   (B) Ils trouvent l'article trop long.
   (C) Ils lisent des lettres de leurs enfants.
   (D) Ce sont des ados.

3. (A) Elle admire les fleurs.
   (B) Elle sent le parfum des fleurs.
   (C) Elle joue dans le jardin.
   (D) Elle cueille des fleurs.

4. (A) Ici, tout le monde doit descendre.
   (B) Les voyages en voiture sont très rapides.
   (C) Nous allons toujours au travail à pied.
   (D) Heureusement qu'il y a encore des places libres.

5. (A) Il aime beaucoup l'ordre.
   (B) Il lit parce qu'il a un examen.
   (C) Il écrit son essai de littérature.
   (D) Il téléphone à ses amis.

6. (A) Il aime la lecture.
   (B) Il est abonné à son quotidien.
   (C) Il aime regarder le journal télévisé.
   (D) Il aime rester debout devant la télé.

7. (A) La cliente regarde la vitrine du magasin.
   (B) Cette robe me plaît beaucoup !
   (C) Je voudrais acheter une nouvelle jupe, s'il vous plaît.
   (D) J'ai besoin d'une paire de bottes.

8. (A) La vitesse est limitée à 50 kilomètres à l'heure.
   (B) Il roule trop lentement.
   (C) Il conduit prudemment.
   (D) Il va à 50 kilomètres à l'heure.

9. (A) Le petit garçon tient le micro.
   (B) Le petit garçon porte des lunettes.
   (C) Le petit garçon aimerait devenir chanteur.
   (D) Le petit garçon porte une cravate.

10. (A) Il se sert beaucoup de son ordinateur.
    (B) Il parle à tout le monde sur son portable.
    (C) Il apprend l'informatique.
    (D) Il enseigne un cours.

Part B

> **Directions:** In this section, you will hear a series of short dialogues. These dialogues will not be printed in your book, and each dialogue will be said only once. For each selection, you will be asked one or two questions followed by three possible answers—(A), (B), and (C). These answers are not printed in your book. You will hear them only once. Listen carefully to the speaker and mark the correct answer on your answer sheet. You are now ready to begin.

(Below is the script for all of the short dialogues and their respective questions that you heard, but didn't see, for all of Part B. Use this script to help you diagnose any potential errors you may have made while listening. Remember that on the actual exam, the written script will not be provided for you.)

Male Speaker   Pardon mademoiselle, ma femme et moi aimerions aller au Palais des Tuileries mais nous ne savons pas exactement où il se trouve. Auriez-vous un plan de la ville par hasard ?

Female Speaker   Malheureusement pas monsieur, mais vous n'avez qu'à demander au concierge de l'hôtel. Son bureau est là-bas, à gauche du bureau de la secrétaire.

11. Pourquoi l'homme veut-il un plan de la ville ?

    (A)   Il veut se promener avec sa femme.

    (B)   Il cherche un hôtel.

    (C)   Il cherche un endroit touristique.

12. Qui peut aider l'homme ?

    (A)   Le concierge

    (B)   La secrétaire

    (C)   La femme

Female Speaker 1   Qu'est-ce qui t'est arrivé Catherine ? Ta jupe est toute sale et tes chaussures sont dans un état terrible ?

Female Speaker 2   Tu ne vas pas me croire, mais je suis tombée en marchant dans la rue. Je voulais vérifier si ma jupe qui est neuve m'allait bien, alors je me suis regardée dans la vitrine d'un magasin, je n'ai pas vu la personne qui était devant moi et je suis tombée !

13. Pourquoi la première femme est-elle surprise ?

    (A)   Son amie est arrivée en retard.

    (B)   Son amie a l'air d'avoir eu un accident.

    (C)   Son amie porte une jupe neuve.

14. Qu'est-ce que Catherine voulait voir dans la vitrine du magasin ?

    (A) Si ses vêtements lui allaient bien

    (B) S'il y avait des jupes en solde

    (C) S'il y avait une personne devant elle

Male Speaker 1   Nicolas, ça fait une demi-heure que tu parles au téléphone et j'attends un coup de téléphone important, veux-tu bien dire au revoir à ton copain ou ta copine et raccrocher s'il te plaît ? Tu peux toujours rappeler un peu plus tard.

Male Speaker 2   D'accord papa . . . mais tu sais, ce n'est pas poli. Si tu m'achetais un téléphone, on n'aurait pas de problèmes !

15. Qu'est-ce que Nicolas doit faire pour faire plaisir à son père ?

    (A) Téléphoner à ses copains

    (B) Être plus poli

    (C) Raccrocher l'appareil

16. De quoi Nicolas a-t-il envie ?

    (A) D'appeler sa copine

    (B) De ne pas faire ses devoirs

    (C) D'avoir son propre téléphone

Female Speaker 1   Tu veux venir avec moi faire des courses Nadine ? Il y a des soldes formidables aux Galeries Lafayette !

Female Speaker 2   Non, tu sais Marie, j'ai tout ce qu'il me faut pour cet hiver !

Female Speaker 1   Toi ? Je ne peux pas croire que tu ne sois pas tentée. Tu adores faire les magasins ! Ah, si j'étais aussi sage que toi !

17. Pourquoi Nadine refuse-t-elle d'aller aux Galeries Lafayette ?

    (A) Elle préfère acheter les vêtements à bon prix.

    (B) Elle n'a besoin de rien.

    (C) Elle n'aime pas faire des courses.

18. Quelle est la réaction de Marie ?

    (A) Elle est surprise.

    (B) Elle est fâchée.

    (C) Elle est déçue.

Female Speaker 1   Allô Madame Lebon. C'est Colette. Je m'excuse de vous déranger à cette heure-ci. J'espère que vous avez fini de dîner. Je voulais savoir si je pouvais laisser un livre chez vous. Une de mes amies a un examen et a perdu le sien. Elle voudrait emprunter le mien mais nous allons tous au théâtre et maman ne veut pas que je laisse le livre devant la porte. Ma copine, qui s'appelle Françoise, va passer dans une heure.

Female Speaker 2   Mais bien sûr Colette. Dis-lui de venir le chercher chez nous.

19. Pourquoi Colette s'excuse-t-elle ?

    (A)   Elle a peur d'interrompre le dîner.

    (B)   Elle a oublié quelque chose.

    (C)   Elle a perdu quelque chose.

20. Qu'est-ce que l'amie de Colette a besoin de faire ?

    (A)   D'emprunter un livre

    (B)   D'acheter un billet de théâtre

    (C)   De finir son dîner

Male Speaker   Chers amis, nous sommes ravis de vous accueillir parmi nous ce soir à l'occasion du cinquantième anniversaire de notre école. Eh oui, il y a cinquante ans que notre cher lycée existe ! A l'époque, il se trouvait à environ deux cents mètres d'ici, mais, avec les années, le nombre d'élèves ayant augmenté, nous avons dû déménager dans de plus grands locaux il y a déjà six ans. Nous sommes heureux d'avoir parmi nous ce soir non seulement les élèves et les professeurs actuels, mais aussi beaucoup d'anciens élèves et quelques professeurs.

21. Quelle est l'occasion de cette célébration ?

    (A)   L'anniversaire d'un lycée

    (B)   L'anniversaire d'un professeur

    (C)   Le déménagement de l'école

22. Pourquoi a-t-on eu besoin de nouveaux locaux ?

    (A)   Le bâtiment était trop vieux

    (B)   Le quartier avait changé

    (C)   L'école était trop petite

> **Directions:** In this section, you will hear a series of extended dialogues. These dialogues will not be printed in your book, and you will hear each only once. After listening to each dialogue, you will be asked several questions followed by four possible answers—(A), (B), (C), and (D). These questions are printed in your book. You will hear them only once. Select the best answer to the question from among the four choices printed in your book and blacken the space corresponding to the letter you have decided has the correct answer on your answer sheet. You are now ready to begin.

(Below is the script for all of the extended dialogues that you heard, but didn't see, for all of Part C. Each is followed by the questions that corresponded to that dialogue. Use this script to help you diagnose any potential errors you may have made while listening. Remember that on the actual exam, the written script will not be provided for you.)

DIALOGUE 1

Jacques Hé Philippe, ça fait au moins deux mois qu'on ne s'est pas vus ! Depuis que tes parents ont décidé de déménager en banlieue et que tu as changé d'école, je n'ai plus de tes nouvelles !

Philippe Oui, je sais, le déménagement a été traumatique pour toute la famille, sauf pour ma petite soeur Elodie qui adore les nouveaux petits voisins avec lesquels elle peut jouer dans le jardin du matin au soir ! Mais tu sais, elle n'a que cinq ans ! Moi, par contre . . .

Jacques Tu n'aimes pas ta nouvelle maison ?

Philippe Oh, la maison, tu sais, ça va. J'ai même une chambre plus grande que celle que j'avais lorsque nous vivions en ville. Non, ce n'est pas ça, c'est plutôt ma nouvelle école.

Jacques Ce sont les profs que tu n'aimes pas, ou les élèves ?

Philippe A vrai dire, les profs sont OK, et les élèves m'ont très bien accueilli.

Jacques Mais alors, qu'est-ce qui ne va pas Philippe ?

Philippe Eh bien, c'est mon quartier qui me manque, mes amis. C'est pour cela que je n'ai même pas téléphoné, j'essayais de m'habituer à mon nouvel environnement et de ne pas m'accrocher au précédent.

23. Qu'est-ce que Jacques reproche à Philippe ?

24. Pour quelle raison la soeur de Philippe est-elle heureuse ?

25. Pourquoi Philippe n'est-il pas heureux ?

26. Qu'est-ce que Philippe essaie de faire ?

DIALOGUE 2

Claire Tu sais Didier, j'ai vraiment envie de prendre des cours de danse moderne. Qu'en penses-tu ?

Didier Ben, moi, tu sais, la danse, ça ne me dit rien. Par contre ma soeur s'est inscrite au cours de Madame . . . Monsieur . . . euh, enfin, tu sais, ils ont un studio tout près de chez toi !

Claire   Oui, c'est justement là où j'ai envie de m'inscrire. C'est Monsieur et Madame Blancpain, ils étaient tous deux danseurs professionnels quand ils étaient plus jeunes, et ils étaient très connus. On dit qu'ils sont d'excellents professeurs.

Didier   Oui, ma soeur Line en dit beaucoup de bien. Elle adore ses cours de danse et essaie de me convaincre de m'inscrire aussi. D'ailleurs, si tu veux, passe-lui un coup de fil; elle te donnera des détails et pourra répondre à tes questions.

Claire   Oh, c'est gentil, je téléphonerai à Line . . . mais Didier, pourquoi ne t'inscrirais-tu pas avec moi, la danse moderne, c'est très amusant, tu verras. Bien sûr, cela exige beaucoup de discipline, on ne doit pas manquer ses cours, enfin, peut-être que c'est cela qui t'inquiète ?

Didier   Non, non, pas du tout . . . c'est plutôt que je suis un peu maladroit et que j'ai peur d'être ridicule. Tiens, tu as raison, je vais peut-être m'inscrire aussi, après tout, tous les nouveaux élèves—toi aussi d'ailleurs—doivent faire des bêtises, n'est-ce pas ?

27. Qu'est-ce que nous apprenons de Monsieur et Madame Blancpain ?

28. Qu'est-ce que Line, la soeur de Didier, aimerait ?

29. Pourquoi Didier ne veut-il pas apprendre la danse ?

DIALOGUE 3

Vanessa   Allô, maman ? Ecoute, je viens de finir mes devoirs pour demain, mais j'ai besoin d'aller à la bibliothèque pour emprunter un livre, donc . . .

La mère   Donc tu ne seras pas à la maison quand je vais rentrer ?

Vanessa   Je ne sais pas maman. Si je trouve le livre dont j'ai besoin, je pourrai rentrer tout de suite. La bibliothèque est si près de la maison que je ne crois pas que je vais tarder. Tu sais, pour la semaine prochaine, je dois écrire un essai sur le théâtre du dix-huitième siècle et je voudrais faire un peu de recherche là-dessus.

La mère   Mais ma chérie, nous avons beaucoup de livres sur le théâtre en France. Nous les collectionnons depuis des années. Tu pourrais peut-être trouver ce dont tu as besoin à la maison !

Vanessa   Oh, je sais bien maman. C'est que tu vois, mon essai, c'est plutôt une comparaison entre le théâtre en France et le théâtre en Angleterre pendant le dix-huitième siècle . . . alors, tu comprends, comme je ne sais pratiquement rien au sujet de la littérature anglaise, il faut que j'aille à la bibliothèque.

La mère   D'accord ma chérie. Et quand tu rentreras, on pourra dîner. Tu auras sans doute très faim après tout ce travail !

30. Qu'est-ce que Vanessa dit à sa mère ?

31. Qu'est-ce que la mère de Vanessa lui rappelle ?

32. Pour quelle raison Vanessa n'est-elle pas trop sûre d'elle ?

33. Qu'est-ce que la mère pense que Vanessa voudra faire ce soir ?

ANSWER SHEET
Practice Test 3

French Subject Test

1. Ⓐ Ⓑ Ⓒ Ⓓ
2. Ⓐ Ⓑ Ⓒ Ⓓ
3. Ⓐ Ⓑ Ⓒ Ⓓ
4. Ⓐ Ⓑ Ⓒ Ⓓ
5. Ⓐ Ⓑ Ⓒ Ⓓ
6. Ⓐ Ⓑ Ⓒ Ⓓ
7. Ⓐ Ⓑ Ⓒ Ⓓ
8. Ⓐ Ⓑ Ⓒ Ⓓ
9. Ⓐ Ⓑ Ⓒ Ⓓ
10. Ⓐ Ⓑ Ⓒ Ⓓ
11. Ⓐ Ⓑ Ⓒ Ⓓ
12. Ⓐ Ⓑ Ⓒ Ⓓ
13. Ⓐ Ⓑ Ⓒ Ⓓ
14. Ⓐ Ⓑ Ⓒ Ⓓ
15. Ⓐ Ⓑ Ⓒ Ⓓ
16. Ⓐ Ⓑ Ⓒ Ⓓ
17. Ⓐ Ⓑ Ⓒ Ⓓ
18. Ⓐ Ⓑ Ⓒ Ⓓ
19. Ⓐ Ⓑ Ⓒ Ⓓ
20. Ⓐ Ⓑ Ⓒ Ⓓ
21. Ⓐ Ⓑ Ⓒ Ⓓ
22. Ⓐ Ⓑ Ⓒ Ⓓ
23. Ⓐ Ⓑ Ⓒ Ⓓ
24. Ⓐ Ⓑ Ⓒ Ⓓ
25. Ⓐ Ⓑ Ⓒ Ⓓ
26. Ⓐ Ⓑ Ⓒ Ⓓ
27. Ⓐ Ⓑ Ⓒ Ⓓ
28. Ⓐ Ⓑ Ⓒ Ⓓ
29. Ⓐ Ⓑ Ⓒ Ⓓ

30. Ⓐ Ⓑ Ⓒ Ⓓ
31. Ⓐ Ⓑ Ⓒ Ⓓ
32. Ⓐ Ⓑ Ⓒ Ⓓ
33. Ⓐ Ⓑ Ⓒ Ⓓ
34. Ⓐ Ⓑ Ⓒ Ⓓ
35. Ⓐ Ⓑ Ⓒ Ⓓ
36. Ⓐ Ⓑ Ⓒ Ⓓ
37. Ⓐ Ⓑ Ⓒ Ⓓ
38. Ⓐ Ⓑ Ⓒ Ⓓ
39. Ⓐ Ⓑ Ⓒ Ⓓ
40. Ⓐ Ⓑ Ⓒ Ⓓ
41. Ⓐ Ⓑ Ⓒ Ⓓ
42. Ⓐ Ⓑ Ⓒ Ⓓ
43. Ⓐ Ⓑ Ⓒ Ⓓ
44. Ⓐ Ⓑ Ⓒ Ⓓ
45. Ⓐ Ⓑ Ⓒ Ⓓ
46. Ⓐ Ⓑ Ⓒ Ⓓ
47. Ⓐ Ⓑ Ⓒ Ⓓ
48. Ⓐ Ⓑ Ⓒ Ⓓ
49. Ⓐ Ⓑ Ⓒ Ⓓ
50. Ⓐ Ⓑ Ⓒ Ⓓ
51. Ⓐ Ⓑ Ⓒ Ⓓ
52. Ⓐ Ⓑ Ⓒ Ⓓ
53. Ⓐ Ⓑ Ⓒ Ⓓ
54. Ⓐ Ⓑ Ⓒ Ⓓ
55. Ⓐ Ⓑ Ⓒ Ⓓ
56. Ⓐ Ⓑ Ⓒ Ⓓ
57. Ⓐ Ⓑ Ⓒ Ⓓ
58. Ⓐ Ⓑ Ⓒ Ⓓ

59. Ⓐ Ⓑ Ⓒ Ⓓ
60. Ⓐ Ⓑ Ⓒ Ⓓ
61. Ⓐ Ⓑ Ⓒ Ⓓ
62. Ⓐ Ⓑ Ⓒ Ⓓ
63. Ⓐ Ⓑ Ⓒ Ⓓ
64. Ⓐ Ⓑ Ⓒ Ⓓ
65. Ⓐ Ⓑ Ⓒ Ⓓ
66. Ⓐ Ⓑ Ⓒ Ⓓ
67. Ⓐ Ⓑ Ⓒ Ⓓ
68. Ⓐ Ⓑ Ⓒ Ⓓ
69. Ⓐ Ⓑ Ⓒ Ⓓ
70. Ⓐ Ⓑ Ⓒ Ⓓ
71. Ⓐ Ⓑ Ⓒ Ⓓ
72. Ⓐ Ⓑ Ⓒ Ⓓ
73. Ⓐ Ⓑ Ⓒ Ⓓ
74. Ⓐ Ⓑ Ⓒ Ⓓ
75. Ⓐ Ⓑ Ⓒ Ⓓ
76. Ⓐ Ⓑ Ⓒ Ⓓ
77. Ⓐ Ⓑ Ⓒ Ⓓ
78. Ⓐ Ⓑ Ⓒ Ⓓ
79. Ⓐ Ⓑ Ⓒ Ⓓ
80. Ⓐ Ⓑ Ⓒ Ⓓ
81. Ⓐ Ⓑ Ⓒ Ⓓ
82. Ⓐ Ⓑ Ⓒ Ⓓ
83. Ⓐ Ⓑ Ⓒ Ⓓ
84. Ⓐ Ⓑ Ⓒ Ⓓ
85. Ⓐ Ⓑ Ⓒ Ⓓ

Practice Test 3: French Subject Test

Part A

> **Directions:** This part consists of a series of incomplete statements followed by four possible answers. Among the four choices, select the answer that best fits the statement.

1. Vous devez boire beaucoup d'eau lorsque vous prenez ce _____.

    (A) médecin
    (B) pilule
    (C) médicament
    (D) antibiotique

2. La route était couverte de débris après _____.

    (A) le tonnerre
    (B) l'éclair
    (C) l'orage
    (D) le débarras

3. Elle a _____ ses amis au café.

    (A) rejoint
    (B) raconté
    (C) répondu
    (D) parlé

4. Je suis fatigué, mais il faut que je _____ mes affaires.

    (A) fasse
    (B) regarde
    (C) place
    (D) range

5. Lorsqu'elle a entendu le tonnerre, ma petite soeur a poussé _____.

    (A) une larme
    (B) des pleurs
    (C) un regard
    (D) un cri

6. Ils ont oublié de _____ leurs billets avant de prendre le train.

    (A) pointer
    (B) composter
    (C) vendre
    (D) acheter

7. Papa a dit qu'il avait besoin d'une nouvelle paire de _____.

    (A) poings
    (B) spectacles
    (C) glaces
    (D) lunettes

8. Il fait très chaud aujourd'hui, mais _____ à tous ces arbres, il y a assez d'ombre.

    (A) grâce
    (B) merci
    (C) heureusement
    (D) parce qu'

9. Tu n'aurais pas dû _____ à ton père, tu seras puni.

    (A) irriter
    (B) ennuyer
    (C) mentir
    (D) tromper

10. Dans le jardin, ils se sont assis sur un _____.

    (A) arbre
    (B) parc
    (C) banc
    (D) gazon

11. L'été _____ nous irons chez mes grand-parents pour les vacances.

    (A) suivant
    (B) après
    (C) dernier
    (D) prochain

12. Voyons Suzanne, tu n'es jamais _____ à temps, nous serons en retard.

    (A) dressée
    (B) prête
    (C) finie
    (D) dépêchée

13. Mon frère était malade samedi, c'est _____ il n'a pas pu venir à ta soirée.

    (A) pourquoi
    (B) parce qu'
    (C) avant
    (D) après

14. J'aimerais vous _____ au pharmacien de votre quartier.

    (A) introduire
    (B) rencontrer
    (C) présenter
    (D) connaître

15. Marguerite n'est pas du tout _____, elle regarde la télé du matin au soir au lieu de faire ses devoirs.

    (A) patiente
    (B) raisonnable
    (C) sensible
    (D) paresseuse

16. Tu es bien aimable de vouloir m'_____ à ouvrir cette grosse boîte.

    (A) assister
    (B) inviter
    (C) attendre
    (D) aider

17. Il a acheté des _____ neuves parce qu'il veut être très élégant pour votre dîner.

    (A) pantalons
    (B) chaussures
    (C) costumes
    (D) pantoufles

18. On vient _____ les portes de l'école parce que les élèves vont arriver dans un quart d'heure.

    (A) d'ouvrir
    (B) de fermer
    (C) de commencer
    (D) de refaire

19. Comment vous _____-vous lorsque vous êtes en vacances ?

    (A) distrayez
    (B) accomplissez
    (C) nagez
    (D) jouez

20. Ce livre m'a beaucoup _____, tu devrais le lire aussi.

    (A) aimé
    (B) ennuyé
    (C) détesté
    (D) plu

Part B

Directions: In this part, each sentence contains a blank. Select, from the four choices that follow, the one that forms a grammatically correct sentence. Whenever there are dashes following (A), it means that no insertion is necessary. However, this may or may not be the correct answer.

21. Il allait partout _____ cheval.

    (A) par
    (B) sur
    (C) avec
    (D) à

22. Ils sont partis _____ avoir donné le cadeau à maman.

    (A) pour
    (B) près d'
    (C) en
    (D) après

23. Nous ne voulions pas voir ce film avant de _____ de quoi il parlait.

    (A) sachant
    (B) savoir
    (C) su
    (D) savions

24. Invitez-la donc _____ elle a envie de participer à la fête.

    (A) bien qu'
    (B) lorsqu'
    (C) puisqu'
    (D) afin qu'

25. Je crois qu'il vient _____ Pérou.

    (A) du
    (B) de
    (C) en
    (D) à

26. Le TGV roule très _____.

    (A) rapide
    (B) beau
    (C) lent
    (D) vite

27. Je n'ai pas vu ce _____ est arrivé lorsqu'il est tombé.

    (A) qui
    (B) qu'
    (C) dont
    (D) quel

28. Le musée devant _____ le bus s'arrête est tout près d'ici.

    (A) quoi
    (B) qui
    (C) lequel
    (D) que

29. Chaque fois que j'écris _____ mes parents, je demande des nouvelles de mes grands-parents.

    (A) - - -
    (B) aux
    (C) pour
    (D) à

30. Non merci, je ne veux pas _____ beurre pour ma tartine.

    (A) de
    (B) du
    (C) de la
    (D) un

31. Il est utile que vous _____ conduire ici.

   (A)   savez

   (B)   sachez

   (C)   sachiez

   (D)   saurez

32. Elles ont acheté des fleurs pour _____.

   (A)   leur

   (B)   vous

   (C)   ils

   (D)   tu

33. Nous avons cherché _____ ce livre dans toutes les librairies.

   (A)   - - -

   (B)   pour

   (C)   avec

   (D)   à

34. J'ai acheté six tasses _____ café pour compléter mon service de porcelaine.

   (A)   - - -

   (B)   de

   (C)   à

   (D)   pour

Part C

> **Directions:** The following paragraphs contain some blank spaces. Choose, among the four answers that accompany each blank, the one that best completes the sentence, either for the meaning or for the grammar. In some instances, the first answer (A) may only have dashes, indicating that no insertion is necessary to form a grammatically correct sentence.

Connais-tu l'origine du Carnaval ? Tu sais sûrement que pendant le carnaval, on ___(35)___ danser, ___(36)___ déguiser et manger ___(37)___ bonnes choses dans beaucoup ___(38)___ pays du monde, mais sais-tu pourquoi ?

Le Carnaval précède le carême, une période de 40 jours ___(39)___ traditionnellement les Catholiques ne mangent pas certaines choses ___(40)___ que la viande et les desserts. Le carême commence toujours ___(41)___ mercredi du mois de février, donc chacun se dépêchait, dans le passé, de finir ces aliments, d'où le nom de Mardi Gras, dernier jour pour bien manger avant le jeûne. Avant l'adoption de ___(42)___ religion, les traditions de célébration de l'arrivée du printemps se déroulaient déjà depuis des temps reculés. On fêtait déjà le renouveau de la nature chez les Grecs et les Romains. A cette occasion il était permis

35. (A)   sait

   (B)   vas

   (C)   peut

   (D)   doit

36. (A)   nous

   (B)   vous

   (C)   se

   (D)   te

37. (A)   - - -

   (B)   des

   (C)   les

   (D)   de

38. (A)   - - -

   (B)   de

   (C)   les

   (D)   du

39. (A)   quand

   (B)   durant

   (C)   où

   (D)   lorsque

40. (A)   tels

   (B)   telles

   (C)   telle

   (D)   tel

41. (A)   - - -

   (B)   le

   (C)   un

   (D)   ce

42. (A)   cette

   (B)   cet

   (C)   ce

   (D)   ces

d'inverser les rôles traditionnels : par exemple les enfants pouvaient se transformer _____(43)_____ adultes pour un jour, grâce _____(44)_____ des masques et des déguisements et chacun reprenait sa place dès la fin des célébrations.

On fabriquait souvent un Monsieur Carnaval qu'on brûlait à la fin de la fête pour dire adieu à l'hiver et commencer une nouvelle année en même temps que la nature commence un nouveau cycle avec le printemps. Aujourd'hui, on trouve de nombreux carnavals _____(45)_____ France tels que/qu' _____(46)_____ Nice ou Dunkerque, où on fête cette tradition par des défilés de chars et des danses. Cette tradition existe aussi dans nombre de villes du monde et Québec la fête aussi en fabriquant des statues de glace à cette occasion.

B 43. (A) dans
　　 (B) en
　　 (C) avec
　　 (D) pour

C 44. (A) ---
　　 (B) de
　　 (C) à
　　 (D) en

A 45. (A) en
　　 (B) dans
　　 (C) au
　　 (D) à la

B 46. (A) en
　　 (B) à
　　 (C) dans
　　 (D) à la

* *

Nous avons passé notre bac il y a _____(47)_____ années, et _____(48)_____ , nous avons perdu contact. _____(49)_____ n'a été ma surprise lorsque, _____(50)_____ récemment, _____(51)_____ un coup de fil de Line m'_____(52)_____ qu'elle allait _____(53)_____ l'été prochain. Elle voulait que j'assiste _____(54)_____ son mariage. Elle avait aussi invité _____(55)_____ de nos amies. Quelle _____(56)_____ merveilleuse occasion de se réunir !

47. (A) plusieurs
　　 (B) beaucoup
　　 (C) longtemps
　　 (D) tellement

48. (A) avant
　　 (B) lorsque
　　 (C) depuis
　　 (D) ainsi

49. (A) Ça
　　 (B) Elle
　　 (C) Rien
　　 (D) Quelle

50. (A) tout
　　 (B) tant
　　 (C) aussi
　　 (D) hier

51. (A) je recevais
　　 (B) j'ai reçu
　　 (C) je recevrais
　　 (D) je recevrai

52. (A) annonçait
　　 (B) annonçant
　　 (C) annonce
　　 (D) a annoncé

53. (A) marier
　　 (B) épouser
　　 (C) se marier
　　 (D) s'épouser

54. (A) ---
　　 (B) de
　　 (C) en
　　 (D) à

55. (A) toutes
　　 (B) la plupart
　　 (C) quelques
　　 (D) bien

56. (A) ---
　　 (B) la
　　 (C) une
　　 (D) cette

Directions: Each passage or document in this section is followed by questions or incomplete statements. Among the four choices, choose the one that applies to the text.

Afin de tromper sa solitude, un vieux monsieur de 90 ans, Antoine Lemaître, qui vivait seul dans un petit appartement de banlieue, a passé plusieurs appels télépho-
Line
(5) niques anonymes à des dizaines d'habitants de la région. La police n'a pas eu trop de difficultés à démasquer le coupable grâce à une mise sous surveillance de la ligne télé-phonique. Antoine Lemaître a tout de suite
(10) reconnu ce qu'il avait fait. Ce nonagénaire, sans enfants ni famille, à moitié sourd, a expliqué aux détectives venus l'arrêter, que, fatigué de regarder la télévision, il voulait avoir des conversations pour lui redonner le
(15) courage de faire face à la vie. Un des détec-tives lui a demandé s'il avait des amis, et Monsieur Lemaître a répondu tristement : "J'avais des amis, mais vous savez monsieur, ils avaient mon âge, donc . . . ". Lorsque les
(20) personnes qui avaient déposé plainte ont appris qui était le coupable et pourquoi il avait agi de cette manière, elles ont tout de suite retiré leurs accusations.

57. "Afin de tromper sa solitude" indique que . . .

(A) Antoine était vieux.
(B) Antoine vivait dans un petit appartement.
(C) Antoine se sentait isolé.
(D) Antoine connaissait beaucoup de monde.

58. Lorsqu'il a été confronté aux accusations, Antoine a . . .

(A) avoué.
(B) nié.
(C) menti.
(D) excusé.

59. Quelle raison Antoine a-t-il donnée pour expliquer ce qu'il avait fait ?

(A) Il imitait ce qu'il voyait à la télévision.
(B) Il aimait parler avec les autres.
(C) Il voulait agir de cette façon.
(D) Il détestait les habitants de sa région.

60. La phrase "j'avais des amis . . . donc" signifie que ses amis . . .

(A) ont déménagé.
(B) ont quitté la ville.
(C) sont morts.
(D) ne venaient plus le voir.

61. Qu'est-ce que les interlocuteurs qui avaient déposé plainte ont fait à la fin ?

(A) Ils ont agi avec précaution.
(B) Ils sont venus le voir.
(C) Ils ont parlé aux détectives.
(D) Ils ont changé d'avis.

(Adapté du conte "Les Bijoux" de Guy de Maupassant)

Il mit le collier dans sa poche et chercha une boutique de bijoutier qui lui inspirât confiance. Il en vit une enfin et entra, un *Line* peu honteux d'étaler ainsi sa misère et de *(5)* chercher à vendre une chose de si peu de prix.

"Monsieur", dit-il au marchand, "je voudrais bien savoir ce que vous estimez ce morceau".

(10) L'homme reçut l'objet, l'examina, le retourna, le soupesa, prit une loupe, appela son employé, lui fit tout bas des remarques, reposa le collier sur son comptoir et le regarda de loin pour mieux juger de l'effet.

(15) Monsieur Lantin, gêné par toutes ces cérémonies, allait ouvrir la bouche pour dire: "Oh ! Je sais bien que cela n'a aucune valeur",—quand le bijoutier prononça.

"Monsieur, cela vaut de douze à quinze *(20)* mille francs, je ne pourrais l'acheter que si vous m'en faisiez connaître exactement la provenance".

Lantin ouvrit des yeux énormes, ne comprenant pas. Il balbutia enfin: "Vous *(25)* dites ? . . . Vous êtes sûr" ?

62. Monsieur Lantin voulait vendre le collier parce qu'il . . .

   (A) n'en avait pas besoin.
   (B) avait des problèmes d'argent.
   (C) avait honte.
   (D) pensait qu'il valait beaucoup d'argent.

63. Le bijoutier examine le collier . . .

   (A) rapidement.
   (B) minutieusement.
   (C) remarquablement.
   (D) vivement.

64. Monsieur Lantin pense que le bijou . . .

   (A) n'est pas cher.
   (B) n'a pas été volé.
   (C) est ancien.
   (D) est superbe.

65. La phrase "gêné par toutes ces cérémonies" indique que Monsieur Lantin . . .

   (A) trouve que le bijoutier exagère.
   (B) a peur que le bijoutier n'achète pas le bijou.
   (C) craint que le collier ne coûte trop cher.
   (D) pense que le bijoutier n'aime pas le collier.

La RTB, Radiodiffusion-Télévision du Burkina, première chaîne de télévision francophone africaine, a fêté ses cinquante ans en 2013. Installée à Ouagadougou, capitale du Burkina Faso, elle se nommait Volta-Vision à sa naissance, de l'ancien nom du pays, la Haute Volta, du temps de son statut de colonie française. La RTB a été la première radio publique francophone à voir le jour après les indépendances en Afrique de l'Ouest.

Les festivités ont commencé le 5 août, date anniversaire, et ont donné lieu à la visite des locaux par le chef d'État, M. Blaise Compaoré, qui a rendu hommage aux journalistes et à "leur combat quotidien" pour faire vivre la radio nationale.

La RTB ambitionne de se trouver un nouveau siège mieux adapté à ses besoins actuels, et de se doter d'équipement numérique de haute gamme, approprié à sa place aujourd'hui en Afrique francophone. En effet, après avoir fusionné avec la radio nationale en 2000, la RTB a commencé à diffuser par satellite, ce qui lui permet aujourd'hui de toucher chacune des 13 régions du pays, grâce à un nouveau réseau de stations régionales.

66. Qu'est-ce que c'est que la RTB ?

(A) Une radio sud-africaine
(B) La radio du Burkina Faso
(C) La première radio française
(D) La radio de l'Afrique de l'Ouest

67. Qu'est-ce que cette radio a fêté ?

(A) Ses 50 ans
(B) Son anniversaire
(C) L'anniversaire de M. Blaise Compaoré
(D) Son nouveau réseau régional

68. Qui est M. Compaoré ?

(A) Le directeur de la radio
(B) Le chef du personnel
(C) Le président du pays
(D) Le dirigeant du combat quotidien

69. Que veut faire la radio à l'avenir ?

(A) Diffuser ses émissions par satellite
(B) Changer son nom à Volta-Vision
(C) Acheter du matériel informatique
(D) Acheter des sièges pour ses employés

70. Où la radio diffuse-t-elle ses émissions ?

(A) Dans toute l'Afrique
(B) Dans tout le pays
(C) En Afrique francophone
(D) Dans toute l'Afrique de l'Ouest

LE PETIT TRAIN DU SOMMEIL

1 Train — 1 cycle de sommeil (1h30 à 2h00)
1 nuit = 6 trains

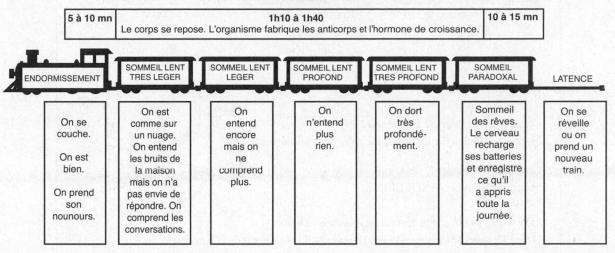

5 à 10 mn	1h10 à 1h40 Le corps se repose. L'organisme fabrique les anticorps et l'hormone de croissance.	10 à 15 mn

ENDORMISSEMENT — SOMMEIL LENT TRES LEGER — SOMMEIL LENT LEGER — SOMMEIL LENT PROFOND — SOMMEIL LENT TRES PROFOND — SOMMEIL PARADOXAL — LATENCE

| On se couche. On est bien. On prend son nounours. | On est comme sur un nuage. On entend les bruits de la maison mais on n'a pas envie de répondre. On comprend les conversations. | On entend encore mais on ne comprend plus. | On n'entend plus rien. | On dort très profondément. | Sommeil des rêves. Le cerveau recharge ses batteries et enregistre ce qu'il a appris toute la journée. | On se réveille ou on prend un nouveau train. |

71. Quelle affirmation est vraie ?

(A) L'organisme cesse de fonctionner.
(B) Pendant le sommeil paradoxal, le corps bouge.
(C) Pendant le sommeil lent, l'ouïe travaille.
(D) Pendant la nuit, le corps dort une heure et demie.

72. Que se passe-t-il pendant le sommeil lent très léger ?

(A) On parle.
(B) On répond.
(C) On comprend.
(D) On est dans les nuages.

73. Que se passe-t-il pendant le sommeil paradoxal ?

(A) On révise les renseignements vus ce jour-là.
(B) On fait des cauchemars.
(C) On analyse ses rêves.
(D) On cherche des batteries.

74. Quelle affirmation est fausse ?

(A) D'après ce tableau, une nuit complète dure neuf heures minimum.
(B) Un cycle de sommeil dure une heure et demie minimum.
(C) L'organisme se repose et ne fait rien pendant notre sommeil.
(D) On peut dormir avec un nounours.

Liste des membres du fan-club qui vont au concert de Jewel le 26 Mai 1999 à l'Olympia :

NOM ou NICK	Ville – département	Type de transport
Nicole	Tourcoing – Nord	TGV
Joel	Paris	(Métro)
Del	Lille – Nord	Voiture/moto
Miche	Hollande	Train

Informations :

Où se situe la salle de l'Olympia ?
28 boulevard des Capucines à Paris (9e arrondissement).

Comment y accéder ?
Métro OPÉRA ou MADELEINE

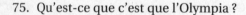

RDV à 19h30 devant le restaurant *American Dream*,
21 rue Daunou (au coin de la rue Daunou et du boulevard des Capucines).
Le concert est à 20h30.

75. Qu'est-ce que c'est que l'Olympia ?

(A) Une salle de cinéma
(B) Une salle de concert
(C) Une salle de théâtre
(D) Le lieu de rencontre du fan-club

76. D'où les jeunes du fan-club viennent-ils ?

(A) De la même ville
(B) Du même pays
(C) Du même arrondissement
(D) Du même continent

77. Où les jeunes du fan-club vont-ils se retrouver ?

(A) Devant un restaurant
(B) Dans un restaurant
(C) A l'Olympia
(D) Près du boulevard des Capucines

78. Comment le fan-club va-t-on à l'Olympia ?

(A) En TGV
(B) En train
(C) En métro
(D) En autocar

79. Quand les jeunes se rencontreront-ils ?

(A) Une heure après le spectacle
(B) A sept heures et demie du soir
(C) A huit heures et demie du soir
(D) A l'heure du spectacle

LES FAÏENCERIES BRETONNES HB-HENRIOT

(Adapté du Journal Français d'Amérique)

Les faïenceries HB-Henriot, connues mondialement pour leurs objets en céramique peints à la main, ont vu le jour en 1690
Line sous Louis XIV. Leur premier père fonda-
(5) teur, Jean-Baptiste Bousquet, un Provençal né entre les deux centres faïenciers de Moustiers et Marseille, s'installe alors dans le quartier des potiers à Quimper. À 72 ans, il recrute un collaborateur: Pierre-Clément
(10) de Caussy qui arrive de Rouen en 1744 et introduit à Quimper de nouvelles méthodes de fabrication et des modèles inspirés des porcelaines chinoises. De Caussy donne sa fille en mariage à Antoine de la Hubaudière,
(15) premier d'une longue dynastie qui durera jusqu'en 1917 et dont la marque—Hubaudière-Bousquet—se retrouve dans la marque actuelle (HB). La faïencerie connaî-tra une succession d'empreintes dont celle
(20) d'Alfred Beau, un photographe qui introduit des tableaux en faïence imitant la peinture sur chevalet, à un moment où la Bretagne attire de nombreux artistes.

Pierre Jules Henriot, originaire de
(25) Franche-Comté, et son fils, se font connaître à la fin du 19ème siècle. La faïencerie Henriot fusionnera avec la faïencerie HB pour deve-nir la Société des faïenceries de Quimper. Depuis 1955, Paul Janssens, un Américain
(30) d'origine néerlandaise a commercialisé ces produits aux Etats-Unis.

80. L'expression "ont vu le jour" veut dire que les faïenceries . . .

(A) ont été fondées.
(B) sont devenues célèbres.
(C) ont établi des boutiques.
(D) ont fabriqué des objets.

81. Selon ce passage, les objets mentionnés ici sont peints . . .

(A) dans le monde entier.
(B) à la main.
(C) par des artistes de Provence.
(D) par un seul artiste.

82. Jean-Baptiste Bousquet venait de . . .

(A) la région de Quimper.
(B) Provence.
(C) Rouen.
(D) Franche-Comté.

83. Lorsque Bousquet a fondé la faïencerie, il . . .

(A) a recruté un partenaire.
(B) imitait la porcelaine de Chine.
(C) avait une dizaine d'employés.
(D) était le seul patron.

84. Les lettres HB qui se retrouvent dans la marque viennent du nom . . .

(A) d'un artiste du 19e siècle.
(B) du gendre de De Caussy.
(C) de deux noms différents.
(D) du quartier des potiers.

85. D'après ce passage, les objets en céramique HB-Henriot . . .

(A) n'ont pas changé depuis 1690.
(B) ont été influencés par plusieurs artistes.
(C) ont changé au 20ème siècle.
(D) se vendent seulement en Europe.

SCORING

Once you have taken the practice test, compare your answers with those given in the Answers Explained section on page 170.

1. Count the number of correct answers and mark the total here _68_
2. Count the number of incorrect answers and mark the total here _7_
3. Divide the total number of incorrect answers by 3 and mark the total here _5_

You Will Now Proceed as Follows

Subtract (3) from (1) and mark the result here _____

Round the result obtained to the nearest whole number. This is your **raw** test score. The raw test score will be converted to a **scaled** score.

To help you evaluate your approximate scaled score, please consult the following table. However, remember that these scores are approximate and may vary slightly from test to test.

Raw Score	Scaled Score
75 to 85	800
61 to 74	710 to 790
49 to 60	640 to 700
39 to 48	590 to 630
28 to 38	540 to 580
20 to 27	500 to 530
–1 to 19	380 to 490
–13 to –2	310 to 370
–28 to –14	220 to 300

ANSWER KEY
Practice Test 3

French Subject Test

1.	**C**	31.	**C**	61.	**D**
2.	**C**	32.	**B**	62.	**B**
3.	**A**	33.	**A**	63.	**B**
4.	**D**	34.	**C**	64.	**A**
5.	**D**	35.	**C**	65.	**A**
6.	**B**	36.	**C**	66.	**B**
7.	**D**	37.	**D**	67.	**A**
8.	**A**	38.	**B**	68.	**C**
9.	**C**	39.	**C**	69.	**C**
10.	**C**	40.	**B**	70.	**B**
11.	**D**	41.	**C**	71.	**C**
12.	**B**	42.	**A**	72.	**C**
13.	**A**	43.	**B**	73.	**A**
14.	**C**	44.	**C**	74.	**C**
15.	**B**	45.	**A**	75.	**B**
16.	**D**	46.	**B**	76.	**D**
17.	**B**	47.	**A**	77.	**A**
18.	**A**	48.	**C**	78.	**C**
19.	**A**	49.	**D**	79.	**B**
20.	**D**	50.	**A**	80.	**A**
21.	**D**	51.	**B**	81.	**B**
22.	**D**	52.	**B**	82.	**B**
23.	**B**	53.	**C**	83.	**D**
24.	**C**	54.	**D**	84.	**C**
25.	**A**	55.	**B**	85.	**B**
26.	**D**	56.	**A**		
27.	**A**	57.	**C**		
28.	**C**	58.	**A**		
29.	**D**	59.	**B**		
30.	**A**	60.	**C**		

ANSWERS EXPLAINED

1. **(C)** The medicine must be taken with a lot of water. (A) means doctor; (B) means pill, but because it is a feminine word, it cannot follow "ce." Although (D) is a masculine word, because it begins with a vowel, it requires "cet" instead of "ce."

2. **(C)** The road is covered with debris following a storm ("l'orage"). (A) is thunder, (B) is lightning, and (D) means riddance.

3. **(A)** All the other answers require the preposition "à," and (B) "raconter" (to tell a story) should not be confused with "rencontrer" (to meet).

4. **(D)** The expression is "ranger ses affaires" or straighten up one's belongings. (A) doesn't mean anything here; (B) means to look at, which doesn't fit; and (C) would require a continuation of the sentence.

5. **(D)** "Pousser un cri" is to let out a cry. The verb "pousser" cannot go with the other answers.

6. **(B)** In France, you must validate your tickets before taking the train and "composter" means to validate. (A) doesn't apply to a ticket. (C) means that they forgot to sell their tickets before boarding the train, which doesn't make sense. (D) would be possible except that the verb "acheter" has to be preceded by a "d'" because it begins with a vowel.

7. **(D)** The father needs a pair of glasses. (A) is fists. (B) is a show. (C) means ice cream or mirrors.

8. **(A)** The weather is hot, but, thanks to all of these trees, there is enough shade. The other answers are either wrong ("merci" = thank you) or do not fit grammatically.

9. **(C)** It is the only answer that can be followed by "à."

10. **(C)** They sat *on* a bench. Obviously, they cannot sit on a tree or a park. (D) can fit only if "sur un" is replaced by "sur le."

11. **(D)** Next summer is "l'été prochain." (A) means the following, which implies another event preceding it. (B) means after; (C) means last. Because the sentence is in the future, (D) is the only plausible answer.

12. **(B)** Suzanne is never ready on time. (A) means to break in (an animal) or to erect a monument. (C) means finished but can only apply if used with the verb "avoir" as an auxiliary verb. (D) is a reflexive verb.

13. **(A)** "C'est pourquoi" means that is why. The brother was ill; that is why he didn't go to the party. (B) means because; (C) and (D) cannot apply here.

14. **(C)** "Présenter" means to introduce. When pertaining to a person, (A) means to show someone in. (B) preceded by "vous" means to meet you, and the same rule applies to (D) (to know you).

15. **(B)** Marguerite watches TV instead of doing her homework; therefore, she is not reasonable. (A) doesn't apply; (C) is a false cognate, which means sensitive, and obviously, Marguerite is lazy, so (D) is also wrong.

16. **(D)** It is the only answer that means to help. "Assister à" means to attend (as in a performance) (A). (B) means to invite and (C) means to wait for.

17. **(B)** Only (B) and (D) are clothing items that one wears as a pair (shoes and slippers). Unlike English, (A) is in the singular in French and so is (C). Because the man wants to be elegant, he will not wear slippers to the party.

18. **(A)** The doors of the school have to be opened prior to the arrival of the students, so (B) is wrong. The other two answers do not apply.

19. **(A)** It is the answer that contains a reflexive verb.

20. **(D)** The verb "plaire à" is to be liked by someone. The person liked the book. (A) can only apply if used in the active form: "J'ai aimé ce livre." It cannot be (B) because the person is advising a friend to read that book. (C) would have to be used in the active form to make sense.

21. **(D)** The expression is "aller à cheval."

22. **(D)** They left *after* giving the gift to mom. The other answers mean for ("pour"), next to ("près d"), and in ("en") and cannot apply here.

23. **(B)** After "avant de," an infinitive must be used. The other answers are (A) a present participle, (C) a past participle, and (D) the imperfect tense.

24. **(C)** It cannot be (A) because "bien qu'" requires the subjunctive. (B) means when and implies that the person should be invited whenever she wants to, not to that specific party. (D) also requires the subjunctive.

25. **(A)** Peru in French is "Le Pérou." The verb venir is followed by "de," and "de + le" becomes "du." For this reason, (B) is wrong. (C) cannot be used after the verb "venir." (D) is possible when used before the name of a city, as in "tu viens à Paris ?"

26. **(D)** It is the only adverb. The other answers are all adjectives and cannot be used in this sentence.

27. **(A)** It is the subject of the verb; therefore "qui" must follow "ce." (B), (C), and (D) are incorrect because "qu'" and "dont" need to be followed by a noun or a pronoun, whereas "quel" is an interrogative adjective.

28. **(C)** The relative pronoun "lequel" is used after the preposition "devant." (A) and (B) can be used after "devant" only as interrogatives. (D) is a relative pronoun that cannot be used after "devant."

29. **(D)** Although in English a preposition is not always required after the verb "to write," it is required in French; therefore, (A) is wrong. (B) cannot be used because it is followed by the possessive adjective. (C), although grammatically correct, doesn't make sense in this context.

30. **(A)** In a negative sentence "du" becomes "de." Therefore, (B) is incorrect. Because "beurre" is a masculine word, (C) and (D) are also incorrect.

31. **(C)** The expression "il est utile que" requires the subjunctive, and the other answers are not in the subjunctive.

32. **(B)** A disjunctive (or stress) pronoun is needed here, and among all of the answers, (B) is the only one with a stress pronoun.

33. **(A)** Although in English the verb to look for contains a preposition, in French the verb "chercher" is not followed by a preposition. Therefore (B), (C), and (D) are incorrect.

34. **(C)** A preposition is required here, so (A) is wrong. (B) can only apply if the meaning is cup *of* coffee. Because the person purchased six coffee cups to complete a set of china, it is incorrect here. (D) means for and is also incorrect.

35. **(C)** "Peut" is correct because it is an activity one can do. (A) does not fit because it means know. (B) is the "tu" form, but the subject in this sentence is on. Therefore, this choice does not work. (D) means have to. It does not fit here since nothing in the sentence indicates that these activities are required.

36. **(C)** "Se" is correct because "se" is the reflexive pronoun that corresponds to the subject, on.

37. **(D)** The article "des," meaning some, is needed. However, it needs to be shortened to "de" since it precedes an adjective placed before a noun. (A) is incorrect because an article is, in fact, needed here. (B) is incorrect due to the adjective "bonnes." (C) would only work if "les" was referring to the food mentioned before, but that is not the case here.

38. **(B)** After an expression of quantity (in this case, "beaucoup"), the partitive "de" is needed.

39. **(C)** In French "où" is used as a relative pronoun in places where when would be needed in English.

40. **(B)** The noun "choses" is feminine plural, so the form "telles" is correct for this noun. (A), (C), and (D) do not correspond to the feminine plural noun "choses," so they are all incorrect.

41. **(C)** "Un," meaning a or one, is the correct article here. (A) is incorrect because an article is needed in this position. (B), meaning the, would have to refer to a specific Wednesday, but there is no such reference in this sentence. (D), meaning this, is also incorrect because it would be used to refer to a specific Wednesday.

42. **(A)** This feminine singular demonstrative adjective is correct because it matches the noun "religion." (B) and (C) are masculine singular forms that do not match. Neither does (D), which is the plural form.

43. **(B)** "En" is the correct answer because the verb "se transformer" requires "en," meaning into. (A) is incorrect with this verb; it is also always used with an article. (C) and (D) are incorrect because with and for do not work with the meaning of this sentence.

44. **(C)** "À" is the correct preposition to use with "grâce" in order to mean thanks to. (A) is incorrect because a preposition is needed here. The prepositions in (B) and (D) do not work in this sentence.

45. **(A)** "En" is the correct geographic preposition with a feminine country like "France." (B), (C), and (D) are incorrect prepositions in this case.

46. **(B)** "À" is the correct geographic preposition with a city such as "Nice." (A), (C), and (D) are incorrect prepositions in this case.

47. **(A)** Because the word "années" is not preceded by a "d'" (B) and (D) are incorrect. (C) cannot be used in conjunction with "années."

48. **(C)** It means since then. The other answers (before, when, thus) do not apply here.

49. **(D)** "Quelle n'a été ma surprise" translates to how surprised I was. (A) could apply if not followed by "n," and if instead of "ma surprise," it was "une surprise." (B) (she) and (C) (nothing) do not apply here.

50. **(A)** "Tout" is a synonym of "très." (B) means so much and is incorrect. (C) would be correct only if "récemment" was followed by "que la semaine passée" or "qu'hier." (D) (yesterday) is also incorrect.

51. **(B)** Only the passé composé is correct here because it only happened one time in the past.

52. **(B)** The telephone call was announcing. (A) could only be correct if, after "Line," the relative pronoun "qui" had been used. (C) is in the present and is therefore incorrect. (D) follows the same rule as (A).

53. **(C)** To get married is either "se marier" or "épouser" + name of person or noun representing this person. (A) means to marry off, (B) is incorrect because it is not followed by anything, and (D) is wrong because it is not a reflexive verb.

54. **(D)** The verb "assister" is always followed by "à" when meaning to attend an event. Therefore the other answers are incorrect.

55. **(B)** It is the only answer that can be used with "de."

56. **(A)** After "quelle" you cannot use an article or a demonstrative adjective; therefore the other answers are incorrect.

57. **(C)** He felt isolated.

58. **(A)** "Antoine Lemaître a tout de suite reconnu ce qu'il avait fait."

59. **(B)** "Il voulait avoir des conversations."

60. **(C)** The old man's friends, because they were old like him (he was ninety years old), were no longer alive.

61. **(D)** "Les personnes . . . ont tout de suite retiré leurs accusations."

62. **(B)** M. Lantin "avait honte d'étaler sa misère" indicates that he was financially in trouble.

63. **(B)** The jeweler took a long time ("examina, retourna, soupesa, prit une loupe," etc.).

64. **(A)** "Une chose de si peu de prix."

65. **(A)** He thinks that the necklace is of little value and that the jeweler is going through too much trouble ("je sais bien que cela n'a aucune valeur").

66. **(B)** RTB is the radio of Burkina Faso. This radio is not broadcasting from South Africa, so eliminate (A). It is not the first French radio, as (C) suggests. It is not broadcasting in

all of Western Africa, only in Burkina Faso according to the text. Therefore, (D) is incorrect as well.

67. **(A)** RTB celebrated its 50th birthday as a radio station. (B) is not precise enough since the text specifies that it is the 50th birthday. The text does not mention M. Compaoré celebrating anything personal, so (C) is incorrect. The radio station does boast a new regional network, but there is no mention of a celebration for it, so (D) is incorrect.

68. **(C)** The text calls him the "chef d'État," which means "Head of State." He is not the head of the radio station, so eliminate (A). He is not the Chief of Staff, so eliminate (B). The text does mention this man congratulating the reporters for their daily fight to report news. However, it does not state that he himself fights, so eliminate (D) as well.

69. **(C)** The text states that the radio station aims to purchase digital equipment, so (C) is correct. (A) and (B) are incorrect because it already does or did both. The radio station wants to relocate to new headquarters ("siège"). However, this word is used here as meaning seat, which is its other meaning, so eliminate (D).

70. **(B)** The text states that the radio broadcasts in all of the regions of the country. It does not refer to broadcasting in all of Africa, as (A) suggests. It also does not refer to broadcasting in all of French-speaking Africa or in all of Western Africa, so (C) and (D) are incorrect.

71. **(C)** "L'ouïe" means hearing. Choice (A) is incorrect because if our organism ceased functioning we would die, and we are only sleeping. (B) is also wrong because nothing in the chart states that a person moves during that type of sleep. (D) is false because a person sleeps for longer than 1 hour and 30 minutes at night.

72. **(C)** Choices (A) and (B) are not possible because one does not usually speak or answer during sleep. "On est dans les nuages" means to daydream in French. So (D) is incorrect.

73. **(A)** Nothing is mentioned in this chart about having nightmares, so answer (B) is incorrect. Nothing in the chart refers to analyzing or looking for anything, so (C) and (D) are also wrong.

74. **(C)** The chart suggests a full night of sleep includes 6 phases and each phase is at least 1 hour and 30 minutes long, so (A) and (B) cannot be the answers to this question. "On prend son nounours" stated in the "endormissement" phase suggest that it is possible to sleep with a teddy bear, so (D) is not the answer either.

75. **(B)** Since nothing about movies or theater plays appears in the document, (A) and (C) are impossible. The hall is not the meeting point of the group since the document states that they are meeting in front of American Dream, so (D) is incorrect as well.

76. **(D)** Choice (A) is incorrect because the chart shows that group members are coming from different cities and one is coming from "Hollande," a different country so (B) cannot be the answer either. (C) mentions "arrondissement," which is a subdivision of Paris, thus making the answer wrong as well.

77. **(A)** The group is not meeting in the restaurant or at the concert hall since the concert starts an hour later than the meeting time. So choices (B) and (C) are wrong. Finally, the group is not meeting "près du boulevard," (D), since the address is at the corner of the side street and the boulevard itself.

78. **(C)** The document states that it is accessible by "métro." (A), (B), and (D) are not means of transportation inside cities.

79. **(B)** They are not meeting after ("après") the show (A), or at 8:30 (C), which is the time of the show (D).

80. **(A)** The idiom "voir le jour" means to be born or, as in this case, to be created.

81. **(B)** It is mentioned in the first sentence.

82. **(B)** "Un Provençal né entre les deux centres faïenciers de Moustiers et Marseille."

83. **(D)** It is only when he was 72 years old that he recruited a partner.

84. **(C)** The initials HB come from the name of the founder, Bousquet, and that of his son-in-law, Hubaudière.

85. **(B)** "La faïencerie connaîtra une succession d'empreintes."

ANSWER SHEET
Practice Test 4

French Subject Test with Listening

1. Ⓐ Ⓑ Ⓒ Ⓓ
2. Ⓐ Ⓑ Ⓒ Ⓓ
3. Ⓐ Ⓑ Ⓒ Ⓓ
4. Ⓐ Ⓑ Ⓒ Ⓓ
5. Ⓐ Ⓑ Ⓒ Ⓓ
6. Ⓐ Ⓑ Ⓒ Ⓓ
7. Ⓐ Ⓑ Ⓒ Ⓓ
8. Ⓐ Ⓑ Ⓒ Ⓓ
9. Ⓐ Ⓑ Ⓒ Ⓓ
10. Ⓐ Ⓑ Ⓒ Ⓓ
11. Ⓐ Ⓑ Ⓒ Ⓓ
12. Ⓐ Ⓑ Ⓒ Ⓓ
13. Ⓐ Ⓑ Ⓒ Ⓓ
14. Ⓐ Ⓑ Ⓒ Ⓓ
15. Ⓐ Ⓑ Ⓒ Ⓓ
16. Ⓐ Ⓑ Ⓒ Ⓓ
17. Ⓐ Ⓑ Ⓒ Ⓓ
18. Ⓐ Ⓑ Ⓒ Ⓓ
19. Ⓐ Ⓑ Ⓒ Ⓓ
20. Ⓐ Ⓑ Ⓒ Ⓓ
21. Ⓐ Ⓑ Ⓒ Ⓓ
22. Ⓐ Ⓑ Ⓒ Ⓓ
23. Ⓐ Ⓑ Ⓒ Ⓓ
24. Ⓐ Ⓑ Ⓒ Ⓓ
25. Ⓐ Ⓑ Ⓒ Ⓓ
26. Ⓐ Ⓑ Ⓒ Ⓓ
27. Ⓐ Ⓑ Ⓒ Ⓓ
28. Ⓐ Ⓑ Ⓒ Ⓓ
29. Ⓐ Ⓑ Ⓒ Ⓓ

30. Ⓐ Ⓑ Ⓒ Ⓓ
31. Ⓐ Ⓑ Ⓒ Ⓓ
32. Ⓐ Ⓑ Ⓒ Ⓓ
33. Ⓐ Ⓑ Ⓒ Ⓓ
34. Ⓐ Ⓑ Ⓒ Ⓓ
35. Ⓐ Ⓑ Ⓒ Ⓓ
36. Ⓐ Ⓑ Ⓒ Ⓓ
37. Ⓐ Ⓑ Ⓒ Ⓓ
38. Ⓐ Ⓑ Ⓒ Ⓓ
39. Ⓐ Ⓑ Ⓒ Ⓓ
40. Ⓐ Ⓑ Ⓒ Ⓓ
41. Ⓐ Ⓑ Ⓒ Ⓓ
42. Ⓐ Ⓑ Ⓒ Ⓓ
43. Ⓐ Ⓑ Ⓒ Ⓓ
44. Ⓐ Ⓑ Ⓒ Ⓓ
45. Ⓐ Ⓑ Ⓒ Ⓓ
46. Ⓐ Ⓑ Ⓒ Ⓓ
47. Ⓐ Ⓑ Ⓒ Ⓓ
48. Ⓐ Ⓑ Ⓒ Ⓓ
49. Ⓐ Ⓑ Ⓒ Ⓓ
50. Ⓐ Ⓑ Ⓒ Ⓓ
51. Ⓐ Ⓑ Ⓒ Ⓓ
52. Ⓐ Ⓑ Ⓒ Ⓓ
53. Ⓐ Ⓑ Ⓒ Ⓓ
54. Ⓐ Ⓑ Ⓒ Ⓓ
55. Ⓐ Ⓑ Ⓒ Ⓓ
56. Ⓐ Ⓑ Ⓒ Ⓓ
57. Ⓐ Ⓑ Ⓒ Ⓓ
58. Ⓐ Ⓑ Ⓒ Ⓓ

59. Ⓐ Ⓑ Ⓒ Ⓓ
60. Ⓐ Ⓑ Ⓒ Ⓓ
61. Ⓐ Ⓑ Ⓒ Ⓓ
62. Ⓐ Ⓑ Ⓒ Ⓓ
63. Ⓐ Ⓑ Ⓒ Ⓓ
64. Ⓐ Ⓑ Ⓒ Ⓓ
65. Ⓐ Ⓑ Ⓒ Ⓓ
66. Ⓐ Ⓑ Ⓒ Ⓓ
67. Ⓐ Ⓑ Ⓒ Ⓓ
68. Ⓐ Ⓑ Ⓒ Ⓓ
69. Ⓐ Ⓑ Ⓒ Ⓓ
70. Ⓐ Ⓑ Ⓒ Ⓓ
71. Ⓐ Ⓑ Ⓒ Ⓓ
72. Ⓐ Ⓑ Ⓒ Ⓓ
73. Ⓐ Ⓑ Ⓒ Ⓓ
74. Ⓐ Ⓑ Ⓒ Ⓓ
75. Ⓐ Ⓑ Ⓒ Ⓓ
76. Ⓐ Ⓑ Ⓒ Ⓓ
77. Ⓐ Ⓑ Ⓒ Ⓓ
78. Ⓐ Ⓑ Ⓒ Ⓓ
79. Ⓐ Ⓑ Ⓒ Ⓓ
80. Ⓐ Ⓑ Ⓒ Ⓓ
81. Ⓐ Ⓑ Ⓒ Ⓓ
82. Ⓐ Ⓑ Ⓒ Ⓓ
83. Ⓐ Ⓑ Ⓒ Ⓓ
84. Ⓐ Ⓑ Ⓒ Ⓓ
85. Ⓐ Ⓑ Ⓒ Ⓓ
86. Ⓐ Ⓑ Ⓒ Ⓓ
87. Ⓐ Ⓑ Ⓒ Ⓓ

Practice Test 4: French Subject Test with Listening

AUDIO AND AUDIOSCRIPTS

The MP3 files and audioscripts for all listening segments can be found online at *barronsbooks.com/TP/SAT/French/*

SECTION I—LISTENING

Approximate time—20 minutes
Questions 1–33

Part A

Track 5

Directions: In this section, you will hear four sentences—(A), (B), (C), and (D). You will hear these sentences only once, and they will not be printed in your book. As you listen to the sentences, look carefully at the picture and select the sentence which best fits what is in the picture.

1.

2.

3.

4.

5.

6.

7.

8.

9.

10.

Part B

Directions: In this section, you will hear a series of short dialogues. These dialogues will not be printed in your book, and each dialogue will be said only once. For each selection, you will be asked one or two questions followed by three possible answers—(A), (B), and (C). These answers are not printed in your book. You will hear them only once. Listen carefully to the speaker and mark the correct answer on your answer sheet. You are now ready to begin.

Questions 11 through 22

Part C

Directions: In this section, you will hear a series of extended dialogues. These dialogues will not be printed in your book, and you will hear each only once. After listening to each dialogue, you will be asked several questions followed by four possible answers—(A), (B), (C), and (D). These questions are printed in your book. You will hear them only once. Select the best answer to the question from among the four choices printed in your book and blacken the space corresponding to the letter you have decided has the correct answer on your answer sheet. You are now ready to begin.

DIALOGUE 1

23. Qu'est-ce qui fait croire à Monsieur Delorme qu'ils se sont perdus ?

    (A) La route n'est pas indiquée.
    (B) Il a déjà vu ce pont.
    (C) Il a déjà vu cette maison.
    (D) Il voit les mêmes panneaux routiers.

24. Pourquoi Madame Delorme veut-elle s'arrêter devant la maison ?

    (A) Elle connaît les propriétaires.
    (B) Elle aimerait acheter la maison.
    (C) Cette maison lui rappelle des souvenirs.
    (D) Elle ne veut pas perdre son temps.

25. Comment Monsieur Delorme réagit-il à la suggestion de sa femme ?

    (A) Il n'est pas enthousiaste.
    (B) Il est tout à fait d'accord.
    (C) Il la trouve ridicule.
    (D) Il va la suivre immédiatement.

26. Qu'est-ce Monsieur Delorme aimerait faire ?

    (A) Utiliser le GPS
    (B) Demander son chemin ailleurs
    (C) Continuer à chercher le propriétaire
    (D) Trouver un panneau routier

DIALOGUE 2

27. Pourquoi Jean-Claude pense-t-il que le choix de Liliane n'est pas réaliste ?

    (A) Elle aime se coucher à la même heure tous les soirs.
    (B) Elle fait toujours la grasse matinée.
    (C) Elle n'est pas vraiment responsable.
    (D) Elle n'a jamais voyagé.

28. Quel est, selon Jean-Claude, l'aspect désagréable de la carrière que Liliane voudrait choisir ?

    (A) On ne voit jamais sa famille.
    (B) Il n'y a pas d'heures régulières.
    (C) C'est un travail dangereux.
    (D) On doit beaucoup s'exercer.

29. De quoi joue Jean-Claude depuis qu'il est tout petit ?

    (A) La musique rock
    (B) De la guitare
    (C) La musique de Mozart
    (D) Du piano

30. Quelle réaction peut-on anticiper de la part de Liliane à ce que dit Jean-Claude à la fin ?

    (A) La joie
    (B) La colère
    (C) L'admiration
    (D) La surprise

DIALOGUE 3

31. Pourquoi Louise pense-t-elle que Maurice est malade ?

    (A) Il ne conduit pas sa voiture.
    (B) Il a l'air fatigué.
    (C) Il a dormi jusqu'à minuit.
    (D) Il n'a pas fait ses devoirs.

32. Qu'est-ce que Maurice explique ?

    (A) Il n'a pas fini ses devoirs.
    (B) Il a fait des mauvais rêves.
    (C) Il a eu un accident de voiture.
    (D) Il s'est levé très tôt pour étudier.

33. Selon ce que Maurice raconte, qu'est-ce qu'il ne pouvait pas faire ?

    (A) Arrêter la voiture
    (B) Vérifier ses devoirs
    (C) Rouler à toute vitesse
    (D) Nager dans le lac

Time—40 minutes
Questions 34–87

Part A

Directions: This part consists of a series of incomplete statements followed by four possible answers. Among the four choices, select the answer that best fits the statement.

34. Je ne comprends pas pourquoi je n'ai pas obtenu ce _____.

    (A) procès
    (B) poste
    (C) examen
    (D) degré

35. On m'a dit que vous étiez malade, est-ce que vous _____ mieux maintenant ?

    (A) sentez
    (B) allez
    (C) portez
    (D) soignez

36. J'ai _____ parce que je n'ai pas bien dormi hier soir.

    (A) peur
    (B) froid
    (C) sommeil
    (D) mal

37. Nadine, ne regarde pas la télé _____ que tu fais tes devoirs !

    (A) lorsque
    (B) pour
    (C) cependant
    (D) pendant

38. Il est _____ et n'a pas l'intention de se marier.

    (A) célibataire
    (B) bachelier
    (C) sympathique
    (D) impatient

39. Nos idées sont tout à fait _____.

    (A) pareilles
    (B) mêmes
    (C) rassemblées
    (D) réduites

40. Serge ne s'est pas bien _____ devant les amis de ses parents.

    (A) porté
    (B) tenu
    (C) agi
    (D) répondu

41. Mes parents sont _____ de moi parce que j'ai gagné la course.

    (A) heureux
    (B) soucieux
    (C) fiers
    (D) réjouis

42. Il est bon de se reposer avant d'_____ un long voyage.

    (A) aller
    (B) apprendre
    (C) obtenir
    (D) entreprendre

> **Directions:** Each of the following incomplete sentences is followed by four choices. Select, among these choices, the one that forms a grammatically correct sentence. If (A) is followed by dashes, this means that, in order to form a grammatically correct sentence, no word needs to be inserted.

43. La moitié _____ Français boivent du café noir.

    (A) des
    (B) de
    (C) de la population
    (D) du

44. Est-ce que tu te souviens _____ nos vacances géniales ?

    (A) - - -
    (B) des
    (C) de
    (D) à

45. Je ne crois pas qu'ils _____ le faire.

    (A) peuvent
    (B) puissent
    (C) pouvons
    (D) pourrons

46. Philippe est _____ fort que Patrice.

    (A) aussi
    (B) autant
    (C) plutôt
    (D) le plus

47. Elle est heureuse _____ aller voir son grand-père.

    (A) - - -
    (B) après
    (C) d'
    (D) avec

48. Ces pommes sont _____ que les autres.

    (A) meilleures
    (B) bonnes
    (C) mieux
    (D) moins

49. _____ s'est passé hier ?

    (A) Qui
    (B) Qu'est-ce qui
    (C) Qui est-ce qui
    (D) Qu'est-ce que

50. _____ coûte cette robe ? Cent euros.

    (A) Qu'est-ce qui
    (B) Qui
    (C) Comment
    (D) Combien

51. Je trouve que cette idée est très _____.

    (A) mal
    (B) mieux
    (C) mauvaise
    (D) meilleure

Part C

> **Directions:** The following paragraphs contain some blank spaces. Choose, among the four answers that accompany each blank, the one that best completes the sentence, either for the meaning or for the grammar. In some instances, the first answer (A) may only have dashes, indicating that no insertion is necessary to form a grammatically correct sentence.

Le problème de Sophie, c'est qu'elle oublie toujours de recharger ___(52)___ nouveau portable. On a beau ___(53)___ dire, elle ne fait ___(54)___ effort. L'autre jour sa voiture est ___(55)___ en panne sur une petite ___(56)___ de campagne. Désespérée, elle a essayé ___(57)___ appeler son copain chez lui. Mais, vous l'avez ___(58)___ , elle n'a pas pu se servir de son téléphone qui n'était pas chargé !

52. (A) - - -
    (B) son
    (C) à
    (D) par

53. (A) lui la
    (B) le lui
    (C) la lui
    (D) lui les

54. (A) pas
    (B) jamais
    (C) aucun
    (D) nulle

55. (A) tombée
    (B) allée
    (C) arrivée
    (D) arrêtée

56. (A) chemin
    (B) avenue
    (C) route
    (D) autoroute

57. (A) - - -
    (B) d'
    (C) à
    (D) y

58. (A) deviné
    (B) eu
    (C) connu
    (D) appris

Si Marie _____(59)_____ qu'elle aurait une si mauvaise note _____(60)_____ l'examen de maths, elle aurait étudié beaucoup _____(61)_____ sérieusement, au lieu de _____(62)_____ son temps à regarder la télévision. Depuis que ses parents _____(63)_____ ce téléviseur à écran géant, elle est toujours _____(64)_____ la "boîte magique" comme _____(65)_____ appelle son petit frère. _____(66)_____ elle a reçu sa note, elle s'est mise à _____(67)_____ tristement. Mais, que voulez-vous, c'est si _____(68)_____ , la télévision ! Après tout, son père, _____(69)_____ aussi, est toujours collé _____(70)_____ "petit écran" (qui n'est pas si petit !!!)

59. (A) savait
    (B) saurait
    (C) avait su
    (D) aurait su

60. (A) sur
    (B) à
    (C) dans
    (D) au

61. (A) plus
    (B) très
    (C) aussi
    (D) tant

62. (A) dépenser
    (B) prendre
    (C) occuper
    (D) passer

63. (A) ont acheté
    (B) achètent
    (C) achetaient
    (D) achèteraient

64. (A) avant
    (B) sur
    (C) près
    (D) devant

65. (A) s'
    (B) lui
    (C) t'
    (D) l'

66. (A) Dès
    (B) Quand
    (C) Depuis
    (D) Après

67. (A) pleuvoir
    (B) crier
    (C) pleurer
    (D) plaindre

68. (A) tentant
    (B) frappant
    (C) touchant
    (D) étouffant

69. (A) lui
    (B) l'
    (C) elle
    (D) il

70. (A) du
    (B) à côté
    (C) en face
    (D) au

Part D

Directions: Read the following passages and documents very carefully for comprehension. Each one is followed by an incomplete statement or a question. Choose, among the four answers that follow, the completion or the answer that best applies, according to the text.

Horaire des CFF (chemins de fer fédéraux)
← Moutier—Sonceboz—Biel/Bienne 👁

Station	an/arr	RE	🚲②	🚲②	RE	🚲②	🚲②	RE	🚲②	🚲②	RE
Solothurn					14.32			15.32			16.32
Moutier	an/arr				15.04			16.04			17.04
Basel SBB					14.03			15.03			16.03
Delémont					14.42			15.42			16.42
Moutier	an/arr				14.51			15.51			16.51
Moutier					15.17			16.17			17.17
Court					15.23			16.23		Ⓐ17.02	17.23
Sorvilier					15.25			16.25		|	17.25
Malleray-Blévil	an/arr				15.29			16.29		17.06	17.29
Malleray-Blévil			15.06		15.30	16.06		16.30	©17.06	17.07	17.30
Pontenet			15.08		15.32	16.08		16.32	17.08	|	17.32
Reconvilier			15.10		15.34	16.10		16.34	17.10	17.10	17.34
Tavannes			15.17		15.42	16.17		16.42	17.17	17.17	17.42
Sonceboz-Somb.	an/arr		15.24		15.49	16.24		16.49	©17.24	Ⓐ17.24	17.49
Sonceboz-Somb.		14.51		15.29	15.51		16.29	16.51		17.29	
La Heutte		14.55			15.55			16.55			
Reuchenette-Péry		14.59			15.59			16.59			
Frinvillier-Taubenloch		15.02			16.02			17.02			
Biel/Bienne	an/arr	15.09		15.41	16.09		16.41	17.09		17.41	
Biel/Bienne		15.15		15.45	16.15		16.45	17.15		17.45	
Zürich HB	an/arr	16.30		16.56	17.30		17.56	18.30		18.56	
Biel/Bienne		15.21		15.51	16.21		16.51	17.21		17.51	
Bern	an/arr	15.48		16.18	16.48		17.18	17.48		18.18	

Ⓐ Montage – Freitag, ohne allg. Feiertage   Ⓐ *Lundi – vendredi, sauf fêtes générales*
© Samstag, Sonntag, uund allg. Feiertage   © *samedi, dimanche, et fêtes générales*
② Nur 2. Klasse   ② *seulement 2e classe*

71. De quel horaire s'agit-il dans ce document ?

   (A) D'un horaire d'autocar
   (B) D'un horaire de train
   (C) D'un horaire d'avion
   (D) D'un horaire de bateau

72. Philippe veut aller de Zürich à Moutier samedi soir. Que doit-il faire ?

   (A) Il doit demander plus de renseignements à la gare.
   (B) Il doit prendre le train direct de 18h18.
   (C) Il doit changer de train à Sonceboz-Somb.
   (D) Il doit prendre un taxi à Court parce que le train s'arrête là.

73. Combien de possiblités y a-t-il pour aller de Malleray-Bévilard à Bienne le dimanche ?

   (A) Trois
   (B) Quatre
   (C) Cinq
   (D) Six

74. Monsieur et Madame Richard voyagent toujours en première classe. A quelle heure devront-ils quitter Pontenet pour aller à La Heutte lundi matin ?

   (A) Les voyages du matin ne sont pas indiqués sur cet horaire.
   (B) Les voyages en première classe ne sont pas indiqués sur cet horaire.
   (C) 15h06, 16h06, ou 17h06
   (D) 15h32 ou 16h32

Le Festival international Nuits d'Afrique de Montréal célèbre depuis plus de 30 ans la richesse artistique et musicale de ce côté de
Line l'Atlantique et de l'autre, d'origine africaine,
(5) antillaise et sud-américaine.

Depuis ses débuts au Club Balattou en juillet 1987, cet événement n'a cessé de prendre de l'ampleur. Cette année, les quelques 700 artistes venus de 35 pays
(10) différents s'y sont produits dans le centre-ville, en salle ou à l'extérieur, comme chaque année pendant une quinzaine de jours en juillet. Le Village Nuits d'Afrique a même offert 6 jours de concerts et d'activités
(15) gratuits à un public nombreux et ravi. Le Festival a aussi récompensé Manu Dibango avec le premier Prix Nuits d'Afrique pour la Francophonie, spécialement créé pour la trentième édition du Festival, et une manière
(20) d'y reconnaître cet artiste camerounais de langue française.

Le Festival international Nuits d'Afrique de Montréal est un événement à ne pas manquer pour les fans des musiques du
(25) monde !

75. Dans ce passage, il s'agit d'un événement artistique qui . . .

(A) rassemble des artistes venus du monde entier.
(B) a lieu en Amérique du Nord.
(C) est tenu à Québec chaque année.
(D) où tout est gratuit.

76. Depuis 1987, le festival . . .

(A) a grandi.
(B) se produit au Club Balattou.
(C) se produit à l'extérieur.
(D) a lieu en salle.

77. Ce festival s'adresse . . .

(A) aux jeunes de la région.
(B) à tous les fans d'artistes africains.
(C) à tous ceux qui aiment la musique traditionnelle.
(D) aux fans de musiques internationales.

78. Cet événement offre aussi . . .

(A) des prix aux artistes.
(B) des prix au public.
(C) des cadeaux aux enfants.
(D) des entrées gratuites au Club Balattou.

79. Manu Dibango est . . .

(A) un artiste nord-africain.
(B) un artiste français.
(C) un chanteur québécois.
(D) un artiste francophone.

Le train s'arrêta après un parcours de 300 kilomètres. Nous étions dans un petit village, en pleine campagne, et quelques
Line passagers descendirent. J'avais l'intention
(5) de continuer mon voyage, mais pour une raison que je ne peux comprendre moi-même, je décidai de m'attarder quelques jours dans cet endroit pittoresque. Une famille, ou du moins je crois qu'il s'agissait
(10) d'une famille, attendait visiblement un des passagers et sitôt qu'il descendit du train, ce furent des embrassades, des effusions, des questions qui restaient sans réponse parce qu'elles se suivaient sans interruption. Quel
(15) plaisir de voir cette affection sans bornes ! A ce moment-là, un autre passager descendit. Personne ne l'attendait, lui. Il semblait chercher quelqu'un, il avait l'air déçu parce qu'on n'était pas venu le recevoir. Il regarda
(20) à gauche, puis à droite, consulta sa montre nerveusement, puis, haussant les épaules, se dirigea vers la porte de la gare. A ce moment, une voix féminine se fit entendre:
— Guy ! Guy !
(25) Il se retourna et son visage s'éclaira quand il vit la jeune femme s'avancer vers lui.
— Je m'excuse, je m'excuse ... mais j'ai eu une panne en chemin, j'avais tellement peur de ne pas arriver à temps !
(30) Heureusement que tu m'as attendue !

80. Le mot "parcours" signifie ...

(A) distance.
(B) changement.
(C) course.
(D) montée.

81. Pourquoi le narrateur est-il descendu du train ?

(A) Il était fatigué.
(B) Il ne le savait pas lui-même.
(C) Une amie l'attendait.
(D) Sa famille l'attendait.

82. D'après ce texte, il est évident que le mot "effusions" se rapporte à ...

(A) la joie du narrateur.
(B) l'accueil que le premier passager a reçu.
(C) la surprise de la famille qui attendait.
(D) la déception du narrateur.

83. A la fin du premier paragraphe, les actions du deuxième passager reflètent ...

(A) la déception.
(B) la colère.
(C) la patience.
(D) la joie.

84. La jeune fille était en retard parce qu'elle ...

(A) avait oublié l'heure d'arrivée du train.
(B) avait eu un accident.
(C) s'était trompée de chemin.
(D) avait eu des problèmes de voiture.

85. A la fin de ce passage, la jeune fille semble être ...

(A) rassurée.
(B) inquiète.
(C) malheureuse.
(D) optimiste.

Vous souffrez d'insomnies ? Vous êtes toujours fatigués pendant la journée ? Vous avez consulté votre médecin et celui-ci
Line vous a dit que vous n'aviez rien de grave ?
(5) Il est fort possible que votre problème soit . . . votre matelas !

Pour votre bien-être, Batelle a créé des matelas à partir de produits naturels vous permettant de retrouver le confort et la
(10) douceur que vous méritez bien après une longue journée de travail. Nos matelas, ni trop fermes ni trop souples, se plient à tous les mouvements tout en soutenant la colonne vertébrale. Batelle, l'ami du
(15) marchand de sable, vous aidera à retrouver votre sommeil d'enfant !

86. Cette publicité s'adresse à . . .

(A) ceux qui ont des enfants.
(B) des médecins.
(C) ceux qui dorment mal.
(D) des marchands.

87. Toutes les caractéristiques suivantes sont mentionnées SAUF . . .

(A) la fermeté du matelas.
(B) le repos du client.
(C) les produits utilisés.
(D) la durabilité du matelas.

SCORING

Listening

Once you have taken the practice test, compare your answers with those given in the Answers Explained section on page 198.

1. Count the number of correct answers for questions 1 through 10 and 23 through 33 and mark the total here _____
2. Count the number of incorrect answers for these two sections _____
3. Divide the total number of incorrect answers by 3 and mark the result here _____
4. Subtract (3) from (1) and mark the result here _____
5. Count the number of correct answers for questions 11 through 22 and mark the total here _____
6. Count the number of incorrect answers for questions 11 through 22 and mark the total here _____
7. Divide the number obtained in (6) by 2 and mark the result here _____
8. Subtract the amount obtained in (7) from that in (5) and mark the result here _____
9. Add the result from (8) to the result from (4) and enter the number here _____
10. Round the number from (9) to the nearest whole number _____

The number obtained in (10) is your raw Listening subscore.

Reading

1. Count the number of correct answers for questions 34 through 87 and mark the total here _____
2. Count the number of incorrect answers and mark the total here _____
3. Divide the number from (2) by 3 and mark the total here _____
4. Subtract (3) from (1) and mark the result here _____
5. Round the number obtained in (4) to the nearest whole number _____

The number obtained in (5) is your raw Reading subscore.

Raw Composite Score

1. Divide your unrounded Listening subscore by 1.3164 _____
2. Add your unrounded Reading subscore _____
3. Round the result obtained to the nearest whole number _____

The number obtained in (3) is your Raw Composite Score.

To help you evaluate your approximate scaled score, please consult the following table. However, remember that these scores are approximate and may vary slightly from test to test.

Raw Composite Score	Scaled Score
75 to 87	800
61 to 74	710 to 790
49 to 60	640 to 700
39 to 48	590 to 630
28 to 38	540 to 580
20 to 27	500 to 530
–1 to 19	380 to 490
–13 to –2	310 to 370
–28 to –14	220 to 300

ANSWER KEY
Practice Test 4

French Subject Test with Listening

1. **C**		31. **B**		61. **A**
2. **C**		32. **B**		62. **D**
3. **A**		33. **A**		63. **A**
4. **B**		34. **B**		64. **D**
5. **A**		35. **B**		65. **D**
6. **A**		36. **C**		66. **B**
7. **C**		37. **D**		67. **C**
8. **B**		38. **A**		68. **A**
9. **C**		39. **A**		69. **A**
10. **B**		40. **B**		70. **D**
11. **B**		41. **C**		71. **B**
12. **C**		42. **D**		72. **A**
13. **B**		43. **A**		73. **C**
14. **C**		44. **C**		74. **A**
15. **A**		45. **B**		75. **B**
16. **B**		46. **A**		76. **A**
17. **C**		47. **C**		77. **D**
18. **B**		48. **A**		78. **A**
19. **B**		49. **B**		79. **D**
20. **A**		50. **D**		80. **A**
21. **A**		51. **C**		81. **B**
22. **B**		52. **B**		82. **B**
23. **B**		53. **B**		83. **A**
24. **C**		54. **C**		84. **D**
25. **A**		55. **A**		85. **A**
26. **A**		56. **C**		86. **C**
27. **A**		57. **B**		87. **D**
28. **B**		58. **A**		
29. **D**		59. **C**		
30. **D**		60. **B**		

ANSWERS EXPLAINED

1. **(C)** The student who is sitting on the desk is not reading (A), he is not holding a book (B), and he is not smiling at the two girls in front of him (D).

2. **(C)** The room is dark, so (A) is impossible. (B) is wrong because the picture shows sheets on the bed. (D) is incorrect since the person is asleep.

3. **(A)** Since the first student is pointing to something, he is obviously asking or stating something. It is a book, not a test (B); there are no pictures on that page (C); and neither student is writing (D).

4. **(B)** They are obviously trying to win the race, so we can assume they are not going to work (A). The woman is not wearing a helmet, so (C) is incorrect. The woman is wearing pants, not shorts, so (D) is incorrect.

5. **(A)** The palm trees are pushed by the wind. None of the other answers describe this picture.

6. **(A)** The lady in front is holding a camera; she is looking at something, so she might want to take a picture. It cannot be (B) because the tourists are not getting off cars, we don't see people crossing the street so it isn't (C), and not all of the passengers wear glasses (D).

7. **(C)** The woman is admiring a rug. She is not buying herself a new dress because she is not in a clothing store, as seen by her surroundings. So (A) is incorrect. She is not admiring teapots. So (B) is incorrect. There is no evidence that the woman wants to buy armchairs. So (D) is incorrect as well.

8. **(B)** The young woman is on the second floor with her back to the escalator; therefore, she must just have arrived there. None of the other answers apply to this picture.

9. **(C)** The little boy is hiding behind the tree. He isn't running (A), the older boy did not catch him (B), and he isn't climbing the tree (D).

10. **(B)** "Sur" means on top of (A), "sous" means under (C), and "derrière" means behind (D). So these answers are all incorrect.

11. **(B)** Corinne's alarm clock did not ring. There is no mention here of her not finding her books (A) and she did not eat breakfast (C).

12. **(C)** Corinne realizes she forgot her books. She is late so (A) is incorrect. The teacher never says that he'll punish her (B).

13. **(B)** The speaker says that it was created for high school students.

14. **(C)** The speaker says that the students can ask questions or give suggestions. There is no mention about drawings done by students (A) or tools designed by them (B).

15. **(A)** Philippe says that he is hurt because Nathalie did not tell him that she was engaged. (B) is incorrect because there is no mention about Philippe being engaged, and since Nathalie isn't married, (C) is also incorrect.

16. **(B)** Nathalie mentions that she will certainly become engaged in a few weeks. The two other answers do not apply.

17. **(C)** The woman advises those who work in an office to do their exercises while sitting down, not to get up several times a day (A) nor to go to a club (B).

18. **(B)** (A) is tempting, but the speaker says that the colleagues will look at them strangely, not make fun of them. The colleagues will not say anything (C), but they will end up doing like them.

19. **(B)** The only number mentioned is the flight number; therefore, (A) is incorrect. There is no mention of their own neighbor, just of their aunt's neighbor (C).

20. **(A)** The aunt needs the flight number. They do not need to talk to Yvette (B), and they don't need to know the weather (C).

21. **(A)** He says, "On peut bien voir le pays." He states that he isn't afraid of flying (B), and he never mentions his love of driving (C).

22. **(B)** She hates having to pay at the toll booths and for the gasoline. The other choices are never mentioned.

23. **(B)** The husband remembers having seen the bridge. The other answers are not mentioned there.

24. **(C)** When seeing the house, Denise remembers "la maison où j'habitais quand on s'est connus." She doesn't know the owners (A), nor does she want to buy the house (B) and there is no mention of wasting time (D).

25. **(A)** The husband says, "Cette maison-là ou une autre, ça m'est égal." He really doesn't care, so there is no enthusiasm there. Therefore, the other options do not apply.

26. **(A)** He is asking to use the GPS, which means he wants to check the way. No mention is made of asking elsewhere (B), looking for the owner of the house (C), or looking for a road sign (D).

27. **(A)** She goes to bed before ten o'clock every evening. She says that she doesn't sleep late now so (B) is incorrect. Jean-Claude says that she is very responsible, so (C) doesn't apply. There is no mention of her never having traveled, so (D) is incorrect.

28. **(B)** Jean-Claude states, "Cela exige des heures de travail irrégulières." None of the other choices fit.

29. **(D)** Jean-Claude has been playing the piano since he was six years old.

30. **(D)** Liliane expects Jean-Claude to play with the symphony. She says, "C'est parfait pour toi," so when Jean-Claude says he wants to play in a rock group, it is evident that she will be surprised.

31. **(B)** She says to Maurice, "Tu as vraiment mauvaise mine. Tu es malade ?" (A) would apply only in his dream; (C) is incorrect because he went to bed late; therefore, "il a dormi jusqu'à minuit" is wrong. And because he did do his homework, (D) doesn't apply.

32. **(B)** Maurice had a nightmare. Because he did his homework, (A) is incorrect. (C) is tempting, but the accident was in a dream, not in real life, and there is no mention at all about getting up early to study (D).

33. **(A)** In his dream, he tried to hit the brakes, but nothing happened. This is the only plausible answer.

34. **(B)** The person doesn't understand why he/she did not get the job. (A) means trial, (C) requires "cet" because the word begins with a vowel, and (D) is a false cognate. In French "degré" means step (hierarchy), degree (as in temperature), but never diploma.

35. **(B)** The idiom is "aller mieux." The three other choices would apply only as reflexive verbs.

36. **(C)** The person is sleepy because of lack of sleep the previous night. It is the only possible answer.

37. **(D)** Nadine is not supposed to watch television while doing her homework. (A) would be correct if not followed by "que," (B) requires a subjunctive, and (C) means however and is therefore incorrect.

38. **(A)** The word for bachelor in French is "célibataire." (B) is a false cognate and means a student who has a baccalaureate degree. (C) and (D) are not logical in this context.

39. **(A)** "Pareilles" means similar. In order to be correct, (B) would have to be preceded by "les." (C) means to gather together, and (D) means reduced.

40. **(B)** "Se tenir bien" means to behave well. (A) as a reflexive, refers to health, and doesn't fit here. (C) as a reflexive means to be about, and (D) as a reflexive means answer oneself.

41. **(C)** The narrator's parents are proud of him/her for having won the race. (A) is tempting but cannot apply because it is followed by "de." (B) means worried, and (D) would apply as a reflexive verb in the present tense, and without the "de" afterward ("Mes parents se réjouissent parce que . . .").

42. **(D)** "Entreprendre" means to undertake. (A) is grammatically wrong here. (B) and (C) are not logical.

43. **(A)** Unlike most expressions of quantity in French, "la moitié" takes "des," not "de."

44. **(C)** The verb "se souvenir" requires the preposition "de."

45. **(B)** When used in the negative form, the verb "croire" requires the subjunctive form of the verb after "que."

46. **(A)** "Aussi" is the only possible word in this list that can be used in a comparison with the adjective "fort."

47. **(C)** The preposition "de" is used after an adjective such as "heureuse" and before a verb in the infinitive form.

48. **(A)** This is a comparative of superiority, and "pommes" is a feminine plural word; therefore, an adjective is required. (B), while being an adjective, is not a comparative; (C) is an adverb; and (D) would have to be followed by an adjective ("moins bonnes").

49. **(B)** Since the interrogative expression is the subject of the verb "se passer," it must be used with "qui." Because "se passer" means to happen, (A) meaning who is incorrect and the same goes for (C). (D) is wrong because it is the object of the verb.

50. **(D)** A price is requested; this is the only possible answer.

51. **(C)** An adjective is required here, so both (A) and (B) can be omitted. (D) is wrong because it is a comparative.

52. **(B)** (A), (C), and (D) are grammatically incorrect.

53. **(B)** The object pronoun "le" comes before "lui"; therefore (A) is incorrect. It is masculine because it is referring to a cell phone, so (C) is incorrect. (D) is in the plural, so it too is incorrect.

54. **(C)** (A) and (B) would apply if followed by "d'." (D) is wrong because it is in the feminine, and "effort" is a masculine word.

55. **(A)** It is idiomatic ("tomber en panne").

56. **(C)** (A) is incorrect because it is a masculine word. (B) and (D) refer to a very large city street and a highway, not to a country road.

57. **(B)** The verb "essayer" requires "de" or "d'" before another verb in the infinitive.

58. **(A)** "Deviner" means to guess. (B) is incorrect because it is the past participle of the verb "avoir." (C) is the past participle of the verb "connaître," which means to know a person or a place and doesn't fit here. (D) is not logical in this context.

59. **(C)** This is a conditional sentence, the second part of which is in the past conditional ("aurait su"); therefore, the only possible answer is the pluperfect "avait su."

60. **(B)** The preposition "à" must be used before "l'examen," whereas in English one gets a grade on the exam. It is the only possible answer.

61. **(A)** She would have studied much more seriously. (B) would be correct if not preceded by "beaucoup." (C) and (D) also cannot be used after "beaucoup."

62. **(D)** It is idiomatic; "passer son temps" means to spend one's time.

63. **(A)** After "Depuis que," when an action is completed in the past, one can only use the passé composé. (B) can only be correct for a repeated action in the present (as in "depuis que je vais à l'école," which means since you are still going to school). (C) can only apply if the action is not completed, and (D), being in the conditional, cannot be used after "depuis que."

64. **(D)** She is always before or in front of the television set. (A) "Avant" means before in time (as in "avant l'école"). (B) would imply that she is sitting on top of the television set, and (C) requires "de" after "près."

65. **(D)** The little brother calls it (meaning the television) a magic box. (A) would infer that it's the little brother who is the magic box. (B) is an indirect object pronoun and is therefore incorrect. (C) means calls you, so it is incorrect also.

66. **(B)** All of the other answers require "qu'."

67. **(C)** "Pleurer" means to cry. (A) means to rain. (B) means to shout. Because it is followed by "tristement" (sadly), it doesn't fit. (D) means to pity or feel sorry for someone.

68. **(A)** Television is tempting. (B), which means striking, (C), which means touching, and (D), which means stifling, do not apply here.

69. **(A)** Because a stress pronoun is needed here, it is the only possible answer. (C) is also a stress pronoun but it cannot be used here because it is feminine.

70. **(D)** The verb "coller" (to stick) requires "à" afterward; therefore, it is the only possible answer.

71. **(B)** The document includes "chemins de fer," meaning railroad.

72. **(A)** This schedule does not show trains going in that direction. So (B), (C), and (D) are all incorrect.

73. **(C)** The schedule shows 5 possibilities. So (A), (B), and (D) are wrong.

74. **(A)** This schedule does not show morning travel. So (B), (C), and (D) are not correct.

75. **(B)** This event takes place in North America. (A) is incorrect because artists do not come from all over the world ("du monde entier"), only from the regions mentioned. (C) does not work because the festival does not take place in Québec city. It takes place in Montréal. (D) is incorrect as well because only a few events are free.

76. **(A)** Since 1987, it is true that the festival has grown. Although this club is the origin of the festival, all the artists do not present there. So (B) is incorrect. (C) and (D) are incorrect as well because they are only two of all the locations.

77. **(D)** This festival is, in fact, aimed at fans of international music. (A) is wrong because the festival is for all audiences, not only for the youth of the area. (B) does not work because there are South American artists there as well, not just African artists. (C) is incorrect because there are all kinds of music, not just the traditional kind.

78. **(A)** Since Manu Dibango was awarded a prize, (A) is the correct answer. (B), (C), and (D) are activities that were not mentioned in the text.

79. **(D)** Although originally from Africa, Manu Dibango sings in French. He is not said to be from North Africa (A), France (B), or Québec (C).

80. **(A)** It is the distance the train covered.

81. **(B)** The narrator does say, "pour une raison que je ne peux comprendre moi-même."

82. **(B)** He did not know anyone there, so he watched as the first passenger met his family, who were obviously very excited to see him.

83. **(A)** The second passenger was expecting someone to be there, but there was no one, so he was disappointed ("il avait l'air déçu").

84. **(D)** She says to him, "J'ai eu une panne en chemin."

85. **(A)** The young woman was worried, but then says "heureusement que tu m'as attendue."

86. **(C)** The first sentence talks about insomnia. (A) is incorrect because it has nothing to do with people who have children. (B) is wrong because it isn't targeting doctors, and (D) is wrong because this is not mentioned at all.

87. **(D)** There is no mention of the durability of the mattress.

PRACTICE TEST 4—FRENCH SUBJECT TEST WITH LISTENING

Section I—Listening Script

Part A

> **Track 5** **Directions:** In this section, you will hear four sentences—(A), (B), (C), and (D). You will hear these sentences only once, and they will not be printed in your book. As you listen to the sentences, look carefully at the picture and select the sentence which best fits what is in the picture.

(Below is the script for all of the sentences that you heard, but didn't see, for all of the pictures in Part A. Use this script to help you diagnose any potential errors you may have made while listening. Remember that on the actual exam, the written script will not be provided for you.)

1. (A)   Il lit attentivement.
   (B)   Son livre est intéressant.
   (C)   Il regarde quelqu'un.
   (D)   Il sourit aux deux jeunes filles.

2. (A)   La lumière est allumée.
   (B)   Il n'a pas besoin de draps.
   (C)   Il dort sous sa couverture.
   (D)   Il n'a pas sommeil.

3. (A)   Est-ce que tu as compris cette explication ?
   (B)   Cet examen est vraiment difficile.
   (C)   Il y a trop de photos dans ce livre.
   (D)   Je n'arrive pas à écrire avec ce stylo.

4. (A)   Ils sont pressés d'arriver au travail.
   (B)   Ils font beaucoup d'efforts pour gagner.
   (C)   Ils portent tous des casques.
   (D)   Ils portent tous un short.

5. (A)   Il y a beaucoup de vent.
   (B)   Il y a beaucoup de monde.
   (C)   Il y a beaucoup de fleurs.
   (D)   Il y a beaucoup de parapluies.

6. (A)   Tiens ! Je vais prendre une photo !
   (B)   Les touristes descendent de leurs voitures.
   (C)   Les gens traversent la rue.
   (D)   Tous les passagers portent des lunettes.

7. (A) La dame s'achète une nouvelle robe.
   (B) Elle admire les théières.
   (C) La dame admire un tapis.
   (D) Elle veut acheter des fauteuils.

8. (A) Les gens montent au deuxième étage.
   (B) La jeune fille vient d'arriver au deuxième étage.
   (C) Les enfants sont sur l'escalateur.
   (D) Il y a du monde aujourd'hui.

9. (A) Le petit garçon court dans le jardin.
   (B) Le grand garçon a attrapé son petit frère.
   (C) Le petit garçon se cache derrière l'arbre.
   (D) Le petit garçon grimpe dans l'arbre.

10. (A) Le garçon est sur l'ordinateur.
    (B) Le garçon est à l'ordinateur.
    (C) Le garçon est sous l'ordinateur.
    (D) Le garçon est derrière l'ordinateur.

Part B

Directions: In this section, you will hear a series of short dialogues. These dialogues will not be printed in your book, and each dialogue will be said only once. For each selection, you will be asked one or two questions followed by three possible answers—(A), (B), and (C). These answers are not printed in your book. You will hear them only once. Listen carefully to the speaker and mark the correct answer on your answer sheet. You are now ready to begin.

(Below is the script for all of the short dialogues and their respective questions that you heard, but didn't see, for all of Part B. Use this script to help you diagnose any potential errors you may have made while listening. Remember that on the actual exam, the written script will not be provided for you.)

Corinne	Oh, Madame, je . . . je suis désolée, mais ce matin, mon réveil n'a pas sonné et mes parents pensaient que j'étais déjà réveillée . . . et enfin, maman est venue dans ma chambre . . . et, enfin, j'ai essayé de m'habiller très vite . . . et je n'ai même pas pris mon petit déjeuner parce que je n'avais pas le temps !
Le prof	Ça va Corinne ! Va t'asseoir tout de suite et sors tes livres.
Corinne	Mes livres ? Oh, non, je les ai oubliés !

11. Pourquoi Corinne est-elle en retard ?

   (A) Elle ne trouvait pas ses livres.
   (B) Son réveil n'a pas sonné.
   (C) Elle prenait son petit-déjeuner.

12. Qu'est-ce que Corinne découvre à la fin ?

   (A) Elle n'est pas en retard.
   (B) Son prof va la punir.
   (C) Elle n'a pas ses livres.

Male Voice   Le magazine "Toujours Prêts", vivant et moderne, a été conçu spécialement pour les lycéens et lycéennes. C'est un outil d'apprentissage unique en son genre, avec des articles écrits par des professeurs, sur tous les sujets enseignés au lycée. La page intitulée "C'est votre tour" permet aux élèves soit d'envoyer des questions, soit d'envoyer des suggestions à d'autres jeunes de leur âge ou même aux professeurs. Les articles, variés et accompagnés d'illustrations intéresseront toute la famille. Agréable et stimulant, le magazine "Toujours Prêts" est un outil indispensable. Consultez notre site internet à "Toujoursprets.com" pour tous renseignements.

13. A qui est destiné le magazine "Toujours Prêts" ?

   (A) Aux professeurs de lycée
   (B) Aux élèves de lycée
   (C) Aux parents

14. Qu'est-ce que les lecteurs peuvent faire ?

   (A) Faire des illustrations
   (B) Créer des outils
   (C) Poser des questions

Male Speaker   Salut Nathalie. Dis, je viens d'apprendre que tu t'es fiancée . . . et je suis surpris et un peu blessé que tu ne me l'aies pas dit !

Female Speaker   Oh Philippe, non . . . enfin, Jacques et moi, nous avons l'intention de nous marier et on va certainement se fiancer d'ici quelques semaines. Tu sais bien que si je m'étais fiancée, tu aurais été un des premiers à le savoir !

15. Pourquoi Philippe n'est-il pas content ?

   (A) Il pense que Nathalie lui cache quelque chose.
   (B) Il a découvert que sa fiancée est blessée.
   (C) Il n'a pas été invité au mariage de son amie.

16. Qu'est-ce que Nathalie va faire ?

   (A) Elle va épouser Philippe.
   (B) Elle va se fiancer dans quelques temps.
   (C) Elle s'est fiancée il y a quelques semaines.

Female Speaker   Alors mes amis, vous voulez vous sentir mieux ? Ne restez pas toute la journée assis à votre bureau sans bouger. Etirez-vous, détendez-vous, levez les bras et respirez fort. Faites cela plusieurs fois par jour. Vous pouvez même vous servir de votre chaise ou de votre fauteuil pour faire des exercices. Tendez les jambes puis pliez-les plusieurs fois de suite. Si vous aimez la natation, faites comme si vous nagiez tout en étant assis . . . et si vos collègues de bureau vous lancent des regards étranges, dites-leur de faire comme vous. Ils finiront par vous imiter et tout le monde se sentira beaucoup mieux.

17. Qu'est-ce que la femme conseille à ceux qui travaillent dans un bureau ?

   (A)   De se lever plusieurs fois par jour
   (B)   De faire des excercices au club
   (C)   De faire des exercices assis

18. Qu'est-ce que les collègues de ces gens feront ?

   (A)   Ils se moqueront d'eux.
   (B)   Ils les imiteront.
   (C)   Ils leur diront de finir leur travail.

Male Voice Message   Nous ne sommes pas disponibles en ce moment. Veuillez laisser un message et nous vous rappellerons dès que possible. Merci et à bientôt.

Female Voice   Allô ? Francis et Renée ? C'est tante Odette. Je vous appelle pour vous dire que l'on prévoit un temps magnifique pour la semaine prochaine, donc n'oubliez pas d'apporter vos maillots de bain. On ira à la plage. Oh, et . . . surtout, rappelez-nous pour me donner le numéro et l'heure d'arrivée de votre vol. Comme je ne conduis pas, c'est ma voisine Yvette, que vous connaissez bien qui viendra vous chercher, alors, rappelez bien vite ! Je vous attends impatiemment !

19. Qu'est-ce que Francis et Renée ne doivent pas oublier ?

   (A)   Le numéro de leur tante
   (B)   Leurs maillots de bain
   (C)   L'arrivée de leur voisine

20. Pourquoi doivent-ils rappeler leur tante ?

   (A)   Pour lui donner des renseignements
   (B)   Pour parler à Yvette
   (C)   Pour savoir quel temps il fera

Male Speaker   Tu sais Pierrette, moi, je n'aime pas voyager en avion . . . oh, ce n'est pas que j'ai peur, c'est simplement que, pour aller dans une ville qui n'est pas trop loin d'ici, j'aime mieux prendre la voiture. C'est moins cher, on peut bien voir le pays, on peut s'arrêter quand on veut et profiter des bons petits restaurants de campagne.

Female Speaker	Oui, c'est vrai . . . mais tu sais, ce que je déteste, lorsque l'on voyage en voiture, ce sont les autoroutes à péage, il faut s'arrêter et payer souvent deux ou trois fois . . . et l'essence ? Tout ça coûte cher !

21. Pourquoi l'homme qui parle préfère-t-il voyager en voiture ?

    (A)   Il aime découvrir de beaux endroits.

    (B)   Il a peur des voyages en avion.

    (C)   Il aime beaucoup conduire.

22. Selon la femme, quel est l'inconvénient des voyages en voiture ?

    (A)   Ils sont en général très fatigants.

    (B)   Il faut dépenser plus d'argent pour les péages et l'essence.

    (C)   Ils ne sont pas assez rapides.

Part C

> **Directions:** In this section, you will hear a series of extended dialogues. These dialogues will not be printed in your book, and you will hear each only once. After listening to each dialogue, you will be asked several questions followed by four possible answers—(A), (B), (C), and (D). These questions are printed in your book. You will hear them only once. Select the best answer to the question from among the four choices printed in your book and blacken the space corresponding to the letter you have decided has the correct answer on your answer sheet. You are now ready to begin.

(Below is the script for all of the extended dialogues that you heard, but didn't see, for all of Part C. Each is followed by the questions that corresponded to that dialogue. Use this script to help you diagnose any potential errors you may have made while listening. Remember that on the actual exam, the written script will not be provided for you.)

DIALOGUE 1

M. Delorme	Ecoute Denise, veux-tu vérifier avec le GPS, je crois que nous sommes perdus ! Je suis sûr qu'on est passé sur la même route tout à l'heure.
Mme. Delorme	Je crois en effet qu'on a déjà traversé ce pont, et . . . tiens, je me souviens bien de cette petite maison au toit rouge, pas toi ?
M. Delorme	Non, je n'ai pas remarqué la maison, je regardais la route, mais le pont, ah oui, je m'en souviens bien parce qu'il est plutôt délabré, et c'est dangereux. Et pas un seul panneau routier !
Mme. Delorme	Bon, attends ! Voilà, le GPS va nous dire où on est. Mais zut, regarde ! On n'a pas de réseau ! On pourrait peut-être s'arrêter et demander notre chemin.
M. Delorme	Mais où donc veux-tu qu'on s'arrête ?
Mme. Delorme	Devant cette petite maison au toit rouge, elle est adorable ! Tu ne trouves pas qu'elle ressemble à la maison où j'habitais quand on s'est connus ? Je ne l'oublierai jamais tu sais ! Enfin, si on s'arrête ici, les propriétaires pourraient nous renseigner. D'ailleurs, j'ai bien envie de voir cette maison de plus près ! Pas toi ?

M. Delorme   Oh, tu es si sentimentale Denise ! Tu sais, moi, tout ce que je veux, c'est retrouver mon chemin, alors, cette maison-là ou une autre, ça m'est égal ! Mais . . . et ce GPS ? Il marche maintenant ?

23. Qu'est-ce qui fait croire à Monsieur Delorme qu'ils se sont perdus ?

24. Pourquoi Madame Delorme veut-elle s'arrêter devant la maison ?

25. Comment Monsieur Delorme réagit-il à la suggestion de sa femme ?

26. Qu'est-ce que Monsieur Delorme aimerait faire ?

DIALOGUE 2

Liliane   Ça y est Jean-Claude, c'est décidé . . . Je veux devenir pilote !

Jean-Claude   Pilote ? Tu en es sûr ? Cela exige des heures de travail irrégulières, toi qui ne réponds jamais au téléphone après dix heures du soir parce que tu dors !

Liliane   Bon ben, c'est différent, c'est parce que, maintenant, je dois toujours me lever de bonne heure ! Pas de grasse matinée pour moi ! Mais tu sais, les pilotes voyagent dans le monde entier, et moi, je voudrais voir tous les pays du monde. Tiens, j'aimerais être pilote pour une grande compagnie aérienne, Air France peut-être. Et puis, c'est une profession qui exige beaucoup de responsabilité et tu sais bien que je suis responsable.

Jean-Claude   Oui, pour ça, on peut toujours compter sur toi.

Liliane   Et toi Jean-Claude, qu'est-ce que tu aimerais faire ?

Jean-Claude   Tu sais bien que j'adore la musique, je joue du piano depuis l'âge de six ans ! Je m'exerce tous les jours pendant des heures, je joue aussi de la guitare depuis trois ans . . . alors . . .

Liliane   Oh, tu jouerais dans un orchestre symphonique, jouer du Mozart, du Beethoven, c'est parfait pour toi !

Jean-Claude   Euh . . . un orchestre symphonique ? Euh . . . non, pas vraiment . . . j'ai envie de jouer dans des groupes de rock ! Ainsi, moi aussi je voyagerai beaucoup !

27. Pourquoi Jean-Claude pense-t-il que le choix de Liliane n'est pas réaliste ?

28. Quel est, selon Jean-Claude, l'aspect désagréable de la carrière que Liliane voudrait choisir ?

29. De quoi joue Jean-Claude depuis qu'il est tout petit ?

30. Quelle réaction peut-on anticiper de la part de Liliane à ce que dit Jean-Claude à la fin ?

DIALOGUE 3

Louise   Salut Maurice ! Quoi de neuf ? . . . mais, qu'est-ce qu'il y a ? Tu as vraiment mauvaise mine. Tu es malade ?

Maurice   Non, c'est que j'ai très mal dormi hier soir !

Louise   Tu n'as pas bien dormi ? C'est très dur ça ! Est-ce que c'est parce que tu t'es couché tard ?

Maurice   Eh ben oui, j'avais trop de devoirs . . . et puis j'ai eu des cauchemars, pires les uns que les autres . . . tu sais, les mauvais rêves, ça n'aide pas au repos !

Louise   De quoi as-tu rêvé ?

Maurice   Je ne me souviens pas de tous ces mauvais rêves, mais dans le tout dernier, je conduisais la voiture de mon père quand elle a commencé à rouler à toute vitesse. J'ai essayé d'appuyer sur les freins, mais rien, aucun succès. Au contraire, elle allait de plus en plus vite, et on allait vers un lac . . . on allait se noyer dans le lac . . . heureusement qu'à ce moment je me suis réveillé !

Louise   C'est affreux ça . . . et toi qui ne sais même pas conduire !

31. Pourquoi Louise pense-t-elle que Maurice est malade ?

32. Qu'est-ce que Maurice explique ?

33. Selon ce que Maurice raconte, qu'est-ce qu'il ne pouvait pas faire ?

French Subject Test

1. Ⓐ Ⓑ Ⓒ Ⓓ
2. Ⓐ Ⓑ Ⓒ Ⓓ
3. Ⓐ Ⓑ Ⓒ Ⓓ
4. Ⓐ Ⓑ Ⓒ Ⓓ
5. Ⓐ Ⓑ Ⓒ Ⓓ
6. Ⓐ Ⓑ Ⓒ Ⓓ
7. Ⓐ Ⓑ Ⓒ Ⓓ
8. Ⓐ Ⓑ Ⓒ Ⓓ
9. Ⓐ Ⓑ Ⓒ Ⓓ
10. Ⓐ Ⓑ Ⓒ Ⓓ
11. Ⓐ Ⓑ Ⓒ Ⓓ
12. Ⓐ Ⓑ Ⓒ Ⓓ
13. Ⓐ Ⓑ Ⓒ Ⓓ
14. Ⓐ Ⓑ Ⓒ Ⓓ
15. Ⓐ Ⓑ Ⓒ Ⓓ
16. Ⓐ Ⓑ Ⓒ Ⓓ
17. Ⓐ Ⓑ Ⓒ Ⓓ
18. Ⓐ Ⓑ Ⓒ Ⓓ
19. Ⓐ Ⓑ Ⓒ Ⓓ
20. Ⓐ Ⓑ Ⓒ Ⓓ
21. Ⓐ Ⓑ Ⓒ Ⓓ
22. Ⓐ Ⓑ Ⓒ Ⓓ
23. Ⓐ Ⓑ Ⓒ Ⓓ
24. Ⓐ Ⓑ Ⓒ Ⓓ
25. Ⓐ Ⓑ Ⓒ Ⓓ
26. Ⓐ Ⓑ Ⓒ Ⓓ
27. Ⓐ Ⓑ Ⓒ Ⓓ
28. Ⓐ Ⓑ Ⓒ Ⓓ
29. Ⓐ Ⓑ Ⓒ Ⓓ

30. Ⓐ Ⓑ Ⓒ Ⓓ
31. Ⓐ Ⓑ Ⓒ Ⓓ
32. Ⓐ Ⓑ Ⓒ Ⓓ
33. Ⓐ Ⓑ Ⓒ Ⓓ
34. Ⓐ Ⓑ Ⓒ Ⓓ
35. Ⓐ Ⓑ Ⓒ Ⓓ
36. Ⓐ Ⓑ Ⓒ Ⓓ
37. Ⓐ Ⓑ Ⓒ Ⓓ
38. Ⓐ Ⓑ Ⓒ Ⓓ
39. Ⓐ Ⓑ Ⓒ Ⓓ
40. Ⓐ Ⓑ Ⓒ Ⓓ
41. Ⓐ Ⓑ Ⓒ Ⓓ
42. Ⓐ Ⓑ Ⓒ Ⓓ
43. Ⓐ Ⓑ Ⓒ Ⓓ
44. Ⓐ Ⓑ Ⓒ Ⓓ
45. Ⓐ Ⓑ Ⓒ Ⓓ
46. Ⓐ Ⓑ Ⓒ Ⓓ
47. Ⓐ Ⓑ Ⓒ Ⓓ
48. Ⓐ Ⓑ Ⓒ Ⓓ
49. Ⓐ Ⓑ Ⓒ Ⓓ
50. Ⓐ Ⓑ Ⓒ Ⓓ
51. Ⓐ Ⓑ Ⓒ Ⓓ
52. Ⓐ Ⓑ Ⓒ Ⓓ
53. Ⓐ Ⓑ Ⓒ Ⓓ
54. Ⓐ Ⓑ Ⓒ Ⓓ
55. Ⓐ Ⓑ Ⓒ Ⓓ
56. Ⓐ Ⓑ Ⓒ Ⓓ
57. Ⓐ Ⓑ Ⓒ Ⓓ
58. Ⓐ Ⓑ Ⓒ Ⓓ

59. Ⓐ Ⓑ Ⓒ Ⓓ
60. Ⓐ Ⓑ Ⓒ Ⓓ
61. Ⓐ Ⓑ Ⓒ Ⓓ
62. Ⓐ Ⓑ Ⓒ Ⓓ
63. Ⓐ Ⓑ Ⓒ Ⓓ
64. Ⓐ Ⓑ Ⓒ Ⓓ
65. Ⓐ Ⓑ Ⓒ Ⓓ
66. Ⓐ Ⓑ Ⓒ Ⓓ
67. Ⓐ Ⓑ Ⓒ Ⓓ
68. Ⓐ Ⓑ Ⓒ Ⓓ
69. Ⓐ Ⓑ Ⓒ Ⓓ
70. Ⓐ Ⓑ Ⓒ Ⓓ
71. Ⓐ Ⓑ Ⓒ Ⓓ
72. Ⓐ Ⓑ Ⓒ Ⓓ
73. Ⓐ Ⓑ Ⓒ Ⓓ
74. Ⓐ Ⓑ Ⓒ Ⓓ
75. Ⓐ Ⓑ Ⓒ Ⓓ
76. Ⓐ Ⓑ Ⓒ Ⓓ
77. Ⓐ Ⓑ Ⓒ Ⓓ
78. Ⓐ Ⓑ Ⓒ Ⓓ
79. Ⓐ Ⓑ Ⓒ Ⓓ
80. Ⓐ Ⓑ Ⓒ Ⓓ
81. Ⓐ Ⓑ Ⓒ Ⓓ
82. Ⓐ Ⓑ Ⓒ Ⓓ
83. Ⓐ Ⓑ Ⓒ Ⓓ
84. Ⓐ Ⓑ Ⓒ Ⓓ
85. Ⓐ Ⓑ Ⓒ Ⓓ

Practice Test 5: French Subject Test

Part A

> **Directions:** This part consists of a series of incomplete statements followed by four possible answers. Among the four choices, select the answer that best fits the statement.

1. Tu as _____ de lire le livre avant de voir ce film, ça t'aidera à le comprendre.

   (A) tort
   (B) raison
   (C) envie
   (D) droit

2. Je vais en _____ pour les vacances de printemps.

   (A) Chypre
   (B) Colorado
   (C) Portugal
   (D) Floride

3. J'ai acheté _____ livres lorsque j'étais à Paris.

   (A) beaucoup
   (B) plusieurs
   (C) un tas
   (D) une quantité

4. _____ mon oncle, il ne faut jamais nager après avoir mangé.

   (A) Selon
   (B) Après
   (C) Envers
   (D) Durant

5. Le fiancé de Christine est _____ quelqu'un d'extraordinaire.

   (A) toutefois
   (B) vraiment
   (C) actuellement
   (D) couramment

6. Aujourd'hui, elle porte un chandail bleu qui lui _____ très bien.

   (A) va
   (B) devient
   (C) suit
   (D) regarde

7. Elle sait qu'elle chante _____ , c'est pourquoi elle refuse de faire partie de la chorale de l'école.

   (A) bien
   (B) facilement
   (C) faux
   (D) souvent

8. Il a besoin d'un _____ pour faire de la recherche.

   (A) clavier
   (B) libraire
   (C) ordinateur
   (D) écran

9. Nous les avons attendus pendant vingt minutes sur le _____ , mais le train avait du retard.

    (A) plafond
    (B) wagon
    (C) chariot
    (D) quai

10. Quand je suis en France, je mange beaucoup de pain avec de la _____ pour le petit déjeuner.

    (A) glace
    (B) moutarde
    (C) confiture
    (D) cuillère

11. Combien coûte le _____ de deux semaines, s'il vous plaît ?

    (A) séjour
    (B) départ
    (C) reste
    (D) montant

12. Elle est en train de se _____ avant d'aller au théâtre.

    (A) coucher
    (B) déshabiller
    (C) prêter
    (D) maquiller

13. Pouvez-vous m'indiquer _____ où je peux acheter cela ?

    (A) l'endroit
    (B) la location
    (C) le placement
    (D) la direction

14. Corinne et son fiancé Paul vont _____ en décembre.

    (A) marier
    (B) épouser
    (C) se marier
    (D) se fiancer

15. Ce journaliste a fait une _____ sur la vie scolaire dans les grandes villes et son article va paraître cette semaine.

    (A) pièce
    (B) discussion
    (C) enquête
    (D) série

16. Je crois que je vais _____ une limonade parce qu'il fait très chaud.

    (A) ordonner
    (B) obtenir
    (C) recevoir
    (D) commander

17. Ce dimanche, je vais _____ une promenade à cheval.

    (A) aller
    (B) prendre
    (C) faire
    (D) courir

18. J'adore _____ mes vacances au bord de la mer.

    (A) passer
    (B) dépenser
    (C) aller
    (D) faire

19. Je voudrais essayer ces chaussures et j'espère que vous avez ma _____ .

    (A) taille
    (B) pointure
    (C) dimension
    (D) forme

20. On est très _____ dans ce grand fauteuil.

    (A) confortable
    (B) à l'aise
    (C) rafraîchi
    (D) rétabli

Part B

21. Il a parlé de ses problèmes et moi, j'ai parlé
    _____.

    (A) aux miens
    (B) des miens
    (C) aux miennes
    (D) des miennes

22. Est-ce que tu es heureuse dans tes cours ?
    Oui, je _____ suis.

    (A) la
    (B) le
    (C) les
    (D) me

23. Il ne faut pas parler _____ mangeant.

    (A) par
    (B) et
    (C) pendant
    (D) en

24. _____ combien de temps habitez-vous ici ?

    (A) Dans
    (B) Depuis
    (C) Il y a
    (D) Ça fait

25. J'ai eu une mauvaise note parce que j'ai fait
    ma rédaction _____ cinq minutes.

    (A) dans
    (B) pour
    (C) en
    (D) pendant

26. Il a fini _____ comprendre ce que je lui avais
    expliqué.

    (A) - - -
    (B) de
    (C) à
    (D) par

27. J'écoute toujours _____ mes parents.

    (A) - - -
    (B) à
    (C) aux
    (D) chez

28. Ils sont partis _____ bonne heure.

    (A) - - -
    (B) de
    (C) par
    (D) en

29. La jeune fille _____ il parlait habitait dans
    mon quartier.

    (A) qu'
    (B) auquel
    (C) dont
    (D) avec

30. Nous sommes allés _____ la pâtisserie du
    coin.

    (A) chez
    (B) dans
    (C) depuis
    (D) à

31. J'espère que tu _____ venir nous rendre visite.

   (A) pourras
   (B) puisses
   (C) pouvoir
   (D) pouvant

32. Il vous _____ ces renseignements demain.

   (A) donnerez
   (B) donnez
   (C) donnera
   (D) donnait

33. Je n'irai pas au cinéma _____ j'aie très envie de voir ce film.

   (A) parce que
   (B) puisque
   (C) depuis que
   (D) bien que

34. Ils m'ont offert une tasse _____ thé bien chaud parce qu'il faisait froid.

   (A) de
   (B) avec
   (C) à
   (D) en

Part C

> **Directions:** The following paragraphs contain some blank spaces. Choose, among the four answers that accompany each blank, the one that best completes the sentence, either for the meaning or for the grammar. In some instances, the first answer (A) may only have dashes, indicating that no insertion is necessary to form a grammatically correct sentence.

Charles venait d'entrer ___(35)___ le salon. En le voyant ___(36)___ , Marthe le regarda d'un air surpris, et il fut ___(37)___ par cela. ___(38)___ il ne savait pas, c'est que ses parents avaient annoncé ___(39)___ qu'il ___(40)___ ce matin-là pour Dakar. ___(41)___ ne savait que ___(42)___ vol avait été ___(43)___ à cause ___(44)___ mauvais temps.

35. (A) ---
   (B) à
   (C) dans
   (D) au

36. (A) paraître
   (B) paraissant
   (C) paraît
   (D) paraissait

37. (A) étonnant
   (B) troublé
   (C) touchant
   (D) fatigué

38. (A) Ce dont
   (B) Quoi
   (C) Ce qu'
   (D) Cela

39. (A) la journée
   (B) la veille
   (C) la nuit
   (D) la semaine

40. (A) part
   (B) partira
   (C) partait
   (D) sera parti

41. (A) Nul
   (B) Aucun
   (C) Quelqu'un
   (D) Certains

42. (A) sa
   (B) ce
   (C) son
   (D) cet

43. (A) annulé
   (B) omis
   (C) rempli
   (D) cassé

44. (A) ---
   (B) du
   (C) de
   (D) le

_____ (45) le heiva ? Cette manifestation annuelle a lieu en juillet, _____ (46) Polynésie française. Ces célébrations avaient été interdites par les missionnaires, _____ (47) longtemps. A cette époque, il fallait que les Polynésiens _____ (48) fidèles aux coutumes en _____ (49) des fêtes chrétiennes. Aujourd'hui, le heiva _____ (50) lieu à des concours de chants et de danses traditionnels _____ (51) Papeete, sa capitale, et dans d'autres régions du monde.

45. (A) Savez-vous
    (B) Connaissez-vous
    (C) Saurez-vous
    (D) Connaîtrez-vous

46. (A) en
    (B) à la
    (C) dans
    (D) à

47. (A) ---
    (B) cela faisait
    (C) il y a
    (D) lorsque

48. (A) sont
    (B) soient
    (C) étaient
    (D) seraient

49. (A) célèbrent
    (B) célébreront
    (C) célébrant
    (D) célébraient

50. (A) donnera
    (B) a donné
    (C) donne
    (D) donnait

51. (A) de
    (B) au
    (C) en
    (D) à

* *

Sarah, une jeune étudiante américaine en vacances _____ (52) Genève, a écrit _____ (53) son professeur de français, Mme Maréchal. _____ (54) elle veut lui faire _____ (55) , elle a écrit en français ! Mme Maréchal va être _____ (56) étonnée !

52. (A) à
    (B) au
    (C) en
    (D) de

53. (A) ---
    (B) chez
    (C) au
    (D) à

54. (A) Si
    (B) Comme
    (C) A cause d'
    (D) Pour qu'

55. (A) heureuse
    (B) plaisir
    (C) joyeuse
    (D) bonheur

56. (A) si
    (B) beaucoup
    (C) après
    (D) autant

> **Directions:** Each passage or document in this section is followed by questions or incomplete statements. Among the four choices, choose the one that applies to the text.

Arrêtons la fraude !

Vous ne possédez pas de titre de transport et vous voyagez dans la région lyonnaise en bus, en tramway ou en métro ? Attention, vous risquez le procès-verbal (PV) si un contrôleur vous en demande un !

Comment voyager en règle ?
· Avec une carte d'abonnement:
validez votre carte à chaque voyage y compris au changement de ligne. L'oubli de valider, l'oubli de la carte elle-même voire le prêt de cette carte à un autre vous met en infraction !

· Avec un ticket: validez votre ticket et ne le jetez pas avant votre sortie du transport en commun.
En cas d'oubli de valider votre ticket, d'utilisation du dit ticket excédant la limite d'une heure, de retour sur la même ligne avec le même ticket ou de perte de votre titre de transport vous serez également passible d'un PV !

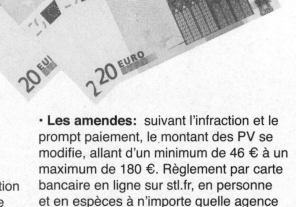

· Les amendes: suivant l'infraction et le prompt paiement, le montant des PV se modifie, allant d'un minimum de 46 € à un maximum de 180 €. Règlement par carte bancaire en ligne sur stl.fr, en personne et en espèces à n'importe quelle agence commerciale (ouverture du lundi au vendredi, de 9h00 à 19h00) ou par courrier et par chèque.

---

57. Quel problème cette annonce essaie-t-elle d'éviter ?

    (A) Les amendes en vacances
    (B) Les paiements de procès verbaux
    (C) Les fraudes dans les transports
    (D) Les cartes d'abonnement périmées

58. D'après cette annonce, quelle raison les voyageurs invoquent-ils quand un contrôleur les surprend en infraction ?

    (A) Ils sont perdus dans le métro.
    (B) Ils ont perdu leur ticket.
    (C) Ils ont prêté leur carte à autrui.
    (D) Ils n'ont pas d'argent.

59. Qu'est-ce que c'est qu'un PV ?

    (A) Un abonnement mensuel
    (B) Une amende à payer
    (C) Un ticket "Pour Voyager"
    (D) Un titre de transport individuel

60. Quel mode de paiement des amendes n'est pas accepté ?

    (A) Les cartes bancaires
    (B) Les chèques
    (C) L'argent liquide
    (D) Les courriers

61. Comment un voyageur se trouve-t-il en infraction ?

   (A) Il s'est trompé de métro.
   (B) Il a donné sa carte bancaire à autrui.
   (C) Il a perdu son argent liquide.
   (D) Il a perdu son titre de transport.

62. Selon le texte, quel transport en commun cette région offre-t-elle ?

   (A) Le tramway
   (B) Le train
   (C) Le taxi
   (D) Le bateau-bus

* *

(Adapté de "Mon oncle Jules" de Guy de Maupassant)

Mon oncle Jules, le frère de mon père, était le seul espoir de la famille, après en avoir été la terreur. J'avais entendu
Line parler de lui depuis mon enfance, et il
(5) me semblait que je l'aurais reconnu du premier coup, tant sa pensée m'était devenue familière. Je savais tous les détails de son existence, jusqu'au jour de son départ pour l'Amérique, bien qu'on ne parlât qu'à
(10) voix basse de cette période de sa vie.

Il avait eu, paraît-il, une mauvaise conduite, c'est-à-dire qu'il avait mangé quelque argent, ce qui est bien le plus grand des crimes pour les familles pauvres.
(15) Chez les riches, un homme qui s'amuse *fait des bêtises.* Il est ce qu'on appelle en souriant, un noceur. Chez les pauvres, un garçon qui force les parents à dépenser tout leur argent, devient un mauvais sujet,
(20) un gueux.

Et cette distinction est juste, bien que le fait soit le même, car les conséquences seules déterminent la gravité de l'acte. Enfin, l'oncle Jules avait notablement
(25) diminué l'héritage sur lequel comptait mon père.

63. L'expression "du premier coup" veut dire . . .

   (A) immédiatement.
   (B) quelquefois.
   (C) il y a longtemps.
   (D) une seule fois.

64. Pourquoi pensez-vous que Jules était le seul espoir de la famille, d'après ce passage ?

   (A) C'était le plus jeune de la famille.
   (B) Il était parti pour un autre pays.
   (C) Il avait retrouvé l'argent qu'il avait perdu.
   (D) Il n'avait pas fait de bêtises.

65. Comment aurait-on jugé les actions de Jules s'il avait été riche ?

   (A) On l'aurait critiqué
   (B) On aurait trouvé ça drôle
   (C) On l'aurait traîté de gueux
   (D) On l'aurait félicité

66. Qu'est-ce qui distingue la gravité d'un acte selon ce texte ?

   (A) Le résultat de cet acte
   (B) L'âge de la personne qui commet l'acte
   (C) La famille dont il est question
   (D) Le montant qui a été dilapidé

L'ORIENT-EXPRESS—TRAIN LÉGENDAIRE
(Adapté du Journal Français d'Amérique)

L'Orient-Express fascine toujours et
continue, après Agatha Christie, de nourrir l'imagination des écrivains, des ciné-
Line astes et des poètes. Inauguré à la fin du
(5) 19e siècle, ce palace roulant a fait rêver
tous les puissants de l'époque, provoquant
des jalousies, convoitises et rivalités. C'est
grâce à la détermination d'un Américain
du Kentucky, James B. Sherwood, qu'a
(10) pu ressusciter en 1977 toute la splendeur
de ce train mythique qui connut un triste
sort après la deuxième guerre mondiale.
Les dix-sept voitures qui le composent
aujourd'hui resplendissent de leur cou-
(15) leur bleu-marine rehaussée d'un filet d'or.
Individuelles, doubles ou suites, les cabines douillettes et confortables sont toutes
équipées d'un cabinet de toilette avec eau
chaude, de douces serviettes de bain et
(20) d'une gamme complète de produits de
toilette personnalisés. Après le départ de
Paris, le dîner est servi dans les trois voi-
tures-restaurants qui, comme l'ensemble
du train, ont été entièrement restaurées
(25) selon leur propre style d'origine. La voiture
4095, de fabrication anglaise, date de 1927.
La voiture 4110, de même fabrication, est
dans le style de l'Etoile du Nord et la voiture 4141, construite en France en 1929
(30) est dans le style Côte d'Azur. C'est dans
ce cadre infiniment raffiné que l'on sert
le dîner. Une cuisine gastronomique est
offerte aux passagers. En faisant le choix de
menus saisonniers, le chef, connu dans le
(35) monde entier, ne sert que des produits frais
et de qualité. Le résultat est inoubliable.

67. Dans ce passage, toutes les personnes
suivantes sont mentionnées SAUF . . .

  (A) les écrivains.
  (B) les poètes.
  (C) les acteurs.
  (D) les cinéastes.

68. Une des réactions négatives mentionnée
est . . .

  (A) la paresse
  (B) l'envie
  (C) la haine
  (D) l'avarice

69. Quand l'Orient-Express a-t-il retrouvé sa
beauté et son luxe ?

  (A) Après la guerre
  (B) Au début du vingtième siècle
  (C) Aux environs de 1927
  (D) Dans les années 70

70. L'expression "rehaussée d'un filet d'or" veut
dire que la couleur bleu-marine . . .

  (A) est bordée d'une couleur brillante.
  (B) a des points dorés.
  (C) a des rayures couleur or.
  (D) est ornée d'un trait doré.

71. Qu'est-ce qui caractérise les cabines de
l'Orient-Express . . .

  (A) elles ont la même couleur que le train.
  (B) elles ne se ressemblent pas.
  (C) elles sont très confortables.
  (D) elles sont personnalisées.

72. Qu'est-ce qu'on peut trouver dans les cabinets
de toilette ?

  (A) Une série de produits de toilette
  (B) Des serviettes bleu-marine et or
  (C) Des robes de chambre personnalisées
  (D) Des baignoires avec eau chaude

73. Les trois restaurants ont la particularité suivante . . .

    (A) ils ont été fabriqués en Angleterre.
    (B) ils ont des styles différents.
    (C) ils datent de 1977.
    (D) ils ont trois chefs différents.

74. L'article suggère que les menus . . .

    (A) sont internationaux.
    (B) changent tous les jours.
    (C) dépendent des saisons.
    (D) offrent beaucoup de fruits.

* *

Emma avait ouvert la porte mais le vent glacial qui envahit l'entrée de la maison l'obligea de la refermer immédiatement. Elle *Line* avait promis à Pierre qu'elle l'attendrait dans *(5)* le jardin car il n'était jamais venu chez elle et aurait du mal à lire le numéro de l'adresse, celui-ci étant minuscule et à moitié caché par un arbre. Tous ceux qui venaient la voir s'en plaignaient, lui disant qu'elle devait soit *(10)* changer l'emplacement de ce numéro, soit couper l'arbre—chose inconcevable pour une passionnée de l'écologie !

—Pourvu qu'il reconnaisse la maison d'après ma description pensa-t-elle.

(15) Trois petits coups discrètement frappés la rassurèrent. Elle ouvrit la porte et Pierre entra, serrant son anorak frileusement.

—Quel froid de canard ! Tu as bien fait de ne pas m'attendre dans le jardin ! Mais *(20)* tu as raison, ce n'est pas facile de trouver ta maison.

75. Emma a dû refermer la porte . . .

    (A) parce que Pierre n'était pas encore là.
    (B) parce qu'il faisait trop de vent.
    (C) parce que Pierre l'attendrait dans le jardin.
    (D) parce qu'elle ne voulait pas de pluie dans l'entrée.

76. Pourquoi Pierre aurait-il du mal à reconnaître la maison ?

    (A) Elle était cachée par les arbres.
    (B) L'entrée ne se voyait pas de la rue.
    (C) L'adresse était effacée.
    (D) Le numéro était trop petit.

77. D'après ce passage, nous apprenons qu'Emma . . .

    (A) n'aimait pas sa maison.
    (B) voulait protéger la nature.
    (C) portait un anorak.
    (D) aimait le canard.

78. Le mot "frileusement" indique que Pierre . . .

    (A) avait froid.
    (B) était fatigué.
    (C) avait soif.
    (D) était essoufflé.

79. Quand ses amis viennent voir Emma, ils voudraient . . .

   (A) qu'elle coupe son arbre.
   (B) qu'elle se plaigne.
   (C) qu'elle remplace le numéro.
   (D) qu'elle déménage.

80. Pourquoi Emma a-t-elle promis d'attendre Pierre dans le jardin ?

   (A) Parce qu'elle avait peur qu'il ait froid
   (B) Parce qu'elle ne connaissait pas la maison
   (C) Parce qu'il était en retard
   (D) Parce qu'elle avait peur qu'il ne trouve pas sa maison

* *

Du 9 au 13 mai, c'est la semaine de la nature, et pour fêter ça, tu pourrais construire un nichoir pour les oiseaux suivant le modèle suivant:

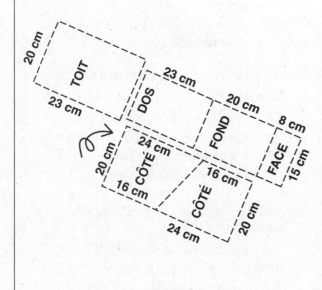

Après avoir scié avec application les six morceaux de bois indiqués ci-dessous, tu pourras les clouer ensemble et ainsi obtenir ton propre nichoir à oiseaux à installer dans ton jardin ou sur ton balcon si tu vis en immeuble. Au fil de l'été, tu auras ainsi le plaisir d'être témoin de la formation de familles d'oiseaux, grâce au local confortable que tu auras mis à leur disposition, et si tu as de la chance, d'assister à l'éclosion de leurs oeufs et au développement de nombreux oisillons !

Matériel Nécessaire

1. Des morceaux de bois
2. Des clous
3. Un marteau
4. Une scie à bois

Bon courage pour cet ouvrage et n'oublie pas de te protéger les mains en mettant des gants. Attention aux doigts !

81. A quoi ce nichoir va-t-il servir ?

   (A) A se protéger les mains
   (B) A fêter la semaine de la nature
   (C) A abriter des oiseaux
   (D) A décorer un balcon

82. De quoi n'a-t-on pas besoin pour construire le nichoir ?

   (A) D'un immeuble
   (B) De beaucoup de clous
   (C) D'un gros marteau
   (D) De morceaux de bois

83. Pour quelle occasion ce travail est-il proposé ?

   (A) Pour la fête des oiseaux
   (B) Pour la fête de la nature
   (C) Pour la Saint François
   (D) Pour la fête du travail

Je venais de m'asseoir dans l'avion quand une vieille dame est entrée, l'air un peu inquiet, consultant son billet et sa carte d'embarquement tout en essayant de trouver son siège. L'hôtesse est tout de suite venue à son secours et lui a indiqué le siège près du mien. Une fois assise, la vieille dame s'est tournée vers moi, et, inclinant la tête comme pour s'excuser, m'a demandé comment on attachait la ceinture de sécurité.

Line
(5)

(10)

—Vous savez monsieur, c'est la première fois que je voyage en avion, et je ne sais pas ce qu'il faut faire.

Je lui ai montré la boucle et elle a attaché la ceinture elle-même. Après m'avoir remercié, elle m'a dit: "Je vais au mariage de mon petit-fils, vous savez. Il y aura toute ma famille là-bas, même ma soeur que je n'ai pas vue depuis dix ans. Que voulez-vous monsieur, je suis peureuse, mais pour mon petit-fils, j'ai décidé de faire ce voyage par avion, à l'âge de soixante-quinze ans" !

(15)

(20)

84. La vieille dame ne savait pas . . .

(A) où était sa carte d'embarquement.
(B) où l'hôtesse voulait qu'elle aille.
(C) comment fermer la boucle.
(D) comment se servir de la ceinture de sécurité.

85. Elle a fait ce premier voyage en avion . . .

(A) pour assister à une célébration familiale.
(B) pour célébrer ses soixante-quinze ans.
(C) pour voir sa famille.
(D) pour l'anniversaire de sa soeur.

SCORING

Once you have taken the practice test, compare your answers with those given in the Answers Explained section on page 226.

1. Count the number of correct answers and mark the total here _____
2. Count the number of incorrect answers and mark the total here _____
3. Divide the total number of incorrect answers by 3 and mark the total here _____

You Will Now Proceed as Follows

Subtract (3) from (1) and mark the result here _____

Round the result obtained to the nearest whole number. This is your **raw** test score. The raw test score will be converted to a **scaled** score.

To help you evaluate your approximate scaled score, please consult the following table. However, remember that these scores are approximate and may vary slightly from test to test.

Raw Score	Scaled Score
75 to 85	800
61 to 74	710 to 790
49 to 60	640 to 700
39 to 48	590 to 630
28 to 38	540 to 580
20 to 27	500 to 530
–1 to 19	380 to 490
–13 to –2	310 to 370
–28 to –14	220 to 300

ANSWER KEY
Practice Test 5

French Subject Test

1.	**B**	31.	**A**	61.	**D**
2.	**D**	32.	**C**	62.	**A**
3.	**B**	33.	**D**	63.	**A**
4.	**A**	34.	**A**	64.	**B**
5.	**B**	35.	**C**	65.	**B**
6.	**A**	36.	**A**	66.	**A**
7.	**C**	37.	**B**	67.	**C**
8.	**C**	38.	**C**	68.	**B**
9.	**D**	39.	**B**	69.	**D**
10.	**C**	40.	**C**	70.	**D**
11.	**A**	41.	**A**	71.	**C**
12.	**D**	42.	**C**	72.	**A**
13.	**A**	43.	**A**	73.	**B**
14.	**C**	44.	**B**	74.	**C**
15.	**C**	45.	**B**	75.	**B**
16.	**D**	46.	**A**	76.	**D**
17.	**C**	47.	**C**	77.	**B**
18.	**A**	48.	**B**	78.	**A**
19.	**B**	49.	**C**	79.	**A**
20.	**B**	50.	**C**	80.	**D**
21.	**B**	51.	**D**	81.	**C**
22.	**B**	52.	**A**	82.	**A**
23.	**D**	53.	**D**	83.	**B**
24.	**B**	54.	**B**	84.	**D**
25.	**C**	55.	**B**	85.	**A**
26.	**D**	56.	**A**		
27.	**A**	57.	**C**		
28.	**B**	58.	**B**		
29.	**C**	59.	**B**		
30.	**D**	60.	**D**		

ANSWERS EXPLAINED

1. **(B)** The second part of the sentence says that reading the book will help you to understand the movie. Therefore, the person is right ("avoir raison") to see it. (A) means wrong, (C) means to feel like, and (D) is grammatically incorrect (the expression is "avoir le droit," and it means to have the right to do something).

2. **(D)** All the other answers require either "à" or "au."

3. **(B)** The other choices all require "de."

4. **(A)** "Selon" means according to. (B) means after, (C) means towards, and (D) means during.

5. **(B)** Christine's fiancé is *truly* an extraordinary person. (A) means however and does not apply in this case. (C) is a false cognate; it means at the present time. (D) "couramment" can mean easily, fluently, or currently.

6. **(A)** The expression "aller bien à quelqu'un" means to suit someone as in this sweater suits her ("un chandail qui lui va bien"). What this person is wearing looks good on her. (B) is the verb "devenir," which means to become, as in he became tired. (C) means to follow and (D) means to look or to watch.

7. **(C)** She refuses to sing with the choir because she knows that she sings badly ("chanter faux"). (A) means well, (B) means easily, and (D) means often.

8. **(C)** He would like to buy a computer to do some research. (A) is a keyboard and doesn't help for research; (B) is a librarian, not a library (library in French is "bibliothèque"); and (D) is a screen.

9. **(D)** They waited for the train on the platform. (A) is a ceiling, (B) is a railroad car or a coach and, since the train was late, they couldn't have been waiting there. (C) is either a trolley or a cart.

10. **(C)** The person eats jam and bread for breakfast, not ice cream and bread (A), mustard and bread (B), or a spoon and bread (D).

11. **(A)** "Un séjour" is the period of time one spends somewhere away from home. (B) cannot apply because a departure doesn't take two weeks, (C) is a false cognate and means remainder, and (D), how much does the amount cost, is incorrect.

12. **(D)** Before going to the theater, she is putting on her makeup. She cannot be in the process of going to bed because she is going out (A), nor can she be in the process of getting undressed (B). (C), when used in the reflexive form, must be followed by "à" and means to consent or to be open to a suggestion.

13. **(A)** The person is asking for a location ("un endroit"). (B) is a false cognate and means a rental; (C) is an investment or, as in "bureau de placement," an employment agency. (D) is tempting, but one cannot purchase something in a direction.

14. **(C)** To get married is "se marier." (A) is wrong because it means to marry off. (B) is tempting but, in order to be correct, it would have to be followed by a noun or a name referring to the person Corrine is going to marry. (D) is incorrect because they are already engaged.

15. **(C)** "Une enquête" is an investigation. (A) is a play or a room. (B) is incorrect because one doesn't do a discussion; one simply discusses. (D) is tempting but in this case the sentence is incomplete. It would be acceptable if it were "une série d'articles."

16. **(D)** To order is "commander." (A) is a false cognate; "ordonner" means to give an order or to put in the right order. (B) is to obtain and (C) is to receive, and they are incorrect in this context.

17. **(C)** The idiom is "faire une promenade." The other choices cannot be used with "une promenade."

18. **(A)** The idiom is "passer ses vacances." (B) means to spend money, (C) cannot be followed by "mes," and (D) cannot be used with "mes vacances."

19. **(B)** When it comes to shoes, the correct word for size is "pointure." Although "taille" (A) can mean size, it refers to the height of the body. Another meaning for "taille" is waist. (C) is incorrect because it is used in the singular. (D) means shape.

20. **(B)** A person is "à l'aise," meaning comfortable in English; however, the French word "confortable" (A) only pertains to things ("ce fauteuil est confortable"). (C), meaning refreshed, and (D), meaning cured, do not fit here.

21. **(B)** The verb "parler" requires "de." When it is followed by "à," it means to speak to (A), which is incorrect here. (C) and (D) are incorrect because they are in the feminine, and "problème" is a masculine word.

22. **(B)** The "le" here doesn't refer to "cours" or to the person who is taking these courses; it refers to the whole feeling of being happy to be enrolled in these courses and can only be in the masculine singular. Therefore, the other choices are incorrect.

23. **(D)** Because "mangeant" is the present participle, it must be preceded by "en," meaning while. (A) and (C) cannot be used before a present participle. (B), meaning and, doesn't work in this context.

24. **(B)** (A) would apply if the verb was conjugated in the future tense. "Il y a" and "ça fait" in answers (C) and (D) must be used with "que" and must be followed by the affirmative.

25. **(C)** The composition was poor because it was written in five minutes. (A) means five minutes from now and is therefore incorrect. (B) means for, and (D) means during, and both do not fit in this context.

26. **(D)** "Finir par" + infinitive means to end up + present participle. He ended up understanding what had been explained. (A) is grammatically incorrect. (B) is tempting but doesn't make sense with the verb "comprendre." (C) cannot be used with the verb "finir."

27. **(A)** The verb "écouter" does not require a preposition; therefore, all the other choices are incorrect.

28. **(B)** The expression "de bonne heure" means early. Only "de" can be used with it; therefore, the other answers are incorrect.

29. **(C)** The young woman of whom he was speaking lived in my part of town. (A) is grammatically incorrect with the verb "parler." (B) is in the masculine, and (D) would have to be followed by "qui."

30. **(D)** (A) must be used with a person, not a place. (B) cannot be used with the verb "aller." (C) means since.

31. **(A)** With the verb "espérer," the indicative is used. (B) is in the subjunctive, (C) is in the infinitive, and (D) is the present participle.

32. **(C)** The subject of the verb is "Il," not "vous"; therefore, (A) is incorrect. (B) is incorrect for the same reason, as well as for the fact that the action is in the future, not in the present ("demain"). (D) is in the imperfect.

33. **(D)** It is the only choice that requires the subjunctive.

34. **(A)** A cup of tea is "une tasse de thé." (B) is incorrect (a cup with tea), (C) means a teacup, and (D) means that the cup is made of tea.

35. **(C)** The verb "entrer," unlike the verb to enter, requires "dans"; therefore, (A) is wrong. (B) is also incorrect because there is "le" after. (D) cannot be used with "le" either.

36. **(A)** Only an infinitive can be used because there is another verb.

37. **(B)** A past participle is required here, and the only two past participles are (B) and (D). (D) doesn't fit in this context.

38. **(C)** Because there is no antecedent, it has to be an expression with "ce." The only two possibilities are (A) and (C). However, (A) cannot be used because the verb is "savoir," and "savoir" is not conjugated with "de."

39. **(B)** It is in the past tense; therefore, it must refer to a time in the past. "La veille" means the night before. (A) by itself doesn't imply time in the past, and neither do the other two choices.

40. **(C)** The imperfect must be used because it happened in the past. (A) is in the present, (B) is in the future, and (D) is in the futur antérieur.

41. **(A)** Because the verb "savoir" is in the negative ("ne savait"), a negative must be used. Only (A) and (B) apply, and "aucun" must be used with a noun or must refer to a noun mentioned in the previous sentence. ("Aucun homme ne savait.")

42. **(C)** The word "vol" is a masculine word so her flight must be "son vol." (A) is in the feminine, (B) is a demonstrative adjective, and (D) is masculine but must be used with a word beginning with a vowel.

43. **(A)** The flight was canceled, so the verb "annuler" must be used. (B) means omitted, (C) means filled, and (D) means broken.

44. **(B)** The flight was canceled because *of the* bad weather (de + le = du). (C) is incorrect because "le" must be included in the contraction, and (D) cannot be used with "à cause."

45. **(B)** "Connaissez-vous" is the correct answer because "connaître" is used for meaning to know, to know of for places, people, and things. Also, here the verb needs to be in the present tense. (A) is incorrect because "savoir" means to know how, or to know a fact. (C) and (D) are verbs in the future tense, which would not make sense in this sentence since there is no future context.

46. **(A)** "En" is correct because "Polynésie française" is a feminine country. (B), (C), and (D) are not used with the name of a country.

47. **(C)** The answer is (C) because "il y a," with an amount of time, means ago. (B) and (D) are incorrect in this sentence. (D) is incorrect because an expression of time is needed in this context.

48. **(B)** "Soient" is the correct answer because "il fallait que," meaning it was necessary that, is followed by a verb in the subjunctive form. (A), (C), and (D) are incorrect tenses in this context.

49. **(C)** "Célébrant" is correct because a present participle is needed following "en." (A), (B), and (D) are tenses that do not fit after the preposition "en."

50. **(C)** Since the verb follows "aujourd'hui," meaning today, it has to be in the present tense. (A), (B), and (D) are incorrect tenses after "aujourd'hui."

51. **(D)** Since the text tells us that "Papeete" is a city, the preposition "à" is needed. Although "de" could be used with the name of a city, it means from, which is not the meaning needed here. So (A) is incorrect. (B) and (C) are not prepositions that can be used before the names of cities.

52. **(A)** Genève is a city; therefore, "à" must be used. The only other preposition that can be used with a city name is "de" (D), but it means from, which doesn't apply in this context. (B) and (C) are used with names of countries.

53. **(D)** The verb "écrire" is always followed by the preposition "à," so it is the only possible choice.

54. **(B)** As ("comme") she wants to please her teacher, she wrote in French. (A) implies a conditional sentence, which is not the case here. (C) means because of, and (D) is grammatically incorrect here.

55. **(B)** The expression is "faire plaisir à." (A), "heureuse," would have to be preceded by "la rendre," and (C) follows the same rule. (D) means happiness and doesn't fit in this context.

56. **(A)** The teacher will be so surprised. (B) cannot be used with an adjective. (C) means after, and (D) means as much.

57. **(C)** There is no reference to "vacances" (vacation). The document is not limited to how to pay (B). There is no reference to anything "périmé" (outdated) in the text. So (A) and (D) are incorrect.

58. **(B)** Choices (A) and (D) are not problems mentioned in the document. (C) is mentioned but only in connection with people cheating by traveling with someone else's card.

59. **(B)** The text mentions that one is liable to a "PV." Then it mentions "amendes" with amounts to pay. So these words must be synonyms.

60. **(D)** The mail is mentioned in the document and but only as a way to send checks.

61. **(D)** This choice is the only possible answer since all the other answers point to personal problems that do not require someone to pay a fine.

62. **(A)** This choice is the only means of transportation listed that can be found in the text. Choice (B), "le train," is not the subway in France.

63. **(A)** He would have recognized Jules immediately "tant sa pensée m'était devenue familière."

64. **(B)** He had left for America. While he was in France he had "une mauvaise conduite;" he behaved badly.

65. **(B)** Had Jules been wealthy, people would have smiled and called him "un noceur."

66. **(A)** It is the result of one's actions that determines the seriousness of this action—"les conséquences seules déterminent la gravité de l'acte."

67. **(C)** The three others are mentioned in the first sentence.

68. **(B)** People are jealous. The others are not mentioned at all.

69. **(D)** The train recaptured its ancient splendor in 1977 thanks to an American man.

70. **(D)** The color is decorated with a golden filigram.

71. **(C)** The cabins are "douillettes et confortables."

72. **(A)** "Une gamme complète de produits de toilette personnalisés."

73. **(B)** Each dining car has a different style.

74. **(C)** "Menus saisonniers" means that the menus, which comprise fresh products, depend on what is in season at the time.

75. **(B)** It was too windy, and she had to close the door immediately.

76. **(D)** The number was "minuscule."

77. **(B)** Emma, according to this passage, is "une passionnée de l'écologie."

78. **(A)** The word "frileusement" comes from the word "froid." We know that the wind is "glacial." Besides, Pierre is wearing an anorak.

79. **(A)** They would like for her to cut her tree down so as to be able to see the street number for her house. They do not want her to complain (B). They are not asking her to replace her number (C) or move (D).

80. **(D)** She was afraid that he would not find her house. The reasons given in (A), (B), and (C) are not mentioned in the text, so they are all incorrect.

81. **(C)** All the answers can be found in the text. However, only (C) explains what the box will be used for.

82. **(A)** This choice is the only answer not mentioned in the list of "matériel nécessaire" found in the document.

83. **(B)** This choice is the only answer mentioned in the text. Answers (A), (C), and (D) cannot be verified.

84. **(D)** The old lady asked the narrator how to fasten her seat belt. (C) is incorrect because once she was shown the buckle ("la boucle") she was able to do it herself.

85. **(A)** Her reason for traveling is to attend her grandson's wedding. (C) is incorrect because, although she is going to see family there, this was not her original reason for traveling.

ANSWER SHEET
Practice Test 6

French Subject Test with Listening

1. Ⓐ Ⓑ Ⓒ Ⓓ
2. Ⓐ Ⓑ Ⓒ Ⓓ
3. Ⓐ Ⓑ Ⓒ Ⓓ
4. Ⓐ Ⓑ Ⓒ Ⓓ
5. Ⓐ Ⓑ Ⓒ Ⓓ
6. Ⓐ Ⓑ Ⓒ Ⓓ
7. Ⓐ Ⓑ Ⓒ Ⓓ
8. Ⓐ Ⓑ Ⓒ Ⓓ
9. Ⓐ Ⓑ Ⓒ Ⓓ
10. Ⓐ Ⓑ Ⓒ Ⓓ
11. Ⓐ Ⓑ Ⓒ Ⓓ
12. Ⓐ Ⓑ Ⓒ Ⓓ
13. Ⓐ Ⓑ Ⓒ Ⓓ
14. Ⓐ Ⓑ Ⓒ Ⓓ
15. Ⓐ Ⓑ Ⓒ Ⓓ
16. Ⓐ Ⓑ Ⓒ Ⓓ
17. Ⓐ Ⓑ Ⓒ Ⓓ
18. Ⓐ Ⓑ Ⓒ Ⓓ
19. Ⓐ Ⓑ Ⓒ Ⓓ
20. Ⓐ Ⓑ Ⓒ Ⓓ
21. Ⓐ Ⓑ Ⓒ Ⓓ
22. Ⓐ Ⓑ Ⓒ Ⓓ
23. Ⓐ Ⓑ Ⓒ Ⓓ
24. Ⓐ Ⓑ Ⓒ Ⓓ
25. Ⓐ Ⓑ Ⓒ Ⓓ
26. Ⓐ Ⓑ Ⓒ Ⓓ
27. Ⓐ Ⓑ Ⓒ Ⓓ
28. Ⓐ Ⓑ Ⓒ Ⓓ
29. Ⓐ Ⓑ Ⓒ Ⓓ

30. Ⓐ Ⓑ Ⓒ Ⓓ
31. Ⓐ Ⓑ Ⓒ Ⓓ
32. Ⓐ Ⓑ Ⓒ Ⓓ
33. Ⓐ Ⓑ Ⓒ Ⓓ
34. Ⓐ Ⓑ Ⓒ Ⓓ
35. Ⓐ Ⓑ Ⓒ Ⓓ
36. Ⓐ Ⓑ Ⓒ Ⓓ
37. Ⓐ Ⓑ Ⓒ Ⓓ
38. Ⓐ Ⓑ Ⓒ Ⓓ
39. Ⓐ Ⓑ Ⓒ Ⓓ
40. Ⓐ Ⓑ Ⓒ Ⓓ
41. Ⓐ Ⓑ Ⓒ Ⓓ
42. Ⓐ Ⓑ Ⓒ Ⓓ
43. Ⓐ Ⓑ Ⓒ Ⓓ
44. Ⓐ Ⓑ Ⓒ Ⓓ
45. Ⓐ Ⓑ Ⓒ Ⓓ
46. Ⓐ Ⓑ Ⓒ Ⓓ
47. Ⓐ Ⓑ Ⓒ Ⓓ
48. Ⓐ Ⓑ Ⓒ Ⓓ
49. Ⓐ Ⓑ Ⓒ Ⓓ
50. Ⓐ Ⓑ Ⓒ Ⓓ
51. Ⓐ Ⓑ Ⓒ Ⓓ
52. Ⓐ Ⓑ Ⓒ Ⓓ
53. Ⓐ Ⓑ Ⓒ Ⓓ
54. Ⓐ Ⓑ Ⓒ Ⓓ
55. Ⓐ Ⓑ Ⓒ Ⓓ
56. Ⓐ Ⓑ Ⓒ Ⓓ
57. Ⓐ Ⓑ Ⓒ Ⓓ
58. Ⓐ Ⓑ Ⓒ Ⓓ

59. Ⓐ Ⓑ Ⓒ Ⓓ
60. Ⓐ Ⓑ Ⓒ Ⓓ
61. Ⓐ Ⓑ Ⓒ Ⓓ
62. Ⓐ Ⓑ Ⓒ Ⓓ
63. Ⓐ Ⓑ Ⓒ Ⓓ
64. Ⓐ Ⓑ Ⓒ Ⓓ
65. Ⓐ Ⓑ Ⓒ Ⓓ
66. Ⓐ Ⓑ Ⓒ Ⓓ
67. Ⓐ Ⓑ Ⓒ Ⓓ
68. Ⓐ Ⓑ Ⓒ Ⓓ
69. Ⓐ Ⓑ Ⓒ Ⓓ
70. Ⓐ Ⓑ Ⓒ Ⓓ
71. Ⓐ Ⓑ Ⓒ Ⓓ
72. Ⓐ Ⓑ Ⓒ Ⓓ
73. Ⓐ Ⓑ Ⓒ Ⓓ
74. Ⓐ Ⓑ Ⓒ Ⓓ
75. Ⓐ Ⓑ Ⓒ Ⓓ
76. Ⓐ Ⓑ Ⓒ Ⓓ
77. Ⓐ Ⓑ Ⓒ Ⓓ
78. Ⓐ Ⓑ Ⓒ Ⓓ
79. Ⓐ Ⓑ Ⓒ Ⓓ
80. Ⓐ Ⓑ Ⓒ Ⓓ
81. Ⓐ Ⓑ Ⓒ Ⓓ
82. Ⓐ Ⓑ Ⓒ Ⓓ
83. Ⓐ Ⓑ Ⓒ Ⓓ
84. Ⓐ Ⓑ Ⓒ Ⓓ
85. Ⓐ Ⓑ Ⓒ Ⓓ
86. Ⓐ Ⓑ Ⓒ Ⓓ
87. Ⓐ Ⓑ Ⓒ Ⓓ

Practice Test 6: French Subject Test with Listening

AUDIO AND AUDIOSCRIPTS
The MP3 files and audioscripts for all listening segments can be found online at *barronsbooks.com/TP/SAT/French/*

SECTION I—LISTENING

Approximate time—20 minutes
Questions 1–33

Part A

Track 6

Directions: In this section, you will hear four sentences—(A), (B), (C), and (D). You will hear these sentences only once, and they will not be printed in your book. As you listen to the sentences, look carefully at the picture and select the sentence which best fits what is in the picture.

1.

2.

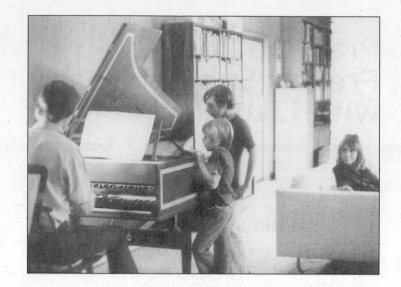

3.

4.

5.

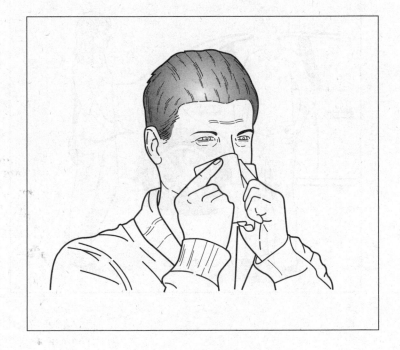

6.

7.

8.

9.

10.

Part B

> **Directions:** In this section, you will hear a series of short dialogues. These dialogues will not be printed in your book, and each dialogue will be said only once. For each selection, you will be asked one or two questions followed by three possible answers—(A), (B), and (C). These answers are not printed in your book. You will hear them only once. Listen carefully to the speaker and mark the correct answer on your answer sheet. You are now ready to begin.

Questions 11 through 22

Part C

Directions: In this section, you will hear a series of extended dialogues. These dialogues will not be printed in your book, and you will hear each only once. After listening to each dialogue, you will be asked several questions followed by four possible answers—(A), (B), (C), and (D). These questions are printed in your book. You will hear them only once. Select the best answer to the question from among the four choices printed in your book and blacken the space corresponding to the letter you have decided has the correct answer on your answer sheet. You are now ready to begin.

DIALOGUE 1

23. Comment Françoise peut-elle aider Ousmane ?

    (A) Elle écrira à sa grand-mère.
    (B) Elle s'occupera de ses plantes.
    (C) Elle arrosera son jardin.
    (D) Elle le calmera.

24. Que dit Ousmane de la maladie de sa grand-mère ?

    (A) Il ne sait pas ce qu'elle a.
    (B) C'est une maladie assez grave.
    (C) On a dû l'hospitaliser.
    (D) Ce n'est pas grave.

25. D'après ce passage, pourquoi Ousmane n'a-t-il pas vu ses cousins depuis longtemps ?

    (A) Il va rarement au Mali.
    (B) Ils ne viennent jamais le voir.
    (C) Ils travaillent dans un autre pays.
    (D) Ils étudient dans un autre pays.

26. Quand Ousmane est-il parti pour la France ?

    (A) Lorsqu'il est allé à l'université
    (B) Lorsqu'il s'est marié
    (C) Lorsque sa grand-mère est tombée malade
    (D) Lorsqu'il est allé au lycée

DIALOGUE 2

27. Pourquoi Michel n'a-t-il pas bien étudié pour l'examen ?

    (A) Il a regardé une émission télévisée.
    (B) Il se sentait mal.
    (C) On lui a dit que le prof était malade.
    (D) Il a fait un match.

28. Qu'est-ce que son ami David n'aimerait pas ?

    (A) Passer l'examen aujourd'hui
    (B) Avoir une remplaçante
    (C) Aller voir un match avec Michel
    (D) Devoir encore réviser pour l'examen

29. Que dit la remplaçante à propos de Monsieur Masson ?

    (A) Il n'a pas préparé l'examen.
    (B) Il a eu un accident au match de foot.
    (C) Il a subi une opération.
    (D) Il sera absent pendant longtemps.

30. En entendant ce que dit la remplaçante, quelle sera la réaction de Michel ?

    (A) Il sera ravi.
    (B) Il sera indifférent.
    (C) Il sera malheureux.
    (D) Il sera impatient.

DIALOGUE 3

31. Où la jeune fille a-t-elle trouvé le livre ?

   (A)   Au fond de la bibliothèque
   (B)   Sur un banc devant la bibliothèque
   (C)   Sur une place
   (D)   Dans la salle de classe

32. Quand devait-on rendre ce livre ?

   (A)   Il y a plusieurs jours
   (B)   Deux semaines plus tard
   (C)   Le jour précédent
   (D)   Un mois plus tôt

33. Qu'est-ce que le bibliothécaire pense que l'étudiant qui avait emprunté le livre aurait dû faire ?

   (A)   Venir lui parler
   (B)   Acheter un autre livre
   (C)   Vérifier en classe
   (D)   Donner le livre à la jeune fille

SECTION II—READING

Time—40 minutes
Questions 34–87

Part A

> **Directions:** This part consists of a series of incomplete statements followed by four possible answers. Among the four choices, select the answer that best fits the statement.

34. Je pense que cette robe est _____ .

   (A) bon marché
   (B) avare
   (C) expansive
   (D) lente

35. Cet homme est _____ d'extraordinaire.

   (A) un ami
   (B) une personne
   (C) quelqu'un
   (D) toujours

36. Il a _____ ce livre en français.

   (A) traduit
   (B) décoré
   (C) illustré
   (D) couvert

37. Ils ont passé leurs vacances dans un
    _____ à la montagne.

   (A) ressort
   (B) carrosse
   (C) immeuble
   (D) chalet

38. Ce paquet est très _____ . Il doit y avoir des
    briques dedans !

   (A) énorme
   (B) immense
   (C) lourd
   (D) haut

39. Tu ferais mieux de te _____ au lieu de parler
    au téléphone avec tes amis sinon tu seras en
    retard pour l'école.

   (A) détendre
   (B) courir
   (C) dépêcher
   (D) dresser

40. L'année dernière, j'ai _____ un cours de
    géographie très intéressant.

   (A) appris
   (B) suivi
   (C) pris
   (D) complété

41. Quel désastre ! Je me suis _____ de route et
    maintenant nous sommes perdus !

   (A) oublié
   (B) quitté
   (C) pris
   (D) trompé

42. Quand nous sommes allés à la _____ , nous
    avons pris nos maillots de bain.

   (A) maison
   (B) montagne
   (C) plage
   (D) roulotte

Part B

> **Directions:** Each of the following incomplete sentences is followed by four choices. Select, among these choices, the one that forms a grammatically correct sentence. If (A) is followed by dashes, this means that, in order to form a grammatically correct sentence, no word needs to be inserted.

43. Elle _____ au premier rang parce qu'elle veut bien voir.

    (A) se met
    (B) se mettait
    (C) se mit
    (D) se mette

44. Nous nous sommes lavé _____ mains.

    (A) les
    (B) nos
    (C) des
    (D) aux

45. L'architecte a fait _____ une villa au bord de la mer.

    (A) construit
    (B) construire
    (C) construisait
    (D) construite

46. Dans _____ livre est-ce que tu as trouvé ces renseignements ?

    (A) quoi
    (B) lequel
    (C) quel
    (D) combien

47. Nous sommes partis _____ la France au mois de janvier.

    (A) - - -
    (B) pour
    (C) à
    (D) en

48. Elle est retournée _____ au stade parce qu'elle y avait oublié ses gants.

    (A) souvent
    (B) immédiatement
    (C) envers
    (D) vers

49. J'attendrai jusqu'à ce qu'il _____ pour dîner avec lui.

    (A) vienne
    (B) vient
    (C) viendra
    (D) viendrait

50. Les notes ? Oui, il _____ a données ce matin.

    (A) les nous
    (B) les y
    (C) nous en
    (D) nous les

51. Quand tu _____ ton cousin, tu lui diras bonjour de ma part.

    (A) vois
    (B) verras
    (C) as vu
    (D) auras vu

Part C

Directions: The following paragraphs contain some blank spaces. Choose, among the four answers that accompany each blank, the one that best completes the sentence, either for the meaning or for the grammar. In some instances, the first answer (A) may only have dashes, indicating that no insertion is necessary to form a grammatically correct sentence.

La vieille dame marchait ___(52)___ . Elle portait un gros sac qui avait l'air d'être très lourd. En ___(53)___ le coin de la rue, elle regarda à gauche et à droite avant de ___(54)___ . Un jeune garçon d'une dizaine ___(55)___ , la voyant ___(56)___ se ___(57)___ pour l'aider. Il était encore plus petit ___(58)___ elle, mais elle accepta, heureuse qu'il y ___(59)___ toujours des âmes charitables. Quand ils arrivèrent au ___(60)___ d'en face, elle ___(61)___ remercia tant de fois qu'il en fut un peu ___(62)___ .

52. (A) lentement
    (B) évidemment
    (C) gravement
    (D) poliment

53. (A) arrivant
    (B) atteignant
    (C) joignant
    (D) allant

54. (A) traversant
    (B) traverse
    (C) traverser
    (D) traversera

55. (A) années
    (B) d'années
    (C) des années
    (D) les années

56. (A) hésiter
    (B) débattre
    (C) refléter
    (D) ennuyer

57. (A) sortit
    (B) mêla
    (C) précipita
    (D) leva

58. (A) d'
    (B) qu'
    (C) aussi
    (D) pour

59. (A) avait
    (B) aura
    (C) ait
    (D) a eu

60. (A) mur
    (B) trottoir
    (C) chemin
    (D) carré

61. (A) ---
    (B) lui
    (C) y
    (D) le

62. (A) confus
    (B) embrassé
    (C) détourné
    (D) rougi

Si seulement vous ____(63)____ cette pièce avec ____(64)____, vous l'auriez beaucoup appréciée. Bien ____(65)____, comme vous étiez ____(66)____ Genève à ce moment-là, nous ne pouvions pas vous ____(67)____ inviter. Il faut vous dire que ____(68)____ nous a le plus plu, c'était le deuxième acte. C'est là que, pour la première ____(69)____ on peut voir l'acteur qui, pour son rôle dans la pièce, ____(70)____ apprendre à faire de la boxe. Il était marrant !

63. (A) avez vu
    (B) aviez vu
    (C) auriez vu
    (D) aurez vu

64. (A) ils
    (B) toi
    (C) leur
    (D) nous

65. (A) que
    (B) entendu
    (C) encore
    (D) tôt

66. (A) - - -
    (B) en
    (C) à
    (D) par

67. (A) en
    (B) y
    (C) l'
    (D) les

68. (A) ce qui
    (B) quoi
    (C) lequel
    (D) laquelle

69. (A) présentation
    (B) occasion
    (C) partie
    (D) fois

70. (A) devait
    (B) devrait
    (C) a dû
    (D) doit

Part D

> **Directions:** Read the following passages and documents very carefully for comprehension. Each one is followed by an incomplete statement or a question. Choose, among the four answers that follow, the completion or the answer that best applies, according to the text.

Si vous aimez le Camembert, vous aurez le coup de foudre pour le Livarot. Ce fromage fermier doit son nom à la petite ville
Line de Livarot, située près de Lisieux, lieu des
(5) pèlerinages à Sainte-Thérèse de l'Enfant Jésus. C'est à Livarot qu'il y avait un des plus grands marchés régionaux où, vous l'avez deviné, se vendaient ces fromages. On soupçonne que le Livarot est né vers la fin
(10) du Moyen Age, en basse Normandie. Déjà apprécié au dix-septième siècle, ce n'est qu'au dix-neuvième siècle qu'il a connu son apogée et, comme nous le savons, ce succès continue de nos jours. Ce fromage fait à par-
(15) tir de lait de vache a une saveur prononcée et une forme cylindrique. Tout comme le Camembert, c'est un fromage à pâte molle. Savez-vous qu'il faut environ cinq litres de lait de vache pour faire un Livarot de 500
(20) grammes ?

71. La phrase "vous aurez le coup de foudre pour le Livarot" signifie . . .

   (A) vous achèterez le Livarot.
   (B) vous chercherez le Livarot.
   (C) vous tomberez amoureux du Livarot.
   (D) vous comparerez le Livarot au Camembert.

72. Le Livarot est né . . .

   (A) au dix-neuvième siècle.
   (B) à Lisieux.
   (C) en basse Normandie.
   (D) au dix-septième siècle.

73. Lisieux est une ville connue pour . . .

   (A) ses fromageries.
   (B) ses lieux saints.
   (C) ses fermes.
   (D) ses vaches.

74. On mentionne toutes les caractéristiques suivantes de ce fromages SAUF . . .

   (A) sa croûte.
   (B) sa forme.
   (C) sa pâte.
   (D) son goût.

J'ai pris la route, tout de suite après dîner, pour arriver chez Stéphanie avant minuit. Maman, qui m'avait accompagnée jusqu'à la voiture, m'a fait mille recommandations. Rien que l'idée de me savoir seule sur l'autoroute après le coucher du soleil la remplit d'inquiétude. Moi, j'aime beaucoup mieux conduire pendant la nuit, quand il y a moins de circulation . . . et puis, ma petite voiture roule à merveille ! Heureusement, depuis qu'elle m'a acheté un portable et qu'elle peut me joindre n'importe où et n'importe quand, maman est un peu plus calme.

—Et surtout, n'oublie pas de . . .

—Ne t'en fais pas maman, je t'appelle sitôt que j'arrive, OK ?

—Et ne crains surtout pas de me réveiller ! Tu sais bien que j'attendrai ton appel !

J'avais fait une cinquantaine de kilomètres quand, tout à coup, j'ai entendu un petit bruit bizarre venant du moteur. J'ai quand même continué pendant encore une dizaine de kilomètres, espérant que le bruit cesserait. Malheureusement, plus j'avançais, plus le bruit s'intensifiait. Finalement, la voiture a commencé à ralentir avant de s'arrêter tout de bon.

Line
(5)
(10)
(15)
(20)
(25)

75. La mère de la narratrice est inquiète parce qu'elle . . .

(A) trouve la voiture de sa fille trop petite.
(B) pense que sa fille conduit comme une folle.
(C) n'aime pas que sa fille conduise la nuit.
(D) pense que la voiture est trop vieille.

76. La phrase qui commence par "Heureusement, depuis qu'elle" a pour sujet . . .

(A) la narratrice.
(B) la voiture.
(C) Stéphanie.
(D) la mère.

77. Quand sa fille téléphonera, la mère sera en train . . .

(A) d'attendre.
(B) de dormir.
(C) de dîner.
(D) de se reposer.

78. La voiture de la narratrice s'est arrêtée . . .

(A) à dix kilomètres de chez elle.
(B) tout près de la maison de Stéphanie.
(C) à environ cinquante kilomètres de chez elle.
(D) à environ soixante kilomètres de chez elle.

L'hiver dernier, j'ai assisté à un événement exceptionnel avec mon frère: le rallye automobile Monte-Carlo. La veille, nous
Line
(5) avions quitté notre ville de Lyon en train pour éviter les problèmes de stationnement de notre voiture, et nous étions installés dans un hôtel modeste à Monte-Carlo, si tenté qu'il existe un tel lieu dans cette ville si touristique ! Le lendemain, nous nous
(10) sommes levés tôt pour être sur place dès que possible, tant nous étions impatients de voir la course. Finalement, le moment tant attendu est arrivé. Nous avons entendu les bolides au loin, avant même de les voir
(15) passer à une vitesse incroyable devant nous. Quel spectacle ! Après plusieurs tours, le vainqueur a franchi la ligne d'arrivée sous les acclamations de la foule: il était français !

79. Comment le narrateur se rend-il à l'événement ?

   (A) En voiture
   (B) En train
   (C) En avion
   (D) À pied

80. Comment sont les hôtels de cette ville, d'après le narrateur ?

   (A) Chers
   (B) Bon marché
   (C) Touristiques
   (D) Confortables

81. Pourquoi le narrateur et son frère se sont-ils levés tôt le lendemain ?

   (A) Ils avaient peur d'être en retard.
   (B) Ils avaient hâte de voir la course.
   (C) Ils avaient des réservations tôt.
   (D) Ils ne pouvaient pas dormir.

82. Pourquoi le narrateur est-il heureux à la fin ?

   (A) Le vainqueur a franchi la ligne d'arrivée.
   (B) Il connaissait le vainqueur.
   (C) Le moment tant attendu était arrivé.
   (D) Un coureur français a gagné la course.

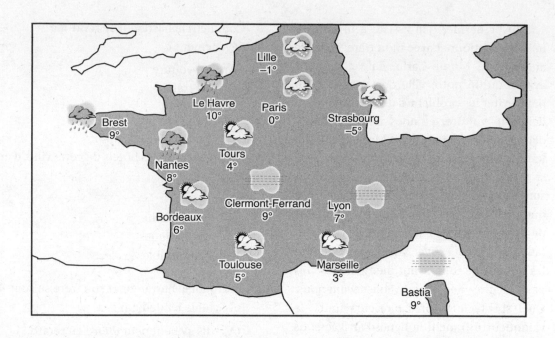

83. Dans quelle ville y a-t-il du brouillard ?

   (A)   Bastia

   (B)   Nantes

   (C)   Lyon

   (D)   Lille

84. Quel temps fait-il à Strasbourg ?

   (A)   Il neige.

   (B)   Il fait froid.

   (C)   Il pleut.

   (D)   Il fait du vent.

85. Pour trouver un temps ensoleillé, où faut-il aller ?

   (A)   A Paris

   (B)   A Brest

   (C)   A Marseille

   (D)   A Clermont-Ferrand

86. D'après les températures données, quelle saison est-ce ?

   (A)   Le printemps

   (B)   L'été

   (C)   L'automne

   (D)   L'hiver

87. Où ne doit-on pas aller si on a horreur du vent ?

   (A)   A Bastia

   (B)   A Tours

   (C)   A Bordeaux

   (D)   Au Havre

SCORING

Listening

Once you have taken the practice test, compare your answers with those given in the Answers Explained section on page 252.

1. Count the number of correct answers for questions 1 through 10 and 23 through 33 and mark the total here _____
2. Count the number of incorrect answers for these two sections _____
3. Divide the total number of incorrect answers by 3 and mark the result here _____
4. Subtract (3) from (1) and mark the result here _____
5. Count the number of correct answers for questions 11 through 22 and mark the total here _____
6. Count the number of incorrect answers for questions 11 through 22 and mark the total here _____
7. Divide the number obtained in (6) by 2 and mark the result here _____
8. Subtract the amount obtained in (7) from that in (5) and mark the result here _____
9. Add the result from (8) to the result from (4) and enter the number here _____
10. Round the number from (9) to the nearest whole number _____

The number obtained in (10) is your raw Listening subscore.

Reading

1. Count the number of correct answers for questions 34 through 87 and mark the total here _____
2. Count the number of incorrect answers and mark the total here _____
3. Divide the number from (2) by 3 and mark the total here _____
4. Subtract (3) from (1) and mark the result here _____
5. Round the number obtained in (4) to the nearest whole number _____

The number obtained in (5) is your raw Reading subscore.

Raw Composite Score

1. Divide your unrounded Listening subscore by 1.3164 _____
2. Add your unrounded Reading subscore _____
3. Round the result obtained to the nearest whole number _____

The number obtained in (3) is your Raw Composite Score.

To help you evaluate your approximate scaled score, please consult the following table. However, remember that these scores are approximate and may vary slightly from test to test.

Raw Composite Score	Scaled Score
75 to 87	800
61 to 74	710 to 790
49 to 60	640 to 700
39 to 48	590 to 630
28 to 38	540 to 580
20 to 27	500 to 530
−1 to 19	380 to 490
−13 to −2	310 to 370
−28 to −14	220 to 300

ANSWER KEY
Practice Test 6

French Subject Test with Listening

1.	**A**	31.	**D**	61.	**D**
2.	**A**	32.	**A**	62.	**A**
3.	**B**	33.	**A**	63.	**B**
4.	**B**	34.	**A**	64.	**D**
5.	**B**	35.	**C**	65.	**B**
6.	**C**	36.	**A**	66.	**C**
7.	**A**	37.	**D**	67.	**B**
8.	**B**	38.	**C**	68.	**A**
9.	**C**	39.	**C**	69.	**D**
10.	**A**	40.	**B**	70.	**C**
11.	**A**	41.	**D**	71.	**C**
12.	**B**	42.	**C**	72.	**C**
13.	**B**	43.	**A**	73.	**B**
14.	**C**	44.	**A**	74.	**A**
15.	**A**	45.	**B**	75.	**C**
16.	**B**	46.	**C**	76.	**D**
17.	**A**	47.	**B**	77.	**A**
18.	**C**	48.	**B**	78.	**C**
19.	**B**	49.	**A**	79.	**B**
20.	**C**	50.	**D**	80.	**A**
21.	**A**	51.	**B**	81.	**B**
22.	**C**	52.	**A**	82.	**D**
23.	**B**	53.	**B**	83.	**C**
24.	**A**	54.	**C**	84.	**A**
25.	**C**	55.	**B**	85.	**C**
26.	**A**	56.	**A**	86.	**D**
27.	**A**	57.	**C**	87.	**A**
28.	**D**	58.	**B**		
29.	**C**	59.	**C**		
30.	**C**	60.	**B**		

ANSWERS EXPLAINED

1. **(A)** The women are talking. (B) is incorrect because the women aren't playing with the ball. The men are not swimming in the pool and only one man is sitting on the edge of the pool, so (C) and (D) are incorrect.

2. **(A)** The two children are listening to the music. The little boy is not playing the piano (B), the woman is not standing (C), and she is not looking at the books (D).

3. **(B)** The child seems to be either feeding or petting the animal so he must like animals. He is obviously not afraid (A), nor is he opening the gate (C). He is very close to the gate, so (D) is incorrect.

4. **(B)** The young man is making crepes. No one is eating (A), we don't see a table (C), and the oven door is not open (D).

5. **(B)** Choice (A) is obviously wrong since the person does not appear well at all. (C) cannot be verified. (D) is wrong because the picture does not indicate that the person has a sore throat.

6. **(C)** The man has his back to the water, so he has probably just come out. (A) is incorrect because the man and the dog are on the beach, not in the ocean. We cannot see many children in the water, and the dog is not going into the water so (B) and (D) are incorrect.

7. **(A)** They are changing a tire, so they must have had a blowout. There is no mechanic here so (B) is wrong. (C) is also incorrect because we cannot see a steering wheel ("un volant"), and it doesn't look like they are out of gas (D).

8. **(B)** The pedestrians ("les piétons") are crossing the street. No one is taking a plane (A). There is no truck to watch out for (C). We cannot see a man driving a car (D).

9. **(C)** The baby is playing in the water, not in the sand (A). There are no other children so (B) is incorrect. Because the baby is not in a room, (D) is also incorrect.

10. **(A)** The man is selling plants. He is not taking care of customers, as (B) suggests. There is no evidence of vegetables being sold here, so (C) is wrong. He is not bringing a plant into the apartment building, so (D) is incorrect as well.

11. **(A)** He had already asked for this gift the previous year. Since the grandmother has asked what he wanted for his birthday, she isn't going to buy something else (B), and he hasn't written to his grandmother (C).

12. **(B)** His mother warns him that he has to take care of the dog. No mention is made of writing the grandmother (A), nor of taking the dog to school (C).

13. **(B)** The mechanic says that they have too much work ("débordés de travail") and that there are five cars to repair before Mr. Perrin's. (A) is incorrect because there is no mention of Mr. Perrin having too much work, and (C) is also incorrect because the mechanic says that the problem wasn't serious.

14. **(C)** The elevator is to the left of the perfume department. The stairs are farther away so (A) is incorrect. The lingerie department is in front of the stairs, so it is not too close to the elevator either (B).

15. **(A)** The customer says, "Je sais, je sais, j'y monte immédiatement"; she is impatient. Because she says that she knows, she isn't surprised (B) and her eagerness to get there proves that she isn't indifferent (C).

16. **(B)** Jean-Claude says that they still have five days before he needs the book. (A) is incorrect because his sister refuses to lend him the book. (C) is also incorrect because he hasn't read the book.

17. **(A)** His sister refuses to lend him the book because she says he will not take good care of it. There is no mention of his sister thinking that he is not a good student (B) nor that he finds everything difficult (C).

18. **(C)** The lady has both proofs of identity. She does not have only a passport or a driver's license so (A) and (B) are incorrect.

19. **(B)** The airport employee tells the lady that the plane will leave "à l'heure prévue"; therefore, both (A) and (C) are incorrect.

20. **(C)** She saw the shoes in the store window so (B) is incorrect. She did not see them at a friend's house (she says that none of her friends has the same) so (A) is incorrect also.

21. **(A)** He says that he isn't sure if he still has a pair size 36; therefore, (B) and (C) are incorrect.

22. **(C)** Her friend says that her sister might be able to help her. The tennis teacher told her that she needed a new racket, so (A) is incorrect. There is no mention of Colette having a sister, so (B) is also incorrect.

23. **(B)** She promises to water Ousmane's plants while he is gone. The other choices aren't mentioned in the dialogue.

24. **(A)** "Je ne suis pas sûr." (B) is incorrect because Ousmane doesn't know what the exact nature of his grandmother's illness is. There is no mention of a hospital, so (C) is incorrect, and (D) assumes that Ousmane knows the details pertaining to his grandmother's illness, but he doesn't.

25. **(C)** He says that his cousins work in Dakar, in Senegal; that is why he hasn't seen them. The other answers are not mentioned in the dialogue.

26. **(A)** Ousmane says that, when he finished high school, his grandmother encouraged him to continue his studies in France. We don't know if he is married (B). He is going to see his grandmother, so (C) is incorrect. Since he went after high school, (D) is also incorrect.

27. **(A)** He watched a match on television. He wasn't ill (B); he did not know in advance that the teacher was ill ("J'ai appris il y a cinq minutes que monsieur Masson est malade"), so (C) is incorrect, and he did not play in a match (D).

28. **(D)** David is well prepared and says that he would not like to have to review again for the exam. He wants to pass the test today, so (A) is incorrect. He doesn't say anything on how he feels about having a substitute teacher (B) nor about going to see a match with Michel (C).

29. **(C)** She says that Mr. Masson had an appendectomy and that he'll be back soon, so the three other choices are incorrect.

30. **(C)** Michel did not prepare for the test, so he will be unhappy because the test will take place. The other three choices do not reflect his disappointment.

31. **(D)** "Je l'ai trouvé au fond d'une de mes classes, sur un banc." The other answers are therefore incorrect.

32. **(A)** The book is two weeks late. (B) is in the future, so it is incorrect; (C) "le jour précédent" is also wrong; and (D) is twice the time mentioned.

33. **(A)** "Il aurait dû venir nous dire qu'il l'avait perdu." The other choices are not mentioned in this dialogue.

34. **(A)** It is the only thing that applies to a dress. (B) (stingy) cannot apply to a thing; (C) means exuberant.

35. **(C)** It is the only one of the four choices that can be used with a "d'" before the adjective.

36. **(A)** He translated the book into French. The three other choices do not make sense here.

37. **(D)** They spent their vacation in a chalet in the mountain. (A) means spring (as in spring-loaded), (B) is a horse drawn carriage, and (C) is a building.

38. **(C)** The package is very heavy. (A) and (B) are tempting, but the adjectives "énorme" and "immense" cannot be used with "très." (D) is wrong because the adjective "haut" cannot apply to a package. A building is high, but a package is not.

39. **(C)** The student is late for school, so he is told to hurry ("se dépêcher"). (A) is incorrect because, if he is late, he must not relax. (B) is incorrect because it is not a reflexive verb, and (D) means to straighten up (as in one's posture).

40. **(B)** "Suivre un cours" means to take a class. The verb "suivre" is therefore the only verb that can be used in connection with "un cours."

41. **(D)** The person took the wrong road, and they are now lost. The only verb that can be used in this context is "se tromper." The other verbs are not reflexive.

42. **(C)** They took their swimming suits to go to the beach. Of the four choices, it is the only place where one needs a swimming suit.

43. **(A)** The sentence is in the present tense; therefore, (A) is the only acceptable answer. (B) is in the imperfect, (C) is in the passé simple, and (D) is in the subjunctive.

44. **(A)** Whenever a reflexive verb is followed by a direct object representing a part of the body, the article has to be used, not the possessive adjective; therefore, (B) is incorrect. (C) is also incorrect because it means some and cannot be used with a reflexive before a body part. (D) means to the and is grammatically wrong.

45. **(B)** When two verbs follow each other, the second one is in the infinitive. Therefore, the other answers are incorrect.

46. **(C)** After the preposition "dans," if there is a masculine noun ("livre"), the interrogative adjective "quel" must be used. (B) can only be used if the noun is omitted. (A) means what and doesn't apply here because there is a noun. (D) can only be used if followed by "de" and if "livre" is in the plural.

47. **(B)** It is the only preposition that can follow the verb "partir" if there is an article ("la") before the destination. (A) is wrong because the verb "partir" requires a preposition.

48. **(B)** The woman forgot her gloves, so she returned immediately to the stadium. (A) means often and is incorrect here, (C) means toward in an abstract sense, and (D) means toward in a physical sense.

49. **(A)** "Jusqu'à ce que" requires the subjunctive; of the four choices, (A) is the only subjunctive.

50. **(D)** (A) is grammatically incorrect because "les" must follow "nous." (B) is incorrect because "y" requires a location. (C) doesn't work unless the sentence begins with a form of "de" ("Des notes").

51. **(B)** Unlike English, when the second part of the sentence is in the future ("tu lui diras"), the part that follows "Quand" (when) must also be in the future tense. There are two future tenses here, but the only one that applies is (B). (D) is in the futur antérieur but doesn't work in this context because the person will say hello to the cousin when he sees him, not when he will have seen him.

52. **(A)** The old lady was walking slowly. The other three choices, meaning evidently, gravely, and politely, do not fit in this context.

53. **(B)** The verb "atteindre" (to reach) doesn't require a preposition, so it works here. The verbs "arriver" and "aller" are tempting, but they would have to be followed by a preposition. (C) means joining and does not apply here.

54. **(C)** "Avant de" must be followed by an infinitive. It is therefore the only possible choice here.

55. **(B)** "Une dizaine," being a quantity, must be followed by "de" or "d'." It is therefore the only possible choice here.

56. **(A)** The old lady was hesitating. (B), meaning to discuss, (C), meaning to reflect (like a mirror), and (D), meaning to bore, do not fit in this context.

57. **(C)** The young boy rushed to help the lady. (A) is not a reflexive verb. (B), meaning to interfere, and (D), meaning to get up, do not apply in this context.

58. **(B)** This is part of the comparative "plus . . . que." It is therefore the only possible answer.

59. **(C)** The expression of emotion "heureuse que" requires a subjunctive. (C) is in the subjunctive and is therefore the correct answer. (A) is in the imperfect, (B) is in the future, and (D) is in the passé composé.

60. **(B)** They crossed the street and reached the opposite sidewalk ("trottoir"). The other choices (A), "mur" (wall), (C), "chemin" (path or way), and (D), square (mathematical, not a city square), do not fit in this context.

61. **(D)** The verb "remercier" requires a direct object. Because the object is him, the sentence is "elle le remercia," (A) is therefore incorrect. (B) is indirect. In (C), the pronoun "y" refers to the name of a place. It means there.

62. **(A)** The adjective "confus" means embarrassed. The young boy is embarrassed because the lady kept thanking him. (B) means kissed, (C) means diverted, and (D) means blushed.

63. **(B)** This is a "si" clause, and the second part is in the past conditional. Therefore, the first part must be in the pluperfect. (A) is in the passé composé, (C) is in the past conditional, and (D) is in the future perfect (futur antérieur).

64. **(D)** After the preposition "avec," a disjunctive or stress pronoun must be used. There are two stress pronouns here: "toi" and "nous." Since the narrator speaks to a person in the "vous" form, "toi" makes no sense (if you saw the play with you). (A) is a personal pronoun, and (C) is an indirect object pronoun.

65. **(B)** The expression "bien entendu" means of course. "Bien que" is an expression that has to be followed by a subject and a verb in the subjunctive, which isn't the case here in (A). (C) cannot be used with "bien." The word "tôt" is used as one word with "bien": "bientôt." It cannot be used as a separate word (D).

66. **(C)** It is the only possible choice here since Genève is a city and "à" is the only preposition that can be used with a city when it means in. (A) is incorrect because a preposition is required. (B) is used with feminine countries, and (D), meaning by, cannot be used in this context.

67. **(B)** Because "y" represents a location (there), it is the only possible answer: we could not invite you there.

68. **(A)** Because there is no antecedent (we do not know what the subject of the verb is at this point), an expression with "ce" must be used. (B), (C), and (D) are incorrect because there is no preposition before.

69. **(D)** After an ordinal number ("premier/première"), "fois" is used to represent time (the first time). (A), meaning presentation, (B), meaning occasion, and (C), meaning part, do not fit in this context.

70. **(C)** The answer has to be in the passé composé because it is limited in time in the past. It is the only possible answer.

71. **(C)** "Avoir le coup de foudre" is idiomatic. You will fall in love at first sight with the Livarot. (A) means that you will buy this cheese, but not necessarily fall in love with it. (B) means that you will look for this cheese, which is a possibility, but it doesn't mean you will love it. There is no mention of a comparison; therefore, (D) is also incorrect.

72. **(C)** "Le Livarot est né à la fin du Moyen Âge en basse Normandie."

73. **(B)** Lisieux is known for its holy places: "lieu des pélerinages."

74. **(A)** We know that the cheese has a cylindrical shape, that its consistency ("sa pâte") is soft, and that its taste is sharp ("saveur prononcée").

75. **(C)** "Rien que l'idée de me savoir seule sur l'autoroute après le coucher du soleil la remplit d'inquiétude."

76. **(D)** It is the mother who is calmer since she bought a cell phone for her daughter.

77. **(A)** The mother tells her daughter not to worry about waking her up. She will be waiting for the call, so we can assume she will not sleep until she gets that call.

78. **(C)** The car broke down about fifty kilometers from her home. (A) is incorrect because the car broke down about fifty kilometers, not ten kilometers, from her home. (B) and (D) are also incorrect because they do not match the correct description regarding how far away from her home her car broke down.

79. **(B)** The narrator went to the event via a train. There is no mention of driving there (A). There is no mention of either taking a plane (C) or walking (D).

80. **(A)** "Chers" is correct because "si tenté qu'il existe un tel lieu dans cette ville si touristique," meaning if one could say that such a place existed in such a touristy city, suggests that there is no such thing as a cheap hotel in Monte-Carlo. (B) means cheap, so it is incorrect. Touristy (C) and comfortable (D) are not traits that are mentioned in the text.

81. **(B)** "Tant nous étions impatients de voir la course" means they were so looking forward to the race. (A), (C), and (D) are incorrect because there is no mention of such statements in the text.

82. **(D)** Since the narrator and his brother live in Lyon, they are French, and they want a fellow countryman to win the race. (A) is incorrect because this is not a cause for celebration since that is how a race always ends. (B) is incorrect because there is no mention of the narrator knowing any competitors. (C) is incorrect because it is too vague.

83. **(C)** "Brouillard" means fog. (A), (B), and (D) are not possible.

84. **(A)** Choice (B) is incorrect because, although true, it is too general. (C) and (D) are also incorrect because "il pleut" means it is raining and "il fait du vent" means it is windy.

85. **(C)** "Pour trouver un temps ensoleillé" means to find sun. (A), (B), and (D) are obviously incorrect.

86. **(D)** Since snow appears on this weather map, one can assume the season is winter. So (A), (B), and (C) are incorrect.

87. **(A)** "On a horreur du vent" means one hates wind. So (B), (C), and (D) are wrong since nothing indicates wind in these cities.

Section I—Listening Script

Part A

> **Track 6**
>
> **Directions:** In this section, you will hear four sentences—(A), (B), (C), and (D). You will hear these sentences only once, and they will not be printed in your book. As you listen to the sentences, look carefully at the picture and select the sentence which best fits what is in the picture.

(Below is the script for all of the sentences that you heard, but didn't see, for all of the pictures in Part A. Use this script to help you diagnose any potential errors you may have made while listening. Remember that on the actual exam, the written script will not be provided for you.)

1. (A) Les femmes sont en train de parler.
    (B) Une femme lance le ballon.
    (C) Les hommes nagent dans la piscine.
    (D) Deux hommes sont assis au bord de la piscine.

2. (A) Les enfants écoutent la musique.
    (B) Le petit garçon joue du piano.
    (C) La femme est debout derrière les enfants.
    (D) La femme regarde les livres.

3. (A) L'enfant a peur des animaux.
    (B) L'enfant aime les animaux.
    (C) L'enfant ouvre la porte.
    (D) L'enfant est loin de la porte.

4. (A) Les trois personnes sont en train de manger.
    (B) Le jeune homme fait des crêpes.
    (C) Ils sont autour de la table.
    (D) Le jeune homme a ouvert le four.

5. (A) Ça va bien, merci, et toi ?
    (B) Ce n'est pas grave, juste un petit rhume !
    (C) La pharmacie est toujours ouverte.
    (D) Maman, j'ai mal au ventre.

6. (A) L'homme et le chien nagent dans la mer.
    (B) Il y a beaucoup d'enfants dans l'eau.
    (C) L'homme vient de sortir de l'eau.
    (D) Le chien rentre dans l'eau.

7. (A) Il fallait qu'un pneu crève sur l'autoroute !
   (B) Heureusement que j'ai trouvé ce garagiste !
   (C) Il faut vraiment que je change le volant !
   (D) J'aurais dû prendre de l'essence !

8. (A) Les gens prennent l'avion.
   (B) Les piétons traversent la rue.
   (C) Attention au camion !
   (D) L'homme conduit la voiture.

9. (A) J'adore jouer dans le sable.
   (B) J'adore jouer avec mes amis.
   (C) J'adore jouer dans l'eau.
   (D) J'adore jouer dans ma chambre.

10. (A) L'homme vend des plantes.
    (B) L'homme s'occupe des clients.
    (C) Ici on peut acheter des légumes.
    (D) Il apporte une plante dans l'immeuble.

Part B

> **Directions:** In this section, you will hear a series of short dialogues. These dialogues will not be printed in your book, and each dialogue will be said only once. For each selection, you will be asked one or two questions followed by three possible answers—(A), (B), and (C). These answers are not printed in your book. You will hear them only once. Listen carefully to the speaker and mark the correct answer on your answer sheet. You are now ready to begin.

(Below is the script for all of the short dialogues and their respective questions that you heard, but didn't see, for all of Part B. Use this script to help you diagnose any potential errors you may have made while listening. Remember that on the actual exam, the written script will not be provided for you.)

Female Speaker	Alors mon petit Paul, ton anniversaire approche et je viens de recevoir une lettre de ta grand-mère qui veut savoir de quoi tu as envie.
Child Speaker	Oh, maman, tu sais ce que je veux, je l'avais demandé l'année passée . . .
Female Speaker	Oui, un petit chien, un petit chien tout à toi ! D'accord, à condition que tu promettes de t'en occuper, de lui donner à manger, de le promener, enfin, de tout faire pour lui !

11. Qu'est-ce que nous apprenons de ce que le petit Paul désire ?

    (A) C'est la deuxième fois qu'il demande ce cadeau.
    (B) Sa grand-mère va lui acheter autre chose.
    (C) Il a écrit à sa grand-mère pour le lui demander.

12. Qu'est-ce que Paul devra faire ?

    (A) Écrire encore une fois à sa grand-mère
    (B) Prendre bien soin du chien
    (C) Emmener le chien avec lui à l'école

Male Speaker   Allô, Monsieur Perrin ? Ici Martin, je vous appelle pour vous dire que votre voiture ne sera pas prête avant demain soir. Malheureusement, un de mes employés est malade et nous sommes débordés de travail. On a cinq voitures à réparer avant la vôtre. Mais, j'ai une bonne nouvelle pour vous, il n'y avait rien de sérieux et ça ne vous coûtera pas cher.

13. Pourquoi est-ce que Monsieur Perrin ne pourra pas récupérer sa voiture aujourd'hui ?

    (A) Il a trop de travail.
    (B) Le garagiste a trop de travail.
    (C) Le problème est sérieux.

Female Speaker 1   Pardon mademoiselle, où se trouve le rayon des sacs s'il vous plaît ?
Female Speaker 2   C'est au deuxième étage madame. Vous pouvez prendre l'ascenseur si vous voulez. Il se trouve à gauche du rayon des parfums. Si vous préférez, les escaliers sont un peu plus loin, derrière le rayon lingerie. A propos, savez-vous qu'aujourd'hui, les sacs sont à moitié prix ?
Female Speaker 1   Je sais ! Je sais ! J'y monte immédiatement ! Merci !

14. Comment la cliente peut-elle trouver l'ascenseur ?

    (A) Il est à côté des escaliers.
    (B) Il est derrière le rayon lingerie.
    (C) Il est près du rayon des parfums.

15. Quelle est la réaction de la cliente à la fin de la conversation ?

    (A) Elle est impatiente.
    (B) Elle est surprise.
    (C) Elle est indifférente.

Female Speaker   Dis Jean-Claude, tu as acheté le livre dont nous avons besoin pour lundi ?
Male Speaker   Non, on a quand même cinq jours, mais je l'achèterai demain . . . Ma soeur, qui l'a lu l'année dernière, m'a dit qu'il était excellent. Malheureusement pour moi, elle refuse de me le donner parce qu'elle dit que je ne vais pas bien m'en occuper, que je ne le traiterai pas bien . . . après tout, ce n'est qu'un livre de poche ! Elle est si difficile quand même !

16. Pourquoi Jean-Claude n'est-il pas pressé d'acheter le livre ?

    (A) On va le lui prêter.
    (B) Il a le temps.
    (C) Il l'a déjà lu.

17. Qu'est-ce que la soeur de Jean-Claude pense de son frère ?

    (A) Il n'est pas soigneux.
    (B) Il n'est pas bon élève.
    (C) Il trouve tout difficile.

Male Speaker	Votre billet madame, et aussi une pièce d'identité s'il vous plaît.
Female Speaker	Voici mon billet . . . Est-ce que vous préférez mon passeport ou mon permis de conduire, j'ai les deux avec moi.
Male Speaker	L'un ou l'autre madame, ça va.
Female Speaker	Voilà.
Male Speaker	Bon, tout est en règle. Votre vol est à l'heure et part de la porte numéro onze. Bon voyage madame.

18. Qu'est-ce que la voyageuse a comme preuve d'identité ?

    (A) Un passeport seulement
    (B) Un permis de conduire seulement
    (C) Un passeport et un permis de conduire

19. Quand l'avion partira-t-il ?

    (A) Une heure plus tard
    (B) À l'heure prévue
    (C) À l'avance

Male Speaker	Bonjour mademoiselle, je peux vous renseigner ?
Female Speaker	Euh, oui monsieur . . . vous voyez cette paire de chaussures en vitrine, celle qui est en solde . . . oui, celle-là, la grise à talons hauts . . . J'en ai tellement envie, aucune de mes amies n'a la même ! Oh, j'espère que vous aurez ma pointure, c'est le 36.
Male Speaker	Le 36 ? Je ne sais pas si on en a encore une paire, mais je dois vérifier. Vous savez, ce modèle a eu beaucoup de succès.

20. Où la jeune fille a-t-elle vu la paire de chaussures dont elle a envie ?

    (A) Chez une de ses amies
    (B) À l'intérieur du magasin
    (C) Dans la vitrine du magasin

21. Qu'est-ce que le vendeur dit à la jeune fille ?

    (A) Il n'est pas sûr d'avoir sa pointure.
    (B) Il lui reste plusieurs paires.
    (C) Il a déjà vérifié.

Female Speaker 1	Tu sais Annie, ma prof de tennis m'a dit que je dois acheter une autre raquette, la mienne est vraiment trop petite pour moi et je rate tous mes coups !
Female Speaker 2	Si tu veux Colette, je peux demander à ma soeur aînée de te donner l'une des siennes. Elle a trois raquettes. Elle pourrait en garder une pour elle, une pour moi et puis te donner ou te prêter la sienne.

22. Qui pourrait peut-être aider Colette ?

    (A)   Sa prof de tennis

    (B)   Sa soeur

    (C)   La soeur de son amie

Part C

> **Directions:** In this section, you will hear a series of extended dialogues. These dialogues will not be printed in your book, and you will hear each only once. After listening to each dialogue, you will be asked several questions followed by four possible answers—(A), (B), (C), and (D). These questions are printed in your book. You will hear them only once. Select the best answer to the question from among the four choices printed in your book and blacken the space corresponding to the letter you have decided has the correct answer on your answer sheet. You are now ready to begin.

(Below is the script for all of the extended dialogues that you heard, but didn't see, for all of Part C. Each is followed by the questions that corresponded to that dialogue. Use this script to help you diagnose any potential errors you may have made while listening. Remember that on the actual exam, the written script will not be provided for you.)

DIALOGUE 1

Ousmane	Allô, Françoise, peux-tu me rendre un petit service ? J'ai reçu une lettre me disant que ma grand-mère est malade, alors je vais partir au Mali pour la voir. Comme je serai absent pendant deux semaines, je m'inquiète pour mes plantes . . .
Françoise	Tu veux que j'arrose tes plantes, tu peux compter sur moi ! Mais, Ousmane, ce n'est pas grave au moins, la maladie de ta grand-mère ?
Ousmane	Je ne suis pas sûr, mais . . . tu sais, elle a près de quatre-vingts ans, alors je me fais beaucoup de souci. Je verrai aussi mes cousins que je n'ai pas vus depuis plus de quinze ans !
Françoise	Mais je sais que tu es allé en Afrique plusieurs fois depuis que tu as fini tes études à Paris. N'es-tu pas allé à Bamako l'hiver dernier pour un mariage ?
Ousmane	Oui, mais mes cousins ne vivent pas au Mali. Ils y sont nés, mais travaillent à Dakar, au Sénégal. Eux aussi vont aller à Bamako pour voir notre grand-mère. Oh, j'espère qu'elle ne va pas trop mal. Tu sais, c'est elle qui, lorsque j'ai fini le lycée, m'a encouragé à continuer mes études en France. Oh, ce qu'elle peut me manquer, ma grand-mère . . . mais, il faut être optimiste . . . et tu es gentille de bien vouloir arroser mes plantes, merci, merci mille fois !

23. Comment Françoise peut-elle aider Ousmane ?

24. Que dit Ousmane de la maladie de sa grand-mère ?

25. D'après ce passage, pourquoi Ousmane n'a-t-il pas vu ses cousins depuis longtemps ?

26. Quand Ousmane est-il parti pour la France ?

DIALOGUE 2

Michel	David, j'ai appris il y a cinq minutes que monsieur Masson est malade . . . est-ce que tu crois qu'on aura quand même l'examen ou qu'il sera annulé ? Tu sais, moi, Je serais ravi si l'examen était remis à demain ou après—demain. Je . . . je n'ai pas trop étudié hier . . .
David	Pourquoi, tu étais malade toi aussi Michel ?
Michel	Oh non, mais . . . il y avait le match de foot à la télé, et je n'ai pas pu résister, quel match extraordinaire ! Mes parents n'étaient pas à la maison et ils ne savent pas que j'ai regardé la télé, ils seraient furieux . . . oh, j'espère qu'on n'aura pas l'examen aujourd'hui !
David	Je suis désolé pour toi Michel, mais tu sais, moi j'ai bien bossé toute la soirée, et si l'examen est remis à demain, je n'aimerais pas ça ! Je suis prêt, et, franchement, je voudrais en finir. Ce soir, je ne veux pas avoir à réviser ! Mais, attention . . . voici la remplaçante de monsieur Masson . . .
Mlle Rossi	Bonjour tout le monde ! Je suis Mademoiselle Rossi. Je regrette de vous annoncer que Monsieur Masson est à l'hôpital. Il a été transporté d'urgence à cause d'une crise d'appendicite et on l'a opéré immédiatement. Il va bien maintenant et sera de retour bientôt. Il m'a dit que vous aviez un examen aujourd'hui et, vous avez de la chance . . . sa femme me l'a apporté: le voici ! De cette façon, vous pourrez le passer comme prévu. Alors, on commence !

27. Pourquoi Michel n'a-t-il pas bien étudié pour l'examen ?

28. Qu'est-ce que son ami David n'aimerait pas ?

29. Que dit la remplaçante à propos de Monsieur Masson ?

30. En entendant ce que dit la remplaçante, quelle sera la réaction de Michel ?

DIALOGUE 3

Etudiante	Monsieur, j'ai trouvé hier ce livre qui appartient à la bibliothèque et je viens vous le rendre.
Bibliothécaire	Merci mademoiselle . . . oh, ce n'est pas le vôtre ?
Etudiante	Non, je l'ai trouvé au fond d'une de mes salles de classe, sur un banc. Franchement, il y était depuis quelques jours, alors, comme je devais venir de toute façon pour faire de la recherche et que hier, le livre était toujours à la même place, je vous l'ai rapporté.
Bibliothécaire	Voyons . . . euh . . . on aurait dû rendre ce livre il y a deux semaines. Deux semaines de retard ! L'étudiant qui l'a emprunté a dû le laisser en classe mais il aurait dû venir nous dire qu'il l'avait perdu. Ah mademoiselle, il y a tant de livres qui disparaissent comme cela !
Etudiante	Peut-être que cette personne avait beaucoup de travail et a simplement oublié.
Bibliothécaire	Ah, mais lorsqu'on emprunte quelque chose, il faut être responsable. Voilà, vous n'aviez pas besoin de le rendre puisque ce n'est pas vous qui l'aviez emprunté, mais vous vous en êtes occupée. Ah, si tout le monde était comme vous. Merci mille fois mademoiselle.

31. Où la jeune fille a-t-elle trouvé le livre ?

32. Quand devait-on rendre ce livre ?

33. Qu'est-ce que le bibliothécaire pense que l'étudiant qui avait emprunté le livre aurait dû faire ?

French Subject Test

1. Ⓐ Ⓑ Ⓒ Ⓓ
2. Ⓐ Ⓑ Ⓒ Ⓓ
3. Ⓐ Ⓑ Ⓒ Ⓓ
4. Ⓐ Ⓑ Ⓒ Ⓓ
5. Ⓐ Ⓑ Ⓒ Ⓓ
6. Ⓐ Ⓑ Ⓒ Ⓓ
7. Ⓐ Ⓑ Ⓒ Ⓓ
8. Ⓐ Ⓑ Ⓒ Ⓓ
9. Ⓐ Ⓑ Ⓒ Ⓓ
10. Ⓐ Ⓑ Ⓒ Ⓓ
11. Ⓐ Ⓑ Ⓒ Ⓓ
12. Ⓐ Ⓑ Ⓒ Ⓓ
13. Ⓐ Ⓑ Ⓒ Ⓓ
14. Ⓐ Ⓑ Ⓒ Ⓓ
15. Ⓐ Ⓑ Ⓒ Ⓓ
16. Ⓐ Ⓑ Ⓒ Ⓓ
17. Ⓐ Ⓑ Ⓒ Ⓓ
18. Ⓐ Ⓑ Ⓒ Ⓓ
19. Ⓐ Ⓑ Ⓒ Ⓓ
20. Ⓐ Ⓑ Ⓒ Ⓓ
21. Ⓐ Ⓑ Ⓒ Ⓓ
22. Ⓐ Ⓑ Ⓒ Ⓓ
23. Ⓐ Ⓑ Ⓒ Ⓓ
24. Ⓐ Ⓑ Ⓒ Ⓓ
25. Ⓐ Ⓑ Ⓒ Ⓓ
26. Ⓐ Ⓑ Ⓒ Ⓓ
27. Ⓐ Ⓑ Ⓒ Ⓓ
28. Ⓐ Ⓑ Ⓒ Ⓓ
29. Ⓐ Ⓑ Ⓒ Ⓓ

30. Ⓐ Ⓑ Ⓒ Ⓓ
31. Ⓐ Ⓑ Ⓒ Ⓓ
32. Ⓐ Ⓑ Ⓒ Ⓓ
33. Ⓐ Ⓑ Ⓒ Ⓓ
34. Ⓐ Ⓑ Ⓒ Ⓓ
35. Ⓐ Ⓑ Ⓒ Ⓓ
36. Ⓐ Ⓑ Ⓒ Ⓓ
37. Ⓐ Ⓑ Ⓒ Ⓓ
38. Ⓐ Ⓑ Ⓒ Ⓓ
39. Ⓐ Ⓑ Ⓒ Ⓓ
40. Ⓐ Ⓑ Ⓒ Ⓓ
41. Ⓐ Ⓑ Ⓒ Ⓓ
42. Ⓐ Ⓑ Ⓒ Ⓓ
43. Ⓐ Ⓑ Ⓒ Ⓓ
44. Ⓐ Ⓑ Ⓒ Ⓓ
45. Ⓐ Ⓑ Ⓒ Ⓓ
46. Ⓐ Ⓑ Ⓒ Ⓓ
47. Ⓐ Ⓑ Ⓒ Ⓓ
48. Ⓐ Ⓑ Ⓒ Ⓓ
49. Ⓐ Ⓑ Ⓒ Ⓓ
50. Ⓐ Ⓑ Ⓒ Ⓓ
51. Ⓐ Ⓑ Ⓒ Ⓓ
52. Ⓐ Ⓑ Ⓒ Ⓓ
53. Ⓐ Ⓑ Ⓒ Ⓓ
54. Ⓐ Ⓑ Ⓒ Ⓓ
55. Ⓐ Ⓑ Ⓒ Ⓓ
56. Ⓐ Ⓑ Ⓒ Ⓓ
57. Ⓐ Ⓑ Ⓒ Ⓓ
58. Ⓐ Ⓑ Ⓒ Ⓓ

59. Ⓐ Ⓑ Ⓒ Ⓓ
60. Ⓐ Ⓑ Ⓒ Ⓓ
61. Ⓐ Ⓑ Ⓒ Ⓓ
62. Ⓐ Ⓑ Ⓒ Ⓓ
63. Ⓐ Ⓑ Ⓒ Ⓓ
64. Ⓐ Ⓑ Ⓒ Ⓓ
65. Ⓐ Ⓑ Ⓒ Ⓓ
66. Ⓐ Ⓑ Ⓒ Ⓓ
67. Ⓐ Ⓑ Ⓒ Ⓓ
68. Ⓐ Ⓑ Ⓒ Ⓓ
69. Ⓐ Ⓑ Ⓒ Ⓓ
70. Ⓐ Ⓑ Ⓒ Ⓓ
71. Ⓐ Ⓑ Ⓒ Ⓓ
72. Ⓐ Ⓑ Ⓒ Ⓓ
73. Ⓐ Ⓑ Ⓒ Ⓓ
74. Ⓐ Ⓑ Ⓒ Ⓓ
75. Ⓐ Ⓑ Ⓒ Ⓓ
76. Ⓐ Ⓑ Ⓒ Ⓓ
77. Ⓐ Ⓑ Ⓒ Ⓓ
78. Ⓐ Ⓑ Ⓒ Ⓓ
79. Ⓐ Ⓑ Ⓒ Ⓓ
80. Ⓐ Ⓑ Ⓒ Ⓓ
81. Ⓐ Ⓑ Ⓒ Ⓓ
82. Ⓐ Ⓑ Ⓒ Ⓓ
83. Ⓐ Ⓑ Ⓒ Ⓓ
84. Ⓐ Ⓑ Ⓒ Ⓓ
85. Ⓐ Ⓑ Ⓒ Ⓓ

Practice Test 7: French Subject Test

Part A

Directions: This part consists of a series of incomplete statements followed by four possible answers. Among the four choices, select the answer that best fits the statement.

1. Ma soeur travaille pour une compagnie _____ dans l'électronique.

   (A) faisant
   (B) spécialisée
   (C) créant
   (D) recherchée

2. Denis est très _____ , il n'étudie presque jamais.

   (A) généreux
   (B) menteur
   (C) paresseux
   (D) travailleur

3. Je crois que c'est une _____ d'atterrissage pour hélicoptères.

   (A) piste
   (B) terrain
   (C) ligne
   (D) course

4. Cet évènement sportif _____ un très grand nombre de spectateurs.

   (A) emporte
   (B) amène
   (C) attire
   (D) offre

5. On a _____ un vol dans cette bijouterie.

   (A) commandé
   (B) commis
   (C) appris
   (D) dételé

6. Mon frère collectionne les _____ parce qu'il aime la géographie.

   (A) vases
   (B) dessins
   (C) timbres
   (D) bouteilles

7. Après le dîner, nous avons réglé _____ .

   (A) le fromage
   (B) l'addition
   (C) le dessert
   (D) les fruits

8. Ils se sont _____ rendez-vous devant le restaurant.

   (A) donné
   (B) fait
   (C) pris
   (D) arrangé

9. Elle a acheté un chemisier à _____ courtes.

   (A) cols
   (B) manches
   (C) boutons
   (D) poches

10. Delphine s'est _____ avant de sortir.

   (A) maquillée
   (B) dîné
   (C) dressée
   (D) téléphoné

11. Il est recommandé de porter un _____ lorsqu'on fait de la moto.

   (A) chapeau
   (B) casque
   (C) vélo
   (D) gant

12. Elle _____ un cours de dessin qu'elle aime beaucoup.

   (A) fait
   (B) attend
   (C) assiste
   (D) suit

13. Ils sont _____ ici aujourd'hui ? Je ne peux pas le croire !

   (A) actuellement
   (B) vraiment
   (C) avant
   (D) parfois

14. Oh, quel ennui, j'ai _____ le train ! Il faudra attendre le suivant !

   (A) manqué
   (B) passé
   (C) misé
   (D) pris

15. Jacques est très _____ : il réfléchit toujours avant d'agir.

   (A) sensible
   (B) prévenant
   (C) actif
   (D) raisonnable

16. Hier soir, à la télé, j'ai vu une _____ très intéressante sur le Pôle Nord.

   (A) émission
   (B) description
   (C) mission
   (D) découverte

17. Il a mis sa valise dans le _____ de la voiture.

   (A) tronc
   (B) siège
   (C) coffre
   (D) volant

18. Moi, j'adore faire la _____ matinée pendant les vacances.

   (A) longue
   (B) grasse
   (C) lente
   (D) détendue

19. Tu ferais mieux de te _____ avant la compétition.

   (A) traîner
   (B) pratiquer
   (C) rester
   (D) reposer

20. Après le dîner, les enfants ont fait la _____.

   (A) table
   (B) vaisselle
   (C) cuisine
   (D) récréation

Part B

Directions: In this part, each sentence contains a blank. Select, from the four choices that follow, the one that forms a grammatically correct sentence. Whenever there are dashes following (A), it means that no insertion is necessary. However, this may or may not be the correct answer.

21. J'ai parlé _____ mon professeur pour qu'il m'explique la leçon.

    (A) - - -
    (B) de
    (C) à
    (D) pour

22. Tes réponses sont _____ que les miennes.

    (A) meilleures
    (B) bonnes
    (C) mieux
    (D) moins

23. _____ s'est passé au stade ?

    (A) Qui
    (B) Qu'est-ce qui
    (C) Qui est-ce qui
    (D) Qu'est-ce que

24. _____ pèse votre valise ? 20 kilos.

    (A) Qu'est-ce qui
    (B) Qui
    (C) Comment
    (D) Combien

25. Cette soupe est vraiment _____.

    (A) mal
    (B) mieux
    (C) mauvaise
    (D) meilleure

26. Marie m'a parlé de ses frères, mais moi, je ne lui ai pas parlé _____.

    (A) aux miens
    (B) des miens
    (C) aux miennes
    (D) des miennes

27. Es-tu fier de tes notes, Pierre ? Bien sûr que je _____ suis !

    (A) la
    (B) le
    (C) les
    (D) me

28. J'ai beaucoup ri _____ lisant cette histoire.

    (A) par
    (B) et
    (C) pendant
    (D) en

29. _____ combien d'années sont-ils mariés ? Dix ans.

    (A) Dans
    (B) Depuis
    (C) Il y a
    (D) Ça fait

30. J'avais tellement faim que j'ai mangé ce gâteau _____ une minute !

    (A) dans
    (B) pour
    (C) en
    (D) avant

31. Nous avons fini _____ comprendre les explications du prof.

    (A) - - -
    (B) de
    (C) à
    (D) par

32. Il n'écoute jamais _____ ses employés.

    (A) ---
    (B) à
    (C) aux
    (D) chez

33. Elle s'est réveillée _____ bonne heure ce matin.

    (A) ---
    (B) de
    (C) par
    (D) en

34. Le stylo _____ elle avait envie coûtait très cher.

    (A) qu'
    (B) auquel
    (C) dont
    (D) avec

Part C

> **Directions:** The following paragraphs contain some blank spaces. Choose, among the four answers that accompany each blank, the one that best completes the sentence, either for the meaning or for the grammar. In some instances, the first answer (A) may only have dashes, indicating that no insertion is necessary to form a grammatically correct sentence.

Ce matin, dans le jardin, Nicole a été _____(35) par une abeille, ou même _____(36) . Elle n'en est pas sûre. Tout _____(37) elle sait, c'est que cet insecte lui a _____(38) très mal, que son bras gauche est _____(39) rouge et que, maintenant, il y _____(40) une enflure au-dessus de son coude. Sa maman lui a _____(41) de suite ôté l'aiguillon, et _____(42) elle a frotté l'endroit qui _____(43) piqué avec _____(44) savon. Il est vrai que c'est un _____(45) de grand-mère, mais ça a réussi. D'après sa mère, ces _____(46) recettes marchent toujours !

35. (A) frappée
    (B) cognée
    (C) poussée
    (D) piquée

36. (A) plusieurs
    (B) autres
    (C) tant
    (D) certaines

37. (A) ce que
    (B) ce qu'
    (C) quoi
    (D) qu'

38. (A) fait
    (B) donné
    (C) causé
    (D) heurté

39. (A) tout
    (B) beaucoup
    (C) aussi
    (D) peu

40. (A) aurait
    (B) a
    (C) avait
    (D) aura

41. (A) toute
    (B) tous
    (C) tout
    (D) toutes

42. (A) avec
    (B) ensuite
    (C) pendant
    (D) tandis

43. (A) serait
    (B) a
    (C) avait été
    (D) aura été

44. (A) de
    (B) le
    (C) du
    (D) de la

45. (A) défaut
    (B) docteur
    (C) recette
    (D) remède

46. (A) vieilles
    (B) déprimantes
    (C) correctes
    (D) triées

Pour la Saint Valentin, papa a offert ___(47)___ maman un très ___(48)___ parfum. D'habitude, il lui achète des fleurs ou des chocolats. Ce changement ___(49)___ a surprise, mais elle ne s'en est pas ___(50)___. La ___(51)___ de la Saint Valentin, maman est allée chez ___(52)___ du quartier, ___(53)___ un joli porte-clefs en argent et ___(54)___ a fait graver ses ___(55)___ . Ainsi, papa aura un cadeau beau et utile. ___(56)___ à moi, je leur ai apporté un joli bouquet de roses.

47. (A) ---
    (B) pour
    (C) à
    (D) de

48. (A) bon
    (B) bien
    (C) cher
    (D) délicieux

49. (A) lui
    (B) l'
    (C) y
    (D) en

50. (A) déçue
    (B) refusée
    (C) plainte
    (D) confuse

51. (A) veille
    (B) célébration
    (C) présence
    (D) fête

52. (A) le magasin
    (B) la boutique
    (C) le bijoutier
    (D) la joaillerie

53. (A) a fait
    (B) a vendu
    (C) a offert
    (D) a choisi

54. (A) l'
    (B) y
    (C) en
    (D) leur

55. (A) noms
    (B) initiales
    (C) bijoux
    (D) dates

56. (A) Déjà
    (B) Quant
    (C) Pour
    (D) Bien

Part D

(Adapté du Journal Français d'Amérique)

Peintre français né en 1659 à Perpignan, mort à Paris en 1743, Hyacinthe Rigaud commence ses études de dessin à Montpellier
Line puis, après un court séjour à Lyon, vient se
(5) fixer à Paris où il remporte dès 1682 le premier prix de peinture avec *Caïn bâtissant la ville d'Enoch*. Mais le célèbre Le Brun lui conseille de renoncer au traditionnel voyage effectué en Italie par les artistes de
(10) cette époque et de pratiquer l'art du portrait à Paris. Sage conseil, en effet, outre le portrait de Le Brun, il peint bientôt ceux de la famille royale et de toutes les célébrités de son temps; diplomates, hommes de guerre,
(15) hommes d'église et savants cherchent à se faire peindre par Rigaud, surnommé le "peintre des grands". Maître du portrait d'apparat à l'ambitieuse mise en scène, son portrait de *Louis XIV en costume de sacre*
(20) exécuté en 1701 est connu de tout le monde. Toutefois, l'artiste peint aussi des oeuvres familières tel le double portrait de *Madame Rigaud*, mère de l'artiste, en 1695, qui se trouve au Louvre.

57. Au début de ce passage, nous apprenons que Hyacinthe Rigaud . . .

(A) a commencé ses études à Paris.
(B) a remporté un prix de dessin à Lyon.
(C) a remporté un prix à l'âge de 23 ans.
(D) a étudié sous Le Brun.

58. A cette époque, les artistes avaient l'habitude . . .

(A) d'étudier à Montpellier.
(B) de voyager en Italie.
(C) de peindre des portraits d'hommes d'église.
(D) de peindre des scènes de famille.

59. Selon Le Brun, qu'est-ce que Rigaud devait faire ?

(A) Des portraits à Paris
(B) Des tableaux en Italie
(C) Des portraits de célébrités
(D) La connaissance du peintre des grands

60. Parmi les tableaux que Rigaud a peints, on trouve tous les suivants SAUF . . .

(A) des portraits de famille.
(B) des paysages de campagne.
(C) des portraits de guerriers.
(D) des portraits de nobles.

61. D'après ce passage, un des tableaux de Rigaud que l'on peut voir au Louvre est celui . . .

(A) de Louis XIV.
(B) de Le Brun.
(C) de Caïn.
(D) de sa mère.

Bonjour !

On espère que vous avez passé un bon été. Pour nous, c'est la rentrée. En juin, à trois on vous a quittés. Aujourd'hui à quatre on vient vous embrasser.

Clémentine est née le 25 août. A bientôt.
Aimée, Eric, Christiane, et D. et M. Petit, 5 rue Cdt Charcot, 69011 Lyon

62. Combien de frères et soeurs ce nouveau-né a-t-il ?

    (A) Un
    (B) Deux
    (C) Trois
    (D) Quatre

63. Qu'est-ce que le/les frère(s) et soeur(s) du nouveau-né font ?

    (A) Ils sont en vacances.
    (B) Ils restent à la maison.
    (C) Ils envoient des lettres.
    (D) Ils vont à l'école.

64. Qui sont Eric et Christiane ?

    (A) Les aînés du nouveau-né
    (B) Les parents du nouveau-né
    (C) L'oncle et la tante du nouveau-né
    (D) Le demi-frère et la demi-soeur du nouveau-né

65. Dans cette famille maintenant, il y a . . .

    (A) autant de filles que de garçons.
    (B) plus de filles que de garçons.
    (C) plus de garçons que de filles.
    (D) moins de filles que de garçons.

Menu

Restaurants Scolaires
Menus Du Lundi 20 Au Vendredi 24 Novembre 2017

Lundi

Carottes râpées/salade verte (bio)/oeuf dur
★Tomates farcies
Blé
Cantafrais ou Bûche du Pilat
Compote de pomme

Mardi

Jus d'orange/pamplemousse
◆Gigot d'agneau rôti
Duo de haricots
(haricots de Vendée, haricots beurre)
Crème dessert

Mercredi

Betteraves/endivettes
★Paupiette de veau
Tagliatelles
Emmental
Orange

Jeudi

Concombre fermière
★Rôti de filet de dinde au romarin
Chou-fleur/pommes de terre (bio)
Salade de fruits frais
(ananas, fraises, bananes)

Vendredi

Salade verte (bio)/raclette
●Filet de poisson poêlé à l'huile d'olive
Bohémienne de légumes/Pommes campagnardes
Glace
Friandises de Pâques

● Poisson ➝ frais acheté à la Rochelle
◆ Agneau ➝ Nouvelle Zélande
★ Porc, veau, dinde : origine France
◇ Légumes et fruits frais achetés au marché de gros La Rochelle–Périgny et producteurs régionaux

66. D'où proviennent les produits utilisés pour ce menu ?

    (A) D'un supermarché de la région
    (B) Du marché de la ville
    (C) D'un marché et de producteurs
    (D) Du monde entier

67. Que signifie l'appellation "bio" ?

    (A) Cultivé sans pesticide chimique
    (B) Qui va être biodégradable
    (C) Préparé en cours de biologie
    (D) Produit en coopérative écologique

68. Quel dessert n'est pas un produit laitier ?

    (A) La crème dessert
    (B) La bûche du Pilat
    (C) La glace
    (D) La compote de pomme

69. Quelle viande n'est pas au menu de cette semaine ?

    (A) Le porc
    (B) La volaille
    (C) L'agneau
    (D) Le veau

* *

LA GASPÉSIE VOUS ATTEND !

Randonnées alpines ou en raquettes et ski de fond en hiver

Pêche à la journée, randonnées pédestres et expéditions dans l'arrière-pays en été

Observation de la faune (oiseaux, baleines et rennes) au printemps et à l'automne

Séjours en chalet à 40% de rabais du 3 novembre au 15 décembre

Transport assuré en car, en traîneau ou à pied uniquement

Réservations à *www.quebeclagaspesie.com*
ou au Parc national de la Gaspésie (1-800-665-5555)

---

70. Quelle activité n'est pas offerte dans cette publicité ?

    (A) Les sports d'hiver
    (B) Les courses en traîneau
    (C) Les marches à pied
    (D) Les promenades dans la neige

71. Qu'est-ce qui est interdit dans ce parc ?

    (A) Les autocars
    (B) La marche
    (C) Les traîneaux
    (D) Les voitures

72. Que peut-on observer dans ce parc ?

    (A) Des animaux tropicaux
    (B) Des animaux marins
    (C) Des végétaux locaux
    (D) Des tribus inconnues

En octobre 2016, c'est la vingt-septième semaine du goût ! Cette année, une classe maternelle propose différents ateliers.
Line Réalisations de smoothies aux fruits et aux
(5) légumes, fabrication de jus de raisin, prépa-ration de canapés salés et sucrés, création de visages-poire, confection de brochettes de bonbons, et enfin, dégustation. Celle-ci est souvent accompagnée d'un verdict sans
(10) appel "Hum ! C'est bon" ! ou encore "Ah non, j'aime pas" ! Quels que soient les goûts de chacun, cette semaine consacrée à l'éveil des papilles de ces jeunes gastronomes fait l'unanimité : "La semaine du goût, j'adore" !

73. De quoi s'agit-il dans ce passage ?

(A) D'activités de jeunes enfants
(B) D'enfants qui apprennent à cuisiner
(C) De collégiens qui goûtent des aliments
(D) D'ateliers au travail

74. Qu'est-ce que les participants pensent des aliments ?

(A) Ils les adorent.
(B) Ils les détestent.
(C) Les avis sont partagés.
(D) Ils refusent de les goûter.

75. Que pensent les participants des activités de cette semaine spéciale ?

(A) Ils les adorent.
(B) Ils ne les aiment pas.
(C) Ils ont des goûts différents.
(D) Ce sont de jeunes gastronomes.

* *

Le douanier Rousseau était un peintre français méconnu qui n'a jamais pu vivre de son art, mais exerçait le métier de doua-
Line nier à l'entrée de Paris en contrôlant les
(5) aliments qui y entraient. Son style unique l'a rendu célèbre. Il a peint principalement son pays et les aspects modernes de son époque, mais aussi des jungles exotiques où il n'avait jamais voyagé. C'était un autodi-
(10) dacte qui a appris seul à peindre en imitant des tableaux de grands peintres exposés au Musée du Louvre. De son vivant il a été jugé trop original pour être apprécié. Ses tableaux imaginatifs, aux couleurs vives et
(15) manquants de perspective sont demeurés inaccessibles à un public habitué à d'autres critères artistiques. Seul Pablo Picasso a su apprécier ce peintre d'art naïf dont le public est fou aujourd'hui.

76. Pourquoi le douanier Rousseau est-il célèbre aujourd'hui ?

(A) Parce que Picasso a exposé ses tableaux au Louvre
(B) Parce qu'il travaillait pour la ville de Paris
(C) Parce que le public contemporain aime l'art naïf
(D) Parce qu'il n'a jamais voyagé

77. Comment a-t-il appris à peindre ?

(A) Il a appris seul.
(B) Il aimait aller au Musée du Louvre.
(C) Il a appris à peindre pendant ses voyages.
(D) Il est fait un séjour en Italie.

78. Pourquoi ses peintures n'étaient-elles pas appréciées à son époque ?

(A) Parce que ses contemporains aimaient l'art abstrait
(B) Parce que ses tableaux ne suivaient pas les règles artistiques du temps
(C) Parce qu'il n'était pas original
(D) Parce qu'il ne peignait pas la France

Dans le quartier le plus prestigieux de Cannes, maison des années 40 de 200 m², environ. Salon avec terrasse, 4 chambres, terrain de 720 m², garage avec maison de gardien. Prévoir certains travaux de rénovation. Magnifique piscine.

Prix: 5 400 000 euros

Pièces : 6

Agence: LEBLOND-FOIX

79. Dans cette annonce, la maison offre tous les avantages suivants SAUF . . .

(A) la piscine.
(B) la plage.
(C) le garage.
(D) la terrasse.

80. Quel est le seul inconvénient auquel on peut s'attendre ?

(A) Il faudra conduire pour aller à la plage.
(B) La maison se trouve loin de la ville.
(C) Il faudra faire des réparations.
(D) Le terrain est trop petit.

* *

Jacques Cartier a découvert Montréal en 1535, quand ce n'était encore qu'une petite bourgade qui s'appelait Hochelaga ! Selon
Line le célèbre explorateur, Hochelaga était "une
(5) ville toute ronde et clôturée d'une barrière de bois" qui ne possédait qu'une seule porte d'entrée et une cinquantaine de maisons en bois. Le centre de chaque maison consistait d'une vaste pièce où l'on faisait du feu et où
(10) l'on vivait en communauté. Les lits étaient composés d'écorces d'arbres répandues par terre et recouvertes de peaux de bêtes.

Jacques Cartier et les membres de son expédition furent reçus amicale-
(15) ment et même avec enthousiasme par les Amérindiens. Les hommes leur apportèrent du poisson et les femmes du pain, chantant et dansant pour célébrer l'arrivée des nouveaux-venus. Ceux-ci purent voir, autour de
(20) Hochelaga, des champs cultivés où poussaient de curieuses tiges avec des épis. Les Amérindiens leur expliquèrent que c'était de ces épis qu'ils tiraient la farine dont ils faisaient leur pain. C'est ainsi que Jacques
(25) Cartier découvrit la culture du maïs.

Le fort de Ville-Marie fut construit sur l'emplacement de Hochelaga en 1642, et l'île sur laquelle se trouvait le fort fut baptisée Montréal (ou Mont-Royal), nom actuel
(30) de la métropole canadienne.

81. D'après Jacques Cartier, Hochelaga était . . .

(A) un village entouré de forêts.
(B) un village avec plusieurs portes.
(C) une ville remplie de champs.
(D) une ville entourée d'une barrière de bois.

82. D'après ce passage, les habitants de Hochelaga . . .

(A) dormaient par terre.
(B) chassaient les animaux sauvages.
(C) vivaient dans une seule grande maison.
(D) se servaient de bêtes pour cultiver la terre.

83. L'attitude des habitants indique qu'ils . . .

(A) étaient hospitaliers.
(B) avaient peur des étrangers.
(C) mangeaient beaucoup de viande.
(D) se méfiaient de Jacques Cartier.

84. L'expression "nouveaux-venus" s'applique . . .

   (A) aux Amérindiens.
   (B) aux membres de l'expédition.
   (C) aux champs cultivés.
   (D) aux épis de maïs.

85. Il est évident, d'après ce passage, que les habitants d'Hochelaga . . .

   (A) vivent aujourd'hui à Montréal.
   (B) ont construit le fort de Ville-Marie.
   (C) ont appris quelque chose à l'explorateur.
   (D) vendaient des peaux de bêtes.

SCORING

Once you have taken the practice test, compare your answers with those given in the Answers Explained section on page 281.

1. Count the number of correct answers and mark the total here _____
2. Count the number of incorrect answers and mark the total here _____
3. Divide the total number of incorrect answers by 3 and mark the total here _____

You Will Now Proceed as Follows

Subtract (3) from (1) and mark the result here _____

Round the result obtained to the nearest whole number. This is your **raw** test score. The raw test score will be converted to a **scaled** score.

To help you evaluate your approximate scaled score, please consult the following table. However, remember that these scores are approximate and may vary slightly from test to test.

Raw Score	Scaled Score
75 to 85	800
61 to 74	710 to 790
49 to 60	640 to 700
39 to 48	590 to 630
28 to 38	540 to 580
20 to 27	500 to 530
–1 to 19	380 to 490
–13 to –2	310 to 370
–28 to –14	220 to 300

French Subject Test

1.	B	31.	D	61.	D
2.	C	32.	A	62.	C
3.	A	33.	B	63.	D
4.	C	34.	C	64.	A
5.	B	35.	D	65.	B
6.	C	36.	A	66.	D
7.	B	37.	B	67.	A
8.	A	38.	A	68.	D
9.	B	39.	A	69.	A
10.	A	40.	B	70.	B
11.	B	41.	C	71.	D
12.	D	42.	B	72.	B
13.	B	43.	C	73.	A
14.	A	44.	C	74.	C
15.	D	45.	D	75.	A
16.	A	46.	A	76.	C
17.	C	47.	C	77.	A
18.	B	48.	A	78.	B
19.	D	49.	B	79.	B
20.	B	50.	C	80.	C
21.	C	51.	A	81.	D
22.	A	52.	C	82.	A
23.	B	53.	D	83.	A
24.	D	54.	B	84.	B
25.	C	55.	B	85.	C
26.	B	56.	B		
27.	B	57.	C		
28.	D	58.	B		
29.	B	59.	A		
30.	C	60.	B		

ANSWERS EXPLAINED

1. **(B)** The company specializes in electronics. (A) is incorrect because "faisant" would have to be followed by "de." (C) is also incorrect for the same reason. (D) means researched or searched for and doesn't apply here.

2. **(C)** Because Daniel never studies, it means that he is lazy ("paresseux"). Therefore, (A), meaning generous, (B), meaning liar, and (D), meaning hard-working, do not apply here.

3. **(A)** "Une piste d'atterrissage" is a landing strip and is the correct answer. The other answers are incorrect because (B) is in the masculine, (C) means line, and (D) means race.

4. **(C)** The verb "attirer" means to attract and is the only one that fits in this context. (A) is incorrect because "emporter" means to take along or to carry away. (B) is incorrect because "amener" means to bring to or to lead to and must be followed by a destination ("amener au stade"). (D) means to offer and doesn't apply here.

5. **(B)** A theft has been committed. (A), meaning placed an order, (C), meaning learned, and (D), meaning unhitched, are incorrect.

6. **(C)** The brother collects stamps because he is interested in geography. (A), meaning vases, (B), meaning drawings, and (D), meaning bottles, do not relate to geography.

7. **(B)** After dinner, one pays the bill. The three other answers relate to foods and do not fit in this context.

8. **(A)** They made a date in front of the restaurant. "Se donner rendez-vous" is idiomatic. The other three answers are incorrect not only for that reason, but also because they are not reflexive verbs.

9. **(B)** She bought a blouse with short sleeves. (A), collars, (C), buttons, and (D), pockets, cannot be used with the adjective "courtes."

10. **(A)** Before going out, Delphine put on her makeup. (B) is incorrect because it isn't a reflexive verb. (C) is a reflexive verb that means to stand up straight and is therefore also incorrect. (D) means that she called herself over the telephone.

11. **(B)** It is advisable to wear a helmet ("casque") when riding a motorcycle. (A), hat, (C), bicycle, and (D), glove, are therefore all incorrect.

12. **(D)** This is an idiomatic phrase: to take a class is "suivre un cours." It is therefore the only possible answer. It is important to remember that "attendre" means to wait for, and that "assister" must be followed by the preposition "à."

13. **(B)** The question is, Are they truly here today? (A) is a false cognate and means currently. (C), meaning before, and (D), meaning sometimes, do not fit in this context.

14. **(A)** The person missed ("manqué") the train and must wait for the next one. Therefore (B), passed, (C), bet, and (D), taken, are incorrect.

15. **(D)** Jacques always thinks before taking action; he is therefore reasonable. (A) is a false cognate and means sensitive. (B) means considerate. (C) means active.

16. **(A)** A television program is "une émission." It cannot be (B) because it was watched on television. (C) means a mission, and (D) is a discovery. These answers would be possible if the sentence was "J'ai vu une émission au sujet d'une mission/découverte au Pôle Nord."

17. **(C)** He put the suitcase in the trunk of the car. (A) means tree trunk, (B) means seat and cannot be used with "dans," and (D) means steering wheel.

18. **(B)** "Faire la grasse matinée" is idiomatic. None of the other answers apply here.

19. **(D)** The advice given here is: you should rest before the competition. None of the other answers are reflexive verbs.

20. **(B)** After dinner, the children did the dishes ("faire la vaisselle"). This is idiomatic. (A) is incorrect. (C) is not possible because you cook before dinner, not after. (D) is also incorrect because it doesn't go with the verb "faire."

21. **(C)** One speaks *to* the teacher; therefore (A) is incorrect. (B) would be accurate if the sentence did not include "pour qu'il m'explique la leçon." (D) means for and doesn't apply here.

22. **(A)** The answers mentioned here are better than the others. We know it is a comparison because of the "que" that follows the blank. (B) cannot be used with "que." (C) is an adverb and doesn't work here, and (D) can only be used with an adjective (as in "Ces notes sont moins bonnes que les tiennes").

23. **(B)** The question is "What happened at the stadium?" (A) and (C) mean who and are therefore incorrect. (D) can only be used if followed by a subject and a verb, as in "Qu'est-ce que tu as fait au stade ?"

24. **(D)** We know, by the answer ("20 kilos"), that the question is how much? Therefore, "combien" is the only possible answer.

25. **(C)** An adjective is required here, and "mauvaise" and "meilleure" are the only adjectives. However, "meilleure" can only be used as a comparative, and there is no comparison in this sentence. The two other answers are adverbs.

26. **(B)** The verb here is "parler," and the necessary preposition in this case is "de." Because "frères" is a masculine noun, (B) is the only possible answer.

27. **(B)** The answer to the question refers to the whole question, not just to the adjective "fier"; therefore "le" must be used. The other answers are incorrect.

28. **(D)** Because the form following the blank is the present participle, the correct preposition is "en," forming a gerund ("gérondif"). (A), by, and (B), and, do not apply here. (C) cannot be used before a present participle.

29. **(B)** "Depuis combien d'années" means for how many years. (C) and (D) mean the same but cannot be followed by an inversion ("sont-ils"). (A) means in and does not fit in this context.

30. **(C)** The speaker was so hungry that he/she ate the pastry in one minute. Although (A) also means in, when placed before a period of time, it means that a future action will take place. "Dans une minute" means one minute from now. The verb "manger" being

in the past tense, indicates that the action took place beforehand. (B), for, and (D), before, do not apply here.

31. **(D)** "Finir par" means to end up by doing something. It is the only possible answer. (A) is incorrect because "finir" requires a preposition when placed before an infinitive. (B) is grammatically correct but means to finish as in "il a fini de manger." (C) cannot be used with "finir."

32. **(A)** Unlike the English verb to listen, the verb "écouter" does not take a preposition before the noun. Therefore, all the other answers are incorrect.

33. **(B)** "De bonne heure" is an idiomatic expression, meaning early.

34. **(C)** The expression "avoir envie" is always followed by the preposition "de." Therefore, only "dont" can be used. The other answers are incorrect.

35. **(D)** We are talking about an insect here (a bee), as explained later in the paragraph. Nicole was stung. One is not hit by an insect (A) and (B), nor is one pushed by an insect (C).

36. **(A)** Nicole might have been stung by more than one insect; therefore, "plusieurs" is the correct answer. (B) is incorrect because it isn't preceded by "d'" nor followed by the word "insectes." (C) and (D) do not fit in this context.

37. **(B)** In this case, only (A) or (B) can be used, and because the blank is followed by a pronoun starting with a vowel, only (B) is correct. (C), what, does not fit here and (D) is wrong because there is no antecedent or word that the "qu'" refers to; therefore, it has to be preceded by "ce."

38. **(A)** "Faire mal" means to hurt. (B), meaning to give, and (C), meaning to cause or trigger, cannot be followed by "mal" without "du." (D) means to hit.

39. **(A)** "Tout" can have the same value as "très" and is the only possible answer here. (B), meaning much, is incorrect, (C) is a comparative, and (D) would only be correct if preceded by "un."

40. **(B)** The verb must be in the present because it is followed by "maintenant."

41. **(C)** "Tout de suite" is an idiomatic expression. It is the only possible answer here.

42. **(B)** After removing the sting, the mother took care of the place where Nicole was stung. "Ensuite" is therefore the only possible answer.

43. **(C)** The pluperfect must be used here because Nicole was stung before her mother took care of her; it is an action in the past that precedes another action in the past.

44. **(C)** The mother rubbed the place with some soap. (A) is incorrect because it is not preceded by "beaucoup" or "un peu." (B) would infer that there is only one soap in the world, and (D) is wrong because "savon" is a masculine noun.

45. **(D)** It is a remedy that grandmothers recommend (folk remedy). (A), meaning defect, and (B), meaning doctor, are incorrect. (C) is tempting, but "recette" is a feminine word, as shown in the next sentence.

46. **(A)** These remedies are old, since grandmothers recommend them. Therefore, (B), depressing, (C), correct, and (D), sorted, are incorrect.

47. **(C)** The verb "offrir" requires the preposition "à" before a noun representing a person ("offrir quelque chose à quelqu'un"). For this reason, the other answers are incorrect.

48. **(A)** Of the four possible answers, only "bon" can be used before the noun. Of course, (C) can be used before the noun, but in this case it means dear as in beloved or, in the case of an object, precious.

49. **(B)** The direct object pronoun has to be used here. It pertains to a person; therefore, this is the only possible answer.

50. **(C)** She did not complain when she received the perfume. The verb "se plaindre" is followed by "de," so "en" was used after the reflexive pronoun. The other answers are not reflexive.

51. **(A)** "La veille" means the eve or the day before. This is obviously when the mother went shopping for a gift. (B), meaning celebration, (C), meaning presence, and (D), meaning holiday or celebration, do not fit in this context.

52. **(C)** None of the other answers fit because one cannot use "chez" before a location. It can only be used before a person.

53. **(D)** The mother chose a gift for the father at the jeweler's; she did not make a gift (A), nor did she sell it (B), nor did she offer the jeweler a present (C).

54. **(B)** She had something done on the gift. (A) is incorrect because it is a direct object. (C), of it, and (D), to them, do not apply here.

55. **(B)** She had the initials engraved on the gift. Because it is in the plural, (A) is incorrect. (C), meaning jewels, and (D), meaning dates, do not fit in this context.

56. **(B)** "Quant à moi" means as for me, and "Quant" is the only answer that can be used before "à moi."

57. **(C)** The painter was born in 1659 and received an award in 1682.

58. **(B)** "Voyage habituel effectué en Italie par les artistes."

59. **(A)** Le Brun advised him to "pratiquer l'art du portrait à Paris."

60. **(B)** There is no mention here about Rigaud painting sceneries.

61. **(D)** The last sentence says that there is a double portrait of Rigaud's mother in the Louvre museum.

62. **(C)** Since the announcement mentions "quatre," the baby has 3 siblings. So (A), (B), and (D) are not correct.

63. **(D)** "La rentrée" means going back to school. So (A), (B), and (C) are wrong.

64. **(A)** The parents are D. and M. Petit, so (B) is incorrect. Nothing is mentioned in the announcement about extended family. So (C) is wrong. There is no mention of previous families, so (D) is wrong.

65. **(B)** The announcement shows the names of 3 children. Since 2 names end with "e," they can be assumed to be girls' names. Consequently, (A) is incorrect. Also, (C) and (D) mean the same thing, so they are incorrect.

66. **(D)** Choice (A) is incorrect because there is no mention of a supermarket in the menu. (B) is also wrong because the menu states only one source for the food. (C) is incorrect because some meat comes from another country and "produits" does not mean produce.

67. **(A)** Choice (B) is wrong because disposing of these products is not discussed in this document. (C) is incorrect because no mention of a class is made in the document. (D) is wrong because it cannot be verified.

68. **(D)** Choice (A) contains cream, so it is obviously not the correct answer. (B) is a cheese and not a dessert as shown in the menu. So this answer is incorrect. "Glace" means ice cream. (C) is incorrect since ice cream is a milk product.

69. **(A)** Choice (B) is poultry. This answer is wrong since "dinde" is on the menu. (C) and (D) are mentioned in dishes, so they are obviously incorrect.

70. **(B)** Choice (A) is wrong because "raquette" and "ski de fond" are winter sports. (C) is wrong because "randonnées" means walks. (D) is wrong because "randonnées en raquette" are done in the snow.

71. **(D)** Choice (A) is the same as "car" (it means "coach"). So this answer is wrong. (B) is obviously wrong. (C) is incorrect since it is mentioned as an acceptable means of transportation in the ad.

72. **(B)** There is no mention in the ad of the tropics (A), of vegetation (C), or of tribes (D). So these answers are all incorrect.

73. **(A)** This passage is about activities for young children. Although pupils do learn to cook, as (B) states, the goal of this day is not learning how to cook. Rather the goal is how to develop one's taste buds. The activities mentioned in the text are completed in a "maternelle" (preschool), not in a "collégiens" (middle school), as (C) suggests. (D) is incorrect because the activities are done in a school, not "au travail" (a workplace).

74. **(C)** Some students like the food, and others don't. Therefore, they have different, divided opinions. (A) and (B) are each only partially correct. There is no evidence in the text to support (D).

75. **(A)** The children were unanimous in loving this special week. (B) is not supported by the text. Although (C) may be true, the text does not state that this is their opinion at the end of the special week. Although (D) is a true statement, it does not answer this question.

76. **(C)** The text supports the claim made in (C). Although (A) is a true statement, the text does not state this fact as the reason for this painter's popularity today. (B) is another true statement, but again, this is not necessarily the reason for his popularity today. (D) is also a true statement, but it does not answer the question.

77. **(A)** He learned to paint on his own. Although he went to Le Louvre and probably liked it as stated in (B), this statement does not explain how he learned to paint. (C) and (D) are not supported by the text.

78. **(B)** His paintings were not appreciated at the time because they did not follow the artistic rules of the time. (A) is not mentioned in the text. (C) and (D) are not true because the text states that his style was unique and he did paint France.

79. **(B)** The beach is not mentioned in this ad.

80. **(C)** "Prévoir certains travaux de rénovation."

81. **(D)** The text mentions "une ville toute ronde, et clôturée d'une barrière de bois."

82. **(A)** The inhabitants slept on the floor, on bark covered by animal skins.

83. **(A)** Jacques Cartier and the members of his expedition were "reçus amicalement et même avec enthousiasme."

84. **(B)** The newcomers were Jacques Cartier and the members of this expedition.

85. **(C)** Jacques Cartier, the discoverer of Hochelaga, "découvrit la culture du maïs."

French Subject Test with Listening

1. Ⓐ Ⓑ Ⓒ Ⓓ
2. Ⓐ Ⓑ Ⓒ Ⓓ
3. Ⓐ Ⓑ Ⓒ Ⓓ
4. Ⓐ Ⓑ Ⓒ Ⓓ
5. Ⓐ Ⓑ Ⓒ Ⓓ
6. Ⓐ Ⓑ Ⓒ Ⓓ
7. Ⓐ Ⓑ Ⓒ Ⓓ
8. Ⓐ Ⓑ Ⓒ Ⓓ
9. Ⓐ Ⓑ Ⓒ Ⓓ
10. Ⓐ Ⓑ Ⓒ Ⓓ
11. Ⓐ Ⓑ Ⓒ Ⓓ
12. Ⓐ Ⓑ Ⓒ Ⓓ
13. Ⓐ Ⓑ Ⓒ Ⓓ
14. Ⓐ Ⓑ Ⓒ Ⓓ
15. Ⓐ Ⓑ Ⓒ Ⓓ
16. Ⓐ Ⓑ Ⓒ Ⓓ
17. Ⓐ Ⓑ Ⓒ Ⓓ
18. Ⓐ Ⓑ Ⓒ Ⓓ
19. Ⓐ Ⓑ Ⓒ Ⓓ
20. Ⓐ Ⓑ Ⓒ Ⓓ
21. Ⓐ Ⓑ Ⓒ Ⓓ
22. Ⓐ Ⓑ Ⓒ Ⓓ
23. Ⓐ Ⓑ Ⓒ Ⓓ
24. Ⓐ Ⓑ Ⓒ Ⓓ
25. Ⓐ Ⓑ Ⓒ Ⓓ
26. Ⓐ Ⓑ Ⓒ Ⓓ
27. Ⓐ Ⓑ Ⓒ Ⓓ
28. Ⓐ Ⓑ Ⓒ Ⓓ
29. Ⓐ Ⓑ Ⓒ Ⓓ

30. Ⓐ Ⓑ Ⓒ Ⓓ
31. Ⓐ Ⓑ Ⓒ Ⓓ
32. Ⓐ Ⓑ Ⓒ Ⓓ
33. Ⓐ Ⓑ Ⓒ Ⓓ
34. Ⓐ Ⓑ Ⓒ Ⓓ
35. Ⓐ Ⓑ Ⓒ Ⓓ
36. Ⓐ Ⓑ Ⓒ Ⓓ
37. Ⓐ Ⓑ Ⓒ Ⓓ
38. Ⓐ Ⓑ Ⓒ Ⓓ
39. Ⓐ Ⓑ Ⓒ Ⓓ
40. Ⓐ Ⓑ Ⓒ Ⓓ
41. Ⓐ Ⓑ Ⓒ Ⓓ
42. Ⓐ Ⓑ Ⓒ Ⓓ
43. Ⓐ Ⓑ Ⓒ Ⓓ
44. Ⓐ Ⓑ Ⓒ Ⓓ
45. Ⓐ Ⓑ Ⓒ Ⓓ
46. Ⓐ Ⓑ Ⓒ Ⓓ
47. Ⓐ Ⓑ Ⓒ Ⓓ
48. Ⓐ Ⓑ Ⓒ Ⓓ
49. Ⓐ Ⓑ Ⓒ Ⓓ
50. Ⓐ Ⓑ Ⓒ Ⓓ
51. Ⓐ Ⓑ Ⓒ Ⓓ
52. Ⓐ Ⓑ Ⓒ Ⓓ
53. Ⓐ Ⓑ Ⓒ Ⓓ
54. Ⓐ Ⓑ Ⓒ Ⓓ
55. Ⓐ Ⓑ Ⓒ Ⓓ
56. Ⓐ Ⓑ Ⓒ Ⓓ
57. Ⓐ Ⓑ Ⓒ Ⓓ
58. Ⓐ Ⓑ Ⓒ Ⓓ

59. Ⓐ Ⓑ Ⓒ Ⓓ
60. Ⓐ Ⓑ Ⓒ Ⓓ
61. Ⓐ Ⓑ Ⓒ Ⓓ
62. Ⓐ Ⓑ Ⓒ Ⓓ
63. Ⓐ Ⓑ Ⓒ Ⓓ
64. Ⓐ Ⓑ Ⓒ Ⓓ
65. Ⓐ Ⓑ Ⓒ Ⓓ
66. Ⓐ Ⓑ Ⓒ Ⓓ
67. Ⓐ Ⓑ Ⓒ Ⓓ
68. Ⓐ Ⓑ Ⓒ Ⓓ
69. Ⓐ Ⓑ Ⓒ Ⓓ
70. Ⓐ Ⓑ Ⓒ Ⓓ
71. Ⓐ Ⓑ Ⓒ Ⓓ
72. Ⓐ Ⓑ Ⓒ Ⓓ
73. Ⓐ Ⓑ Ⓒ Ⓓ
74. Ⓐ Ⓑ Ⓒ Ⓓ
75. Ⓐ Ⓑ Ⓒ Ⓓ
76. Ⓐ Ⓑ Ⓒ Ⓓ
77. Ⓐ Ⓑ Ⓒ Ⓓ
78. Ⓐ Ⓑ Ⓒ Ⓓ
79. Ⓐ Ⓑ Ⓒ Ⓓ
80. Ⓐ Ⓑ Ⓒ Ⓓ
81. Ⓐ Ⓑ Ⓒ Ⓓ
82. Ⓐ Ⓑ Ⓒ Ⓓ
83. Ⓐ Ⓑ Ⓒ Ⓓ
84. Ⓐ Ⓑ Ⓒ Ⓓ
85. Ⓐ Ⓑ Ⓒ Ⓓ
86. Ⓐ Ⓑ Ⓒ Ⓓ
87. Ⓐ Ⓑ Ⓒ Ⓓ

Practice Test 8: French Subject Test with Listening

AUDIO AND AUDIOSCRIPTS

The MP3 files and audioscripts for all listening segments can be found online at *barronsbooks.com/TP/SAT/French/*

SECTION I—LISTENING

Approximate time—20 minutes
Questions 1–33

Part A

Track 7

Directions: In this section, you will hear four sentences—(A), (B), (C), and (D). You will hear these sentences only once, and they will not be printed in your book. As you listen to the sentences, look carefully at the picture and select the sentence which best fits what is in the picture.

1.

2.

3.

4.

5.

6.

7.

8.

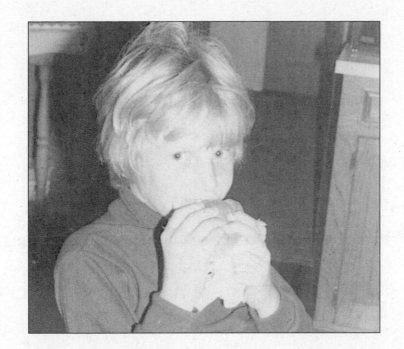

9.

10.

Part B

> **Directions:** In this section, you will hear a series of short dialogues. These dialogues will not be printed in your book, and each dialogue will be said only once. For each selection, you will be asked one or two questions followed by three possible answers—(A), (B), and (C). These answers are not printed in your book. You will hear them only once. Listen carefully to the speaker and mark the correct answer on your answer sheet. You are now ready to begin.

Questions 11 through 22

> **Directions:** In this section, you will hear a series of extended dialogues. These dialogues will not be printed in your book, and you will hear each only once. After listening to each dialogue, you will be asked several questions followed by four possible answers—(A), (B), (C), and (D). These questions are printed in your book. You will hear them only once. Select the best answer to the question from among the four choices printed in your book and blacken the space corresponding to the letter you have decided has the correct answer on your answer sheet. You are now ready to begin.

DIALOGUE 1

23. Pour quelle raison Mademoiselle Robinson a-t-elle attendu longtemps avant d'aller chez le dentiste ?

    (A) Elle avait peur d'y aller.
    (B) Elle n'osait pas se plaindre.
    (C) La douleur n'était pas constante.
    (D) Elle était trop occupée.

24. Comment a-t-elle pu obtenir un rendez-vous chez le dentiste ?

    (A) Elle s'est plainte au médecin.
    (B) Elle a téléphoné une semaine à l'avance.
    (C) Quelqu'un d'autre n'a pas pu venir.
    (D) La réceptionniste lui a donné sa place.

25. Quand Mademoiselle Robinson a-t-elle le plus mal ?

    (A) Pendant la nuit
    (B) L'après-midi
    (C) Quand elle travaille
    (D) Quand elle mange

26. Selon le dentiste, quelle pourrait être la cause de cette douleur ?

    (A) Une dent abîmée
    (B) Un manque de sommeil
    (C) Un régime pour maigrir
    (D) Une situation stressante

DIALOGUE 2

27. Où sont Josette et Pierre ?

    (A) Dans une salle de théâtre
    (B) Devant un guichet
    (C) Devant un stade
    (D) Dans un auditorium

28. Que peut-on dire de l'attitude de Josette ?

    (A) Elle est snob.
    (B) Elle est calme.
    (C) Elle est impatiente.
    (D) Elle est réaliste.

29. Qu'est-ce que Pierre lui fait remarquer ?

    (A) Il y a beaucoup de monde derrière eux.
    (B) Ils devront passer la journée là.
    (C) Ils n'ont que dix pas à faire.
    (D) Il fait assez froid.

30. Pourquoi Pierre est-il surpris à la fin ?

    (A) Ils ne devront pas attendre trop longtemps.
    (B) Ils voient des musiciens du groupe.
    (C) Josette avait raison.
    (D) Il avait tort.

DIALOGUE 3

31. Pourquoi Fabienne hésite-t-elle avant
    d'acheter un jouet à son fils ?

    (A) Il est trop petit pour comprendre.
    (B) Il risque de ne pas aimer le jouet.
    (C) Les jouets coûtent trop cher.
    (D) Les jouets sont parfois dangereux.

32. Qu'est-ce qu'on a fait du jouet de la nièce de
    Fabienne ?

    (A) On s'en est débarassé.
    (B) On l'a donné au fils de Fabienne.
    (C) On l'a envoyé aux média.
    (D) On l'a échangé.

33. Qu'est-ce que Solange suggère d'acheter ?

    (A) Un jouet à la mode
    (B) Un jouet en bois
    (C) Un petit chien
    (D) Un jouet classique

Part A

> **Directions:** This part consists of a series of incomplete statements followed by four possible answers. Among the four choices, select the answer that best fits the statement.

34. Ne t'impatiente pas, elle va arriver tout
    _____.

    (A) à l'heure
    (B) bientôt
    (C) plus tard
    (D) enfin

35. Cette histoire est vraiment _____.

    (A) étonnée
    (B) déçue
    (C) émouvante
    (D) intéressée

36. Mon nouvel ordinateur a un _____ énorme.

    (A) sondage
    (B) écran
    (C) plan
    (D) courrier

37. Nous allons toujours à _____ à l'école.

    (A) pied
    (B) marche
    (C) voiture
    (D) autobus

38. Téléphone à Corinne, et n'oublie pas de
    _____ l'appareil quand tu auras fini !

    (A) raccrocher
    (B) décrocher
    (C) éteindre
    (D) mettre

39. J'ai vraiment _____ d'avoir oublié son
    anniversaire.

    (A) envie
    (B) honte
    (C) besoin
    (D) froid

40. Ils ont _____ la maison très tôt hier matin.

    (A) quitté
    (B) sorti
    (C) jardiné
    (D) laissé

41. Je vais regarder _____ de la ville pour ne pas
    me perdre.

    (A) un endroit
    (B) une carte
    (C) un plan
    (D) un annuaire

42. Quelle _____ tu as eue de retrouver ton
    portefeuille !

    (A) chance
    (B) merveille
    (C) découverte
    (D) valeur

Part B

> **Directions:** Each of the following incomplete sentences is followed by four choices. Select, among these choices, the one that forms a grammatically correct sentence. If (A) is followed by dashes, this means that, in order to form a grammatically correct sentence, no word needs to be inserted.

43. Je n'irai pas au cinéma _____ j'aie très envie de voir ce film.

    (A) parce que
    (B) puisque
    (C) depuis que
    (D) bien que

44. J'ai cherché _____ mon écharpe mais je ne l'ai pas trouvée.

    (A) - - -
    (B) pour
    (C) avec
    (D) à

45. L'architecte a fait _____ une villa au bord de la mer.

    (A) construit
    (B) construire
    (C) construisait
    (D) construite

46. Il est important que vous _____ prêts à quatre heures.

    (A) serez
    (B) êtes
    (C) seriez
    (D) soyez

47. Papa nous a défendu _____ regarder la télé avant le dîner.

    (A) - - -
    (B) à
    (C) pour
    (D) de

48. Ils vont _____ aller voir leurs parents.

    (A) déjà
    (B) bientôt
    (C) hier
    (D) depuis

49. Marie et sa cousine se sont bien _____ à la soirée.

    (A) amusées
    (B) amusés
    (C) amusée
    (D) amusé

50. Le jour _____ je l'ai vu, il était assis à la terrasse d'un café.

    (A) - - -
    (B) quand
    (C) où
    (D) que

51. Il regrette que nous ne _____ pas venir.

    (A) pourrions
    (B) puissions
    (C) pouvons
    (D) pourrons

> **Directions:** The following paragraphs contain some blank spaces. Choose, among the four answers that accompany each blank, the one that best completes the sentence, either for the meaning or for the grammar. In some instances, the first answer (A) may only have dashes, indicating that no insertion is necessary to form a grammatically correct sentence.

Lorsque je suis entré _____(52)_____ la boulangerie pour _____(53)_____ des croissants _____(54)_____ chauds, le boulanger m'a accueilli avec son _____(55)_____ habituel. Nous le _____(56)_____ depuis des années, et avant _____(57)_____ lui, son père. D'après ce que son père nous _____(58)_____ , ils sont tous _____(59)_____ boulangers de père en fils _____(60)_____ deux siècles ! La _____(61)_____ de leur succès c'est, j'en suis _____(62)_____ , cette attitude _____(63)_____ et sincère avec _____(64)_____ ils vous accueillent.

52. (A) dans
    (B) chez
    (C) de
    (D) en

53. (A) achetant
    (B) achète
    (C) acheter
    (D) achèterai

54. (A) beaucoup
    (B) bien
    (C) si
    (D) aussi

55. (A) magasin
    (B) sourire
    (C) caissier
    (D) comptoir

56. (A) savons
    (B) reconnais-sons
    (C) connaissons
    (D) apprécions

57. (A) ---
    (B) de
    (C) que
    (D) qui

58. (A) disions
    (B) a dit
    (C) avions dit
    (D) aurions dit

59. (A) ---
    (B) des
    (C) les
    (D) leurs

60. (A) pour
    (B) dans
    (C) il y a
    (D) depuis

61. (A) direction
    (B) clé
    (C) route
    (D) fin

62. (A) persuadé
    (B) convaincant
    (C) spécifique
    (D) heureux

63. (A) flemmarde
    (B) diligente
    (C) joviale
    (D) exubérante

64. (A) qui
    (B) quoi
    (C) laquelle
    (D) qu'

Je viens ____(65)____ entendre dire qu'un candidat aux élections municipales d'un petit village dans les Alpes n'a recueilli ____(66)____ voix, sauf une, bien sûr: la ____(67)____ ! D'après moi, ____(68)____ est amusant c'est que cet homme n'a pas été déçu, ____(69)____ posé sa candidature uniquement parce qu'il avait parié avec ses amis qu'il ____(70)____ se présenter aux élections, pas qu'il allait les gagner !

65. (A) - - -
    (B) à
    (C) d'
    (D) y

66. (A) des
    (B) aucune
    (C) pas
    (D) sans

67. (A) sienne
    (B) même
    (C) leur
    (D) soi

68. (A) c'
    (B) quel
    (C) quoi
    (D) ce qui

69. (A) avait
    (B) avoir
    (C) ayant
    (D) a

70. (A) essaierait
    (B) chercherait
    (C) ferait
    (D) oserait

Part D

Directions: Read the following passages and documents very carefully for comprehension. Each one is followed by an incomplete statement or a question. Choose, among the four answers that follow, the completion or the answer that best applies, according to the text.

Ma famille vit dans ce petit village depuis plusieurs générations. Personne n'a jamais quitté sa demeure sauf pour aller rendre
Line visite à des amis ou pour passer un ou deux
(5) jours au bord de la mer. Je ne parle pas, bien entendu, des hommes qui avaient dû faire leur service militaire et de ceux qui étaient allés se battre pour la France. Il y avait bien eu l'oncle Basile, c'était le frère de mon
(10) grand-père, qui était parti pour l'Amérique et que l'on n'avait jamais revu. On se faisait toutes sortes d'idées sur ce qui lui était arrivé. Une ou deux fois, mon arrière grand-mère avait reçu de l'argent de lui dans une
(15) grosse enveloppe qui venait de très loin, mais c'est tout. Elle avait toujours les yeux rouges après cela, je m'en souviens encore quoique, à l'époque, je n'avais que six ou sept ans.

71. Pour quelle raison la famille quittait-elle parfois le village ?

    (A) Pour voir l'arrière grand-mère
    (B) Pour aller à la montagne
    (C) Pour voir des gens qu'ils connaissaient
    (D) Pour voir l'oncle Basile

72. Qu'est-ce qui était arrivé à l'oncle Basile ?

    (A) Il était parti faire son service militaire.
    (B) Il avait fait fortune en Amérique.
    (C) On l'avait vu une ou deux fois.
    (D) On ne sait pas ce qui lui était arrivé.

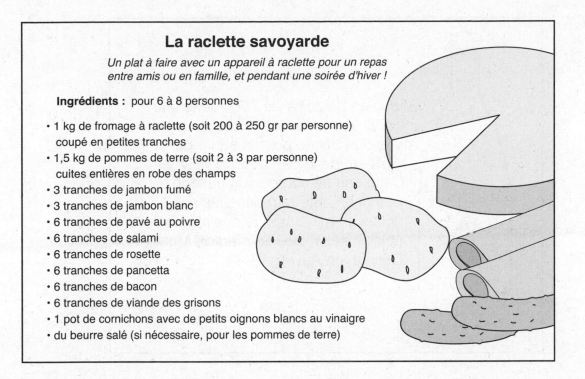

La raclette savoyarde

Un plat à faire avec un appareil à raclette pour un repas entre amis ou en famille, et pendant une soirée d'hiver !

Ingrédients : pour 6 à 8 personnes

- 1 kg de fromage à raclette (soit 200 à 250 gr par personne) coupé en petites tranches
- 1,5 kg de pommes de terre (soit 2 à 3 par personne) cuites entières en robe des champs
- 3 tranches de jambon fumé
- 3 tranches de jambon blanc
- 6 tranches de pavé au poivre
- 6 tranches de salami
- 6 tranches de rosette
- 6 tranches de pancetta
- 6 tranches de bacon
- 6 tranches de viande des grisons
- 1 pot de cornichons avec de petits oignons blancs au vinaigre
- du beurre salé (si nécessaire, pour les pommes de terre)

73. Quel plat cette recette fait-elle ?

    (A) Un plat léger
    (B) Un plat familial
    (C) Un plat simple pour un couple
    (D) Un plat végétarien

74. Comment ce plat est-il réalisé ?

    (A) À la main
    (B) Avec l'aide d'amis
    (C) Avec une machine électrique
    (D) Avec l'aide de la famille

75. Quelle sorte de plat est la raclette ?

    (A) Un plat printanier
    (B) Un plat automnal
    (C) Un plat estival
    (D) Un plat hivernal

Vendue en bouteille de 75cl, cette eau minérale naturellement gazeuse a été reconnue bonne pour la santé par le Ministère de la Santé dès 1955. Cette eau de source suit un long parcourt souterrain dans les sols riches en minéraux de nos montagnes et jaillit à l'air libre au pied du Mont Donnat, en Auvergne.

76. Quelle sorte de boisson "Source Fraîche" est-elle ?

(A) De l'eau aromatisée naturellement
(B) De l'eau de source plate
(C) De l'eau du robinet
(D) De l'eau de source gazeuse

77. Qu'est-ce que cette eau apporte à l'organisme ?

(A) Des minéraux
(B) De la santé
(C) De la richesse
(D) De l'air libre

78. Où cette eau circule-t-elle avant d'arriver au Mont Donnat ?

(A) A l'extérieur
(B) Sous les montagnes
(C) Au sommet des monts
(D) Au-dessus des sols minéraux

Café de la Place

9€	Sandwichs (pâté, thon, jambon)
12€	Croque-monsieur ou croque-madame
15€	Salades (niçoise, lyonnaise, paysanne)
3€	Glaces (la boule)
9€	Pâtisseries (l'une)
9€	Boissons (au choix)

Service en salle, en terrasse ou commande à emporter

79. Où ce café se trouve-t-il ?

    (A) Dans un jardin public
    (B) Au coin d'une rue
    (C) Dans un espace public
    (D) Dans un emplacement privé

80. D'après la carte de ce café, quelle comparaison est vraie ?

    (A) Un croque-monsieur coûte autant qu'une salade.
    (B) Une glace à trois boules coûte plus cher qu'une boisson.
    (C) Un sandwich au pâté est moins cher qu'une pâtisserie.
    (D) La consommation en terrasse ou chez soi coûte le même prix.

Bernard essayait de décider quel costume porter pour le mariage de son cousin. Il aurait bien aimé le gris clair, mais ça faisait
Line
(5) trois ans qu'il ne pouvait plus le mettre, ayant pris une dizaine de kilos. Ah les bons desserts !... Si seulement il avait su leur résister ! Enfin, il avait perdu sept ou huit kilos récemment, retrouvant presque son apparence svelte d'autrefois.

(10) —Bon, j'essaierai le costume gris, et s'il ne me va pas, je mettrai le bleu... enfin, on verra.

Un, deux, trois... et voilà ! Le pantalon était encore un petit peu étroit, mais son
(15) veston lui allait à merveille.

À ce moment, Gisèle, sa femme entra dans la chambre.

—Tiens ! Ton joli costume gris ! Ça fait longtemps que je ne l'ai pas vu ! Il te va bien
(20) mon chéri !

A ce moment, Bernard sentit quelque chose dans la poche intérieure. Un stylo, le fameux stylo doré qu'il aimait tant et qu'il croyait avoir perdu depuis des années ! Il
(25) avait fouillé partout dans la maison et au bureau et avait abandonné tout espoir de le retrouver. Il avait pourtant envoyé ce costume au pressing pour le faire nettoyer ! L'employé avait dû remettre le stylo dans la
(30) poche avant de le lui rendre !

81. Bernard aimerait porter le costume gris au mariage de son cousin mais il hésite . . .

(A) parce que c'est une couleur claire.
(B) parce qu'il risque d'être étroit.
(C) parce qu'il a perdu dix kilos.
(D) parce que le veston est petit.

82. De quoi Bernard s'accuse-t-il ?

(A) D'avoir été trop gourmand
(B) D'avoir aplati le revers de son veston
(C) D'avoir donné le costume au pressing
(D) D'avoir trop hésité

83. Quelle a été la réaction de Gisèle en voyant son mari ?

(A) Elle a trouvé qu'il avait pris de l'embonpoint.
(B) Elle a pensé que le pantalon ne lui allait pas bien.
(C) Elle a été agréablement surprise.
(D) Elle lui a conseillé de porter le costume bleu.

84. Où Bernard a-t-il trouvé le stylo doré ?

(A) Dans sa chambre
(B) Dans une poche
(C) Dans un revers
(D) Dans son bureau

85. D'après ce passage, il est évident que l'employé du pressing était . . .

(A) paresseux.
(B) travailleur.
(C) honnête.
(D) étourdi.

86. D'après le texte, comment le costume allait-il à Bernard ?

   (A) Le pantalon était trop court.
   (B) Le pantalon lui allait bien.
   (C) La veste lui allait parfaitement.
   (D) La veste était trop étroite.

87. Comment pourrait-on décrire la relation du couple ?

   (A) Ils ne sont plus d'accord.
   (B) Ils s'entendent bien.
   (C) Ils auraient aimé aller au mariage ensemble.
   (D) Ils ont abandonné tout espoir de se retrouver.

SCORING

Listening

Once you have taken the practice test, compare your answers with those given in the Answers Explained section on page 309.

1. Count the number of correct answers for questions 1 through 10 and 23 through 33 and mark the total here _____
2. Count the number of incorrect answers for these two sections _____
3. Divide the total number of incorrect answers by 3 and mark the result here _____
4. Subtract (3) from (1) and mark the result here _____
5. Count the number of correct answers for questions 11 through 22 and mark the total here _____
6. Count the number of incorrect answers for questions 11 through 22 and mark the total here _____
7. Divide the number obtained in (6) by 2 and mark the result here _____
8. Subtract the amount obtained in (7) from that in (5) and mark the result here _____
9. Add the result from (8) to the result from (4) and enter the number here _____
10. Round the number from (9) to the nearest whole number _____

The number obtained in (10) is your raw Listening subscore.

Reading

1. Count the number of correct answers for questions 34 through 87 and mark the total here _____
2. Count the number of incorrect answers and mark the total here _____
3. Divide the number from (2) by 3 and mark the total here _____
4. Subtract (3) from (1) and mark the result here _____
5. Round the number obtained in (4) to the nearest whole number _____

The number obtained in (5) is your raw Reading subscore.

Raw Composite Score

1. Divide your unrounded Listening subscore by 1.3164 _____
2. Add your unrounded Reading subscore _____
3. Round the result obtained to the nearest whole number _____

The number obtained in (3) is your Raw Composite Score.

To help you evaluate your approximate scaled score, please consult the following table. However, remember that these scores are approximate and may vary slightly from test to test.

Raw Composite Score	Scaled Score
75 to 87	800
61 to 74	710 to 790
49 to 60	640 to 700
39 to 48	590 to 630
28 to 38	540 to 580
20 to 27	500 to 530
–1 to 19	380 to 490
–13 to –2	310 to 370
–28 to –14	220 to 300

Now that you have completed all eight tests in this book, be sure to take the bonus online French Subject Test (without listening) and the French Subject Test with Listening at *barronsbooks.com/TP/SAT/French/* for additional practice.

French Subject Test with Listening

1.	**B**	31.	**D**	61.	**B**
2.	**C**	32.	**A**	62.	**A**
3.	**B**	33.	**D**	63.	**C**
4.	**A**	34.	**A**	64.	**C**
5.	**C**	35.	**C**	65.	**C**
6.	**A**	36.	**B**	66.	**B**
7.	**D**	37.	**A**	67.	**A**
8.	**B**	38.	**A**	68.	**D**
9.	**A**	39.	**B**	69.	**C**
10.	**C**	40.	**A**	70.	**D**
11.	**B**	41.	**C**	71.	**C**
12.	**A**	42.	**A**	72.	**D**
13.	**A**	43.	**D**	73.	**B**
14.	**B**	44.	**A**	74.	**C**
15.	**B**	45.	**B**	75.	**D**
16.	**A**	46.	**D**	76.	**D**
17.	**A**	47.	**D**	77.	**A**
18.	**C**	48.	**B**	78.	**B**
19.	**B**	49.	**A**	79.	**C**
20.	**A**	50.	**C**	80.	**D**
21.	**B**	51.	**B**	81.	**B**
22.	**A**	52.	**A**	82.	**A**
23.	**D**	53.	**C**	83.	**C**
24.	**C**	54.	**B**	84.	**B**
25.	**A**	55.	**B**	85.	**C**
26.	**D**	56.	**C**	86.	**C**
27.	**B**	57.	**A**	87.	**B**
28.	**C**	58.	**B**		
29.	**A**	59.	**A**		
30.	**A**	60.	**D**		

ANSWERS EXPLAINED

1. **(B)** These people are not jogging (A), they are not wearing costumes (C), and they are not singing (D).

2. **(C)** Since they are in a boat, they must enjoy it. They are not all wearing caps (A), nor are they surfing (B). (D) is also incorrect since we do not see any fish.

3. **(B)** We can see some tourists near the statue. There are no flowers surrounding the statue (A), nor do we see children playing in front of the statue (C). The ladies that we see are not taking pictures of the statue (D).

4. **(A)** (B) "Un stage" is an internship so this answer is incorrect. (C) "Caractère" means personality in French, so this answer is also incorrect. (D) "Savants," meaning scientists, are not shown in the picture, so this answer is incorrect as well.

5. **(C)** This is obviously a "château," not a house (A), a tall building (B), or a small villa (D).

6. **(A)** The signs are in front of the building. There are no "affiches" (posters) in the picture, so (B) is incorrect. There is nobody on the balcony, so (C) is also incorrect. The signs are not located behind the building, so (D) cannot be the correct answer.

7. **(D)** Plates and glasses are already on the table, so (A) and (C) are wrong. (B) is wrong since there are only four place settings.

8. **(B)** The child seems to be eating a hamburger. The other answers refer to a salad, chicken, and a cake, none of which apply.

9. **(A)** They are not on the same team, and hockey is not an outdoor sport nor a sport practiced at the beach, so (A) is the only possible answer.

10. **(C)** She is using a laptop computer, not a printer, and seems to be writing. (A) is incorrect because she is not reading a brochure. She could be listening to music on her laptop, but she is not wearing earphones and is on a plane, so (B) is incorrect.

11. **(B)** Thomas says that he doesn't have his watch today. He tells his interlocutor to look at the clock that can be seen on the church.

12. **(A)** She says "Chouette ! On a le temps d'aller au restaurant avant la réunion."

13. **(A)** He is asking the girl if she knows what the weather is supposed to be like the next day so they can go on a picnic.

14. **(B)** The weather forecast is that it is going to rain, and they won't be able to go on a picnic.

15. **(B)** Madame Cartier looks pale ("vous avez l'air toute pâle"). "Avoir mauvaise mine" is idiomatic. The opposite is "avoir bonne mine."

16. **(A)** Madame Cartier's daughter had the flu ("la grippe") the previous week; she thinks that she caught it from her.

17. **(A)** The man requests a room far from the street noises; he wants a quiet room. He never mentions a good view (B), nor does he mention a room for two (C).

18. **(C)** Although the room is exactly what the gentleman asked for, it is on the third floor, and there is no elevator.

19. **(B)** Because the woman is trying to reserve a seat on an airplane, the man who is helping her must be an employee of the airline.

20. **(A)** The employee tells the lady that the flight she asked for, on January 17, is full. It is a direct flight; therefore, (B) is incorrect. There is no mention of her not having the time (C).

21. **(B)** She says, "Ne t'en fais pas, je n'ai rien commandé, j'ai préféré t'attendre."

22. **(A)** The woman says that she has already eaten at home and opts for some strawberry ice cream, whereas he is going to have orange juice and a sandwich because he is both thirsty and hungry.

23. **(D)** She says that she could not go to see the dentist because of work: "J'avais trop de choses à faire." None of the other answers are mentioned in the dialogue.

24. **(C)** She says "heureusement que quelqu'un avait annulé son rendez-vous." The dentist confirms by saying, "En effet, un client a téléphoné pour dire qu'il ne pouvait pas venir." She called the day before, not a week ago (B). She never talked to the doctor before now, so (A) is incorrect. (D) is also incorrect because the receptionist did not have an appointment with the dentist.

25. **(A)** She says that, during the night, her teeth hurt a lot, and this prevents her from sleeping well. There is no mention of the other choices.

26. **(D)** The dentist thinks that Mademoiselle Robinson's problem is caused by stress: she grinds her teeth in her sleep and "cette pression constante finit par causer des problèmes." He never talks of choice (A), nor does he talk about her lack of sleep (B). He also doesn't mention anything about her being on a diet (C).

27. **(B)** Josette and Pierre are standing in line waiting for tickets for a concert. They are not inside a theater (A), in front of a stadium (C), or inside an auditorium (D).

28. **(C)** Josette is complaining about the slowness of the line; she thinks that, at the rate they are going, "il nous faudra au moins cinq heures avant d'arriver au guichet pour acheter les billets." The other choices do not apply.

29. **(A)** Pierre says, "Regarde la queue derrière nous." He doesn't mention spending the day there (B). The only mention about ten steps is at the end, and it refers to their advancing by ten more steps, not that they only have ten steps to take to get to the ticket booth, so (C) is incorrect. (D) is incorrect because Josette mentioned that it isn't cold.

30. **(A)** Pierre is delighted because instead of a slow, one person at a time, progress, they have been able to take ten more steps towards the ticket booth. They did not see the musicians (B), Josette was not right (C), and he is not wrong (D).

31. **(D)** Fabienne is concerned because she has read in the papers that there are some dangerous toys. There is no mention of the other choices.

32. **(A)** When the toy that Fabienne's niece had received was found to be dangerous, "sa mère a tout de suite jeté le jouet."

33. **(D)** Solange suggests "un de ces bons vieux jouets, pas moderne, mais très solide." She is against les jouets "à la mode" because they have not been tested (A). There is no mention of wooden toys (B), nor of a little dog (C).

34. **(A)** None of the other answers can be preceded by "tout." "Tout à l'heure" is idiomatic and means in a little while or a little while ago, depending on the context.

35. **(C)** The story is moving. It cannot be "étonnée" (surprised), nor "déçue" (disappointed), nor "intéressée" (interested).

36. **(B)** The new computer has an enormous screen. (A), poll, (C), project, and (D), mail, do not fit in this context.

37. **(A)** To walk to a location is "aller à pied." It is idiomatic. (B) is incorrect after "à." (C) would apply if preceded by "en," and the same goes for (D).

38. **(A)** "Raccrocher" is "to hang up." The person will have finished talking, so this is the only possible answer. (B) means to pick up the receiver. (C) is to turn off. (D) is to put. They are all incorrect.

39. **(B)** The person is embarrassed or ashamed because he/she forgot someone's birthday. The expression "avoir honte" is idiomatic and means to be ashamed. (A) means to feel like, to want to. (C) is to need. (D) is to be cold. None of them apply.

40. **(A)** (B) would have to be reflexive and followed by "de" in order to fit. (C) means to work in the garden, and this must be done outside the house. (D) means to leave behind and cannot be used with a house (I left my book behind).

41. **(C)** To avoid getting lost, one looks at a map of the city ("un plan"). (A) is a location and is incorrect. (B) means a geographic map, not a city map. (D) means a telephone directory.

42. **(A)** The person is lucky to have found his/her wallet. (B) would apply if followed by an exclamation point, and then the explanation: "Tu as retrouvé ton portefeuille." (C), discovery, and (D), value, do not fit in this context.

43. **(D)** It is the only choice that is followed by the subjunctive; therefore, all the other answers are incorrect.

44. **(A)** Whereas in English, one looks *for* something, in French, the verb "chercher" is not followed by a preposition. (A) is the only possible answer.

45. **(B)** Only an infinitive can follow a conjugated verb. It is therefore the only possible answer.

46. **(D)** The expression "Il est important que" requires a subjunctive, and (D) is the only subjunctive here.

47. **(D)** The verb "défendre," when followed by an infinitive, requires the preposition "de" before that infinitive.

48. **(B)** The action will happen in the future because "ils vont aller" is the near future; therefore, (A) is incorrect. (C), yesterday, and (D), since, are also incorrect because they refer to something that occurred in the past.

49. **(A)** Marie and "cousine" are girls. Because "s'amuser" is a reflexive verb, it must agree with the subject in the passé composé. It is the only possible answer.

50. **(C)** When pertaining to location in time or place, "où" is used. The day where I saw him is used in French rather than the day when I saw him. (A) would be correct in English, but it is incorrect in French and so is (B). (D) cannot be used after an expression of time.

51. **(B)** Only a subjunctive can be used after "il regrette que."

52. **(A)** The verb "entrer" must be followed by "dans" before a noun representing a location. It is the only possible answer.

53. **(C)** After "pour," one must use the infinitive.

54. **(B)** The adverb "bien," in this context, means very. (A) is incorrect because "beaucoup" followed by "de" must be followed by a noun. (C) is tempting, but the sentence would be incomplete (the croissants are so hot that . . .). (D), also or as, does not fit in this context.

55. **(B)** The baker greeted him with his usual smile. (A), "Magasin," means store, (C), "caissier," means cashier, and (D), "comptoir," means counter; they do not fit in this context.

56. **(C)** (A) means to know something by heart or to know a fact, which isn't the case here. (B), "reconnaissons," implies that they have been recognizing him every day for several years, and (D) would have to be preceded by "l'" to be correct.

57. **(A)** After "avant," one only uses "de" before an infinitive (as in "avant de sortir"); therefore, (B) is incorrect. (C) is also incorrect because "avant que" precedes a verb conjugated in the subjunctive, and (D) "qui" cannot follow "avant."

58. **(B)** It is the only possible answer because, in this case, the "nous" that precedes it is the indirect object pronoun and "son père" is the subject (his father told us).

59. **(A)** When the name of a profession follows the verb "être" (in this case, they are all bakers), no article is used. Therefore, (B) and (C) are incorrect. (D) is also incorrect because it is a possessive adjective and doesn't fit in this context.

60. **(D)** They have been bakers for two centuries. (A), "Pour," used in this context would mean that they will be bakers for two centuries, then they will stop. (B) means two centuries from now. (C) would be correct if the sentence was rephrased: "Il y a deux siècles qu'ils sont boulangers."

61. **(B)** The key to their success is the correct answer, not the direction of their success (A), the road of their success (C), or the end of their success (D).

62. **(A)** The narrator is convinced ("persuadé"), not convincing (B), specific (C), or happy (D).

63. **(C)** We know that the baker always welcomes people with a smile. (A) means lazy, (B) means diligent, and (D) means exuberant; they do not fit here. The baker smiles, but he doesn't jump for joy, which is what exuberant would imply.

64. **(C)** After "avec," only two of these choices can be used: "qui" or "laquelle." "Qui" is wrong here because the antecedent is not a person, but a thing ("l'attitude"), so the only possible answer is "laquelle."

65. **(C)** The verb "venir de" means to have just. It is the only possible answer here.

66. **(B)** The negative form is indicated by "n'a recueilli"; therefore, we must look for the second part to the negative, and (A) is wrong. (C) is part of a negative but would have to

come before the past participle "recueilli"; in this case, the blank space would have to be "de."

67. **(A)** "La sienne" means his. The candidate only had one vote: his own! (B), the same, (C), theirs, and (D), oneself, are all incorrect.

68. **(D)** "Ce qui est amusant" means what is amusing. (A) is only correct if, after "amusant," the "c'est" is omitted. In this case, the verb that follows would also have to be in the subjunctive. (C) cannot be used as a subject in French. (B) followed by a noun would imply that this is a question.

69. **(C)** This man was not disappointed, having submitted his name only as a bet ("ayant posé sa candidature"). (A) and (D) cannot be used without a personal pronoun, a name, or a noun. (B) is in the infinitive and, if the context allowed it, could have been used after "après."

70. **(D)** He would dare to become a candidate. (A) is incorrect because there is no "de" after the blank. (B) is incorrect because there is no "à" after the blank. (C) is the verb "faire," which doesn't fit in this context.

71. **(C)** "Pour aller rendre visite à des amis."

72. **(D)** Uncle Basile had gone to America, but there is no reference to his becoming rich; therefore, (B) is wrong. There is no mention of military service, so (A) is wrong. No one had seen him since, so (C) is wrong. People made assumptions ("on se faisait toutes sortes d'idées") about what had happened to him; therefore, (D) is the correct answer.

73. **(B)** Choice (A) is incorrect because the dish has many ingredients, including many kinds of meat, so it is not "léger" (light). It will feed more than one couple (C) and includes meat, so (D) is incorrect too.

74. **(C)** There is no mention of mixing ingredients by hand (A), of friends (B), or of family members helping (D).

75. **(D)** The introduction to the recipe states that this dish is good for winter nights. So (A), (B), and (C) are all incorrect.

76. **(D)** The water is not flavored (A), flat (B), or from the faucet (C). It has bubbles.

77. **(A)** "Santé" means health (B), "richesse" means wealth (C), and "air libre" means open air (D). So these three answers are incorrect.

78. **(B)** Choice (A) is incorrect because the document states that the water travels underground. (C) is wrong because the water does not reach the top of the mountain. (D) is wrong because no explanation is given about the water traveling on top of the minerals.

79. **(C)** Since the name of the café is "de la Place" (meaning town square), it cannot be located in a garden (A), at the corner of a street (B), or in a private location (D).

80. **(D)** Choice (A) is incorrect because a "croque-monsieur" sandwich is cheaper than a salad. (B) is incorrect because three scoops of ice cream cost the same as a drink. A sandwich is the same price as a pastry (C). Nothing on the menu shows that the price either to eat on the terrace or to take out the food is different.

81. **(B)** He has gained some ten kilos, and for three years he hasn't been able to wear the suit because it is too tight.

82. **(A)** Bernard gained all that weight because he enjoyed desserts, ice cream, chocolates, etc.

83. **(C)** Gisèle tells her husband that she hadn't seen that suit in a while and that he looked good in it. Her statement is full of exclamation marks, which infers surprise.

84. **(B)** He found the pen when he felt something in the inside pocket of his jacket.

85. **(C)** Bernard had sent the suit to the cleaners, and the pen was in it. The employee at the cleaners was honest because he put the pen back after the suit was cleaned.

86. **(C)** The text states that "son veston lui allait à merveille," meaning that it fits perfectly. The pants were not too short, so (A) is wrong, nor did they fit perfectly, as (B) suggests. In fact, the text states that the pants were "étroit," meaning tight. (D) is also incorrect because the text does not state that the vest was too tight. Only the pants were too tight.

87. **(B)** In the text, Gisèle (the woman) says "mon chéri," which means my darling, while talking to Bernard (the man). Therefore, we can deduce that they get along well. This means that (A) cannot be the answer. (C) is also incorrect because they *are* going to the wedding together. (D) is also not true because there is no evidence in the text of these two being apart.

Section I—Listening Script

Part A

> **Directions:** In this section, you will hear four sentences—(A), (B), (C), and (D). You will hear these sentences only once, and they will not be printed in your book. As you listen to the sentences, look carefully at the picture and select the sentence which best fits what is in the picture.

(Below is the script for all of the sentences that you heard, but didn't see, for all of the pictures in Part A. Use this script to help you diagnose any potential errors you may have made while listening. Remember that on the actual exam, the written script will not be provided for you.)

1. (A)   Quel plaisir de faire du jogging.
   (B)   Que c'est amusant d'apprendre la danse.
   (C)   Ils portent des costumes traditionnels.
   (D)   Elles apprennent à chanter.

2. (A)   Ils portent tous des casquettes.
   (B)   C'est amusant de faire de la planche à voile.
   (C)   Ils aiment les promenades en bateau.
   (D)   C'est formidable de voir tant de poissons !

3. (A)   Les fleurs entourent la statue.
   (B)   La statue a un oiseau sur la tête.
   (C)   Des enfants jouent devant la statue.
   (D)   Une dame prend une photo de la statue.

4. (A)   Ils travaillent leurs personnages.
   (B)   C'est un stage où les acteurs répètent.
   (C)   Ils montrent leur caractère.
   (D)   Ce sont des savants.

5. (A)   C'est une maison de banlieue.
   (B)   C'est un grand immeuble.
   (C)   C'est un château à la campagne.
   (D)   C'est une petite villa pittoresque.

6. (A)   Les panneaux sont devant l'immeuble.
   (B)   Les affiches donnent les indications routières.
   (C)   Il y a du monde au balcon.
   (D)   Les panneaux se trouvent derrière l'édifice.

7. (A) Oh, j'ai oublié les assiettes !
   (B) Il y a six invités en tout.
   (C) Pas besoin de verres aujourd'hui.
   (D) Les fourchettes se mettent à gauche.

8. (A) Cette salade est délicieuse.
   (B) Quel bon sandwich !
   (C) Je n'aime pas le poulet.
   (D) Ce gâteau est vraiment bon !

9. (A) C'est mon équipe qui va gagner.
   (B) Nous aimons les sports en plein air.
   (C) Ils s'entraînent à la plage.
   (D) Ils jouent dans la même équipe.

10. (A) Elle lit une brochure.
    (B) Elle écoute une chanson.
    (C) Elle répond à un courriel.
    (D) Elle écrit avec une imprimante.

Part B

> **Directions:** In this section, you will hear a series of short dialogues. These dialogues will not be printed in your book, and each dialogue will be said only once. For each selection, you will be asked one or two questions followed by three possible answers—(A), (B), and (C). These answers are not printed in your book. You will hear them only once. Listen carefully to the speaker and mark the correct answer on your answer sheet. You are now ready to begin.

(Below is the script for all of the short dialogues and their respective questions that you heard, but didn't see, for all of Part B. Use this script to help you diagnose any potential errors you may have made while listening. Remember that on the actual exam, the written script will not be provided for you.)

Female Speaker	Salut Thomas, dis, est-ce que tu as l'heure ?
Male Speaker	Je n'ai pas ma montre aujourd'hui . . . mais regarde donc, en face tu vois l'horloge de l'église !
Female Speaker	Oh, que je suis bête ! Bien sûr ! Il est onze heures et demie. Chouette ! On a le temps d'aller au restaurant avant la réunion !

11. Comment Thomas sait-il quelle heure il est ?

   (A) Il regarde sa montre.
   (B) Il y a une horloge tout près.
   (C) Il a entendu la cloche de l'église.

12. Pourquoi la femme est-elle heureuse ?

  (A) Ils pourront déjeuner.
  (B) Ils ne seront pas en retard.
  (C) Ils n'ont pas râté leur réunion.

Male Speaker   Dis Yasmine, tu as vu les prévisions de la météo pour demain ? Tu crois qu'on pourra faire le pique-nique dont on avait parlé dimanche dernier ?

Female Speaker   Oui, j'ai vu les prévisions et . . . non, on ne pourra pas faire de pique-nique ! Aujourd'hui, il fallait s'y attendre, il fait un temps magnifique, pas un seul nuage . . . mais demain on prévoit des averses et des orages. Quelle malchance !

13. Qu'est-ce que le jeune homme veut savoir ?

  (A) Si les projets qu'ils ont fait vont se réaliser
  (B) Si la jeune fille a fait un pique-nique dimanche dernier
  (C) S'il va pleuvoir dans la soirée

14. Pourquoi la jeune fille est-elle mécontente ?

  (A) Il est en train de pleuvoir.
  (B) Il fera mauvais demain.
  (C) Elle s'attend à voir des nuages.

Female Speaker 1   Bonjour Madame Cartier, qu'est-ce qui ne va pas ? Vous avez l'air toute pâle.

Female Speaker 2   Oh oui docteur, je ne me sens pas bien du tout. Je crois que j'ai de la fièvre. J'ai très mal à la gorge et aussi à la tête. J'ai sans doute attrapé la grippe de ma fille qui, comme vous savez, a été malade toute la semaine dernière !

15. Qu'est-ce que le docteur remarque ?

  (A) Madame Cartier a l'air inquiète.
  (B) Madame Cartier a mauvaise mine.
  (C) Madame Cartier est nerveuse.

16. Quelle est, selon Madame Cartier, la cause de sa maladie ?

  (A) Elle a été exposée à la grippe.
  (B) Elle n'a pas bien soigné sa fille.
  (C) Elle n'a rien pris pour sa fièvre.

Male Speaker   Je voudrais une chambre pour une personne avec salle de bains s'il vous plaît . . . et une chambre calme, loin des bruits de la rue.

Female Speaker   Oui, voyons . . . ah, j'en ai une au troisième étage qui donne sur la cour. C'est très calme, mais il n'y a pas d'ascenseur, alors, si vous n'aimez pas les escaliers . . .

Male Speaker   Non, ça va, je la prends !

17. Qu'est-ce que le monsieur recherche avant tout ?

    (A)   Le calme

    (B)   Une belle vue

    (C)   Une chambre double

18. Pourquoi la femme pense-t-elle que le monsieur pourrait ne pas aimer la chambre ?

    (A)   Il n'y a pas de vue.

    (B)   Elle donne sur la rue.

    (C)   Il n'y a pas d'ascenseur.

Female Speaker	Pardon monsieur, je voudrais réserver une place sur le vol Dakar-Paris le 17 janvier, si possible.
Male Speaker	Eh bien voyons . . . euh . . . non, je regrette madame, le vol du 17 janvier est complet. Mais, est-ce que le 18, ça vous va ? Il y a quelques places qui restent sur le vol qui part à 19h30, et c'est un vol direct.
Female Speaker	D'accord . . . merci monsieur.

19. A qui parle cette femme ?

    (A)   Un pilote

    (B)   Un employé

    (C)   Un passager

20. Pourquoi la femme doit-elle accepter la suggestion de l'homme ?

    (A)   Il n'y a plus de place.

    (B)   Le vol n'est pas direct.

    (C)   Elle n'a pas le temps.

Male Speaker	Désolé d'être en retard, mais il y avait beaucoup de circulation !
Female Speaker	Oui, je sais ! Ne t'en fais pas, je n'ai rien commandé ! J'ai préféré t'attendre. Tu veux boire quelque chose ?
Male Speaker	Oh oui, j'ai très très soif, et j'ai faim aussi . . . une orange pressée et un sandwich au jambon, qu'est-ce que tu en penses ?
Female Speaker	Euh, moi, tu sais, j'ai déjà mangé à la maison, j'aimerais mieux un petit dessert. Tiens, je vais commander une glace à la fraise !

21. Qu'est-ce que la jeune fille a fait en attendant son copain ?

    (A)   Elle a commandé une glace.

    (B)   Elle n'a rien fait.

    (C)   Elle a bu une orange pressée.

22. Pourquoi les deux n'ont-ils pas commandé la même chose ?

    (A)   La jeune fille n'a pas faim.

    (B)   Le jeune homme choisit un dessert.

    (C)   La jeune fille va diner chez elle.

Part C

Directions: In this section, you will hear a series of extended dialogues. These dialogues will not be printed in your book, and you will hear each only once. After listening to each dialogue, you will be asked several questions followed by four possible answers—(A), (B), (C), and (D). These questions are printed in your book. You will hear them only once. Select the best answer to the question from among the four choices printed in your book and blacken the space corresponding to the letter you have decided has the correct answer on your answer sheet. You are now ready to begin.

(Below is the script for all of the extended dialogues that you heard, but didn't see, for all of Part C. Each is followed by the questions that corresponded to that dialogue. Use this script to help you diagnose any potential errors you may have made while listening. Remember that on the actual exam, the written script will not be provided for you.)

DIALOGUE 1

Le dentiste Alors Mademoiselle Robinson, qu'est-ce qui vous amène aujourd'hui ?

La cliente Oh docteur ! J'ai une dent qui me fait beaucoup souffrir depuis quelques semaines.

Le dentiste Et pourquoi avez-vous attendu si longtemps ?

La cliente Vous savez, le travail . . . j'avais trop de choses à faire. Je suis secrétaire dans une compagnie d'assurance et on a toujours un boulot incroyable ! Enfin, hier, j'avais tellement mal aux dents que j'ai décidé qu'il fallait faire quelque chose, et j'ai téléphoné à votre réceptionniste. Heureusement que quelqu'un avait annulé son rendez-vous et que j'ai pu venir aujourd'hui !

Le dentiste Oui, en effet, un client a téléphoné pour dire qu'il ne pouvait pas venir. Alors, décrivez-moi votre problème.

La cliente Eh bien docteur, ce n'est pas insupportable, mais c'est toujours présent, et parfois, mes dents me font si mal que je n'arrive pas à dormir. J'ai même beaucoup maigri. J'espère que ce n'est pas grave.

Le dentiste Il est très possible que cette douleur soit causée par le stress. Vous travaillez très dur. Lorsque vous êtes stressée pendant la journée, vous serrez les dents pendant la nuit et cette pression constante finit par causer des problèmes. Non, non, je ne pense pas que ce soit grave !

23. Pour quelle raison Mademoiselle Robinson a-t-elle attendu longtemps avant d'aller chez le dentiste ?

24. Comment a-t-elle pu obtenir un rendez-vous chez le dentiste ?

25. Quand Mademoiselle Robinson a-t-elle le plus mal ?

26. Selon le dentiste, quelle pourrait être la cause de cette douleur ?

DIALOGUE 2

Josette Oh Zut ! Ça fait une heure qu'on attend pour prendre des billets pour ce concert et on n'a pas avancé !

Pierre Tu exagères Josette, on a avancé de quelques pas !

Josette	Bon ben, quelques pas, ce n'est pas beaucoup. Regarde donc la queue devant nous, il y a au moins une vingtaine de personnes. Si on avance seulement de trois ou quatre pas en une heure, il nous faudra au moins cinq heures avant d'arriver au guichet pour acheter les billets. Heureusement qu'il ne fait pas froid !
Pierre	Mais ne sois pas pessimiste voyons ! Tout d'abord, comme tu dis, il fait très beau aujourd'hui. Enfin, pour te donner un peu de courage, regarde la queue derrière nous. Il y a au moins cinquante personnes.
Josette	Oui, je sais Pierre, je regarde tout le temps. Ces pauvres gens devront attendre toute la journée pour avoir des billets. J'espère que ce concert est extraordinaire !
Pierre	Tu sais bien que ce groupe est un des meilleurs aujourd'hui et qu'ils donnent des concerts dans le monde entier ! Ce sont d'excellents musiciens ! Je suis sûr que ce sera chouette . . . oh, mais . . . regarde Josette, on avance . . . DIX PAS, DIX PAS cette fois-ci ! Tu vois, ça ira !
Josette	Il était temps !

27. Où sont Josette et Pierre ?

28. Que peut-on dire de l'attitude de Josette ?

29. Qu'est-ce que Pierre lui fait remarquer ?

30. Pourquoi Pierre est-il surpris à la fin ?

DIALOGUE 3

Fabienne	Tu sais Solange, avec tous les jouets qu'on trouve de nos jours, je ne sais pas quoi choisir pour mon petit garçon.
Solange	Fabienne voyons, n'importe quel cadeau lui fera plaisir !
Fabienne	Oui mais, on lit tout le temps dans les journaux que tel ou tel jouet est dangereux, que les bébés pourraient se faire mal ou pire. Ça fait peur tout cela. Par exemple, ma tante avait acheté un jouet pour ma nièce, je ne sais plus quel jouet c'était, et un mois plus tard, on a annoncé dans les média que ce jouet avait causé plusieurs accidents ! Heureusement, ma nièce n'a pas eu d'accident, mais sa mère a tout de suite jeté le jouet !
Solange	Elle a très bien fait de le jeter. Bon, à ta place, j'achèterais un de ces bons vieux jouets, pas moderne, mais très solide. Un ours en peluche, des blocs de plastic assez gros pour ne pas qu'il puisse les avaler. Enfin, méfie-toi des choses trop à la mode parce qu'on n'a pas eu le temps de les tester.
Fabienne	Solange, tu es un amour ! Excellente idée . . . parfois les jouets anciens sont les meilleurs ! Il faut te l'avouer, j'ai encore des jouets que j'avais quand j'étais toute petite . . . et je vais les donner à mon fils !

31. Pourquoi Fabienne hésite-t-elle avant d'acheter un jouet à son fils ?

32. Qu'est-ce qu'on a fait du jouet de la nièce de Fabienne ?

33. Qu'est-ce que Solange suggère d'acheter ?

PART THREE
Grammar Review

General Information

Grammar is tested on both the French Subject Test and the French Subject Test with Listening. Part B consists of incomplete statements followed by four answers. The correct answer is the one that completes the statement by forming a grammatically correct answer. It is therefore important to master the most important grammar points, which are explained in this section. Part C consists of several paragraphs with blanks. You are to select the answer that completes the sentence based on vocabulary or grammar.

PARTS OF SPEECH

Adjective	Describes the noun with which it is associated.
Adverb	Modifies a verb, an adjective, or another adverb.
Article	Precedes a noun and defines its number and gender.
Compound tense	Tense that is formed by an auxiliary (or helping) verb and the past participle. Example "I have seen."
Conjunction	Words that connect other words, phrases, clauses, or sentences (and, or, because, etc.).
Direct Object	A person or a thing directly affected by the action of a verb that is not followed by a preposition. Answers the questions "What?" and "Whom?"
Indirect Object	A person or a thing indirectly affected by the action of a verb that is followed by a preposition. Answers the questions "To what?" and "To whom?"
Infinitive	The name of the verb. Examples: "to go," "to walk," "to be."
Noun	Represents a person, a place, a thing, a quality, or an act.
Object	Person or thing affected by an action.
Past Participle	In a compound tense (passé composé, futur antérieur, conditionnel passé, plus-que-parfait, subjonctif passé), form of the verb that follows the auxiliary verb (as in "j'ai *vu*").
Preposition	Word that indicates the relation between one word and another (as in "He speaks *to* the teacher").
Present Participle	Participle expressing a present action. In English, it is formed by adding "ing" to the infinitive.
Pronoun	Replaces the noun.
Subject	Represents a person or thing performing an action.
Verb	Expresses existence, action, or occurrence.

ACCENTS

´	accent aigu	placed on the letter e
`	accent grave	placed on a, e, and u
^	accent circonflexe	placed on a, e, i, o, and u
¨	tréma	used to indicate that the vowel has to be pronounced separately (Noël)
ç	çédille	the çédille is placed only under the letter c, which is then pronounced like an s.
'	apostrophe	to mark the omission of a, e, or i
-	trait d'union	used in compound nouns (petite-fille)

Verbs

TENSES OF THE INDICATIVE

As you already know, there are three groups of regular verbs, those ending in "er" in the infinitive, those ending in "ir" in the infinitive, and those ending in "re" in the infinitive. Then, there are the irregular verbs. The following examples are for the verbs "parler," "finir," and "attendre," which are regular, and "écrire," which is irregular. In order to prepare for the SAT Subject Test in French, the following tenses are the most important to remember.

Présent

Describes an action or a state of being that occurs as you speak.

je parle	je finis	j'attends	j'écris
tu parles	tu finis	tu attends	tu écris
il parle	il finit	il attend	il écrit
elle parle	elle finit	elle attend	elle écrit
nous parlons	nous finissons	nous attendons	nous écrivons
vous parlez	vous finissez	vous attendez	vous écrivez
ils parlent	ils finissent	ils attendent	ils écrivent
elles parlent	elles finissent	elles attendent	elles écrivent

Imparfait

Describes a continuous action in the past or an action that was repeated in the past.

je parlais	je finissais	j'attendais	j'écrivais
tu parlais	tu finissais	tu attendais	tu écrivais
il parlait	il finissait	il attendait	il écrivait
elle parlait	elle finissait	elle attendait	elle écrivait
nous parlions	nous finissions	nous attendions	nous écrivions
vous parliez	vous finissiez	vous attendiez	vous écriviez
ils parlaient	ils finissaient	ils attendaient	ils écrivaient
elles parlaient	elles finissaient	elles attendaient	elles écrivaient

Passé Composé

Describes an action that occurred in the past, at a specific time, and ended in the past. It is formed with the present tense of the auxiliary verb and the past participle of the verb being conjugated. The auxiliary verbs used in compound tenses are "avoir" and "être."

j'ai parlé	j'ai fini	j'ai attendu	j'ai écrit
tu as parlé	tu as fini	tu as attendu	tu as écrit
il a parlé	il a fini	il a attendu	il a écrit
elle a parlé	elle a fini	elle a attendu	elle a écrit
nous avons parlé	nous avons fini	nous avons attendu	nous avons écrit
vous avez parlé	vous avez fini	vous avez attendu	vous avez écrit
ils ont parlé	ils ont fini	ils ont attendu	ils ont écrit
elles ont parlé	elles ont fini	elles ont attendu	elles ont écrit

When a verb is conjugated in the passé composé with the auxiliary verb "être," the past participle agrees in gender and in number with the subject.

je suis allé(e)	je suis parti(e)	je suis venu(e)
tu es allé(e)	tu es parti(e)	tu es venu(e)
il est allé	il est parti	il est venu
elle est allée	elle est partie	elle est venue
nous sommes allé(e)s	nous sommes parti(e)s	nous sommes venu(e)s
vous êtes allé(e)s	vous êtes parti(e)s	vous êtes venu(e)s
ils sont allés	ils sont partis	ils sont venus
elles sont allées	elles sont parties	elles sont venues

Plus-que-Parfait (Pluperfect)

Describes an action that occurred prior to another action in the past. It is formed with the imperfect tense of the auxiliary verb and the past participle of the verb being conjugated. The auxiliary verbs used in compound tenses are "avoir" and "être."

j'avais parlé	j'avais fini	j'avais attendu	j'avais écrit
tu avais parlé	tu avais fini	tu avais attendu	tu avais écrit
il avait parlé	il avait fini	il avait attendu	il avait écrit
elle avait parlé	elle avait fini	elle avait attendu	elle avait écrit
nous avions parlé	nous avions fini	nous avions attendu	nous avions écrit
vous aviez parlé	vous aviez fini	vous aviez attendu	vous aviez écrit
ils avaient parlé	ils avaient fini	ils avaient attendu	ils avaient écrit
elles avaient parlé	elles avaient fini	elles avaient attendu	elles avaient écrit

When a verb is conjugated in the plus-que-parfait with the auxiliary verb "être," the past participle agrees in gender and in number with the subject.

j'étais allé(e)	j'étais parti(e)	j'étais venu(e)
tu étais allé(e)	tu étais parti(e)	tu étais venu(e)
il était allé	il était parti	il était venu
elle était allée	elle était partie	elle était venue
nous étions allé(e)s	nous étions parti(e)s	nous étions venu(e)s
vous étiez allé(e)s	vous étiez parti(e)s	vous étiez venu(e)s
ils étaient allés	ils étaient partis	ils étaient venus
elles étaient allées	elles étaient parties	elles étaient venues

Futur Proche

Describes an action that is about to take place (I am going to . . .).

je vais parler	je vais finir	je vais attendre	je vais écrire
tu vas parler	tu vas finir	tu vas attendre	tu vas écrire
il va parler	il va finir	il va attendre	il va écrire
elle va parler	elle va finir	elle va attendre	elle va écrire
nous allons parler	nous allons finir	nous allons attendre	nous allons écrire
vous allez parler	vous allez finir	vous allez attendre	vous allez écrire
ils vont parler	ils vont finir	ils vont attendre	ils vont écrire
elles vont parler	elles vont finir	elles vont attendre	elles vont écrire

Futur

Describes something that will happen in the near or distant future.

je parlerai	je finirai	j'attendrai	j'écrirai
tu parleras	tu finiras	tu attendras	tu écriras
il parlera	il finira	il attendra	il écrira
elle parlera	elle finira	elle attendra	elle écrira
nous parlerons	nous finirons	nous attendrons	nous écrirons
vous parlerez	vous finirez	vous attendrez	vous écrirez
ils parleront	ils finiront	ils attendront	ils écriront
elles parleront	elles finiront	elles attendront	elles écriront

QUAND—DÈS QUE—LORSQUE—AUSSITÔT QUE—SITÔT QUE

In English, after *when* and *as soon as*, even if the idea is in the future, the present tense is used.

➡ **Example** _____

When I see the teacher, I will ask her to explain this paragraph.

In French, after *quand, dès que, lorsque, aussitôt que*, and *sitôt que*, if the idea is in the future, then the future tense is used.

➡ **Example** _____

Quand je verrai le professeur, je lui demanderai d'expliquer ce paragraphe.

For all other tenses, it is the same as in English.

Futur Antérieur

Describes a future action that precedes another future action: "I will have finished my homework when you arrive." It is formed with the future tense of the auxiliary verb and the past participle of the verb being conjugated. The auxiliary verbs used in compound tenses are "avoir" and "être."

j'aurai parlé	j'aurai fini	j'aurai attendu	j'aurai écrit
tu auras parlé	tu auras fini	tu auras attendu	tu auras écrit
il aura parlé	il aura fini	il aura attendu	il aura écrit
elle aura parlé	elle aura fini	elle aura attendu	elle aura écrit
nous aurons parlé	nous aurons fini	nous aurons attendu	nous aurons écrit
vous aurez parlé	vous aurez fini	vous aurez attendu	vous aurez écrit
ils auront parlé	ils auront fini	ils auront attendu	ils auront écrit
elles auront parlé	elles auront fini	elles auront attendu	elles auront écrit

When a verb is conjugated in the futur antérieur with the auxiliary verb "être," the past participle agrees in gender and in number with the subject.

je serai allé(e)	je serai parti(e)	je serai venu(e)
tu seras allé(e)	tu seras parti(e)	tu seras venu(e)
il sera allé	il sera parti	il sera venu
elle sera allée	elle sera partie	elle sera venue
nous serons allé(e)s	nous serons parti(e)s	nous serons venu(e)s
vous serez allé(e)s	vous serez parti(e)s	vous serez venue(e)s
ils seront allés	ils seront partis	il seront venus
elles seront allées	elles seront parties	elles seront venues

Tenses of the Indicative

Aujourd'hui, *nous attendons* le train.	Présent
Quand *nous étions* petits, *nous attendions* toujours le train avec nos parents.	Imparfait
Hier, *nous avons attendu* le train avec nos parents.	Passé composé
Nous attendions le train quand papa a remarqué que nous *avions oublié* une de nos valises.	Plus-que-parfait
Demain, *je vais attendre* le train avec mon cousin.	Futur proche
Demain, *j'attendrai* le train avec mon cousin.	Futur
J'aurai pris les billets avant d'attendre le train.	Futur antérieur

Impératif

The imperative mood, or mode, indicates that an order has been given. It is only conjugated in the second person singular (the "tu" form), the first person plural (the "nous" form), and the second person plural (the "vous" form). However, the personal pronouns "tu," "nous," and "vous" are dropped, and the "s" of the second person singular for "er" verbs is also dropped. The "s" reappears in front of a vowel for -er verbs. For example, Va à la bibliothèque ! Vas-y !

parle	finis	attends	écris
parlons	finissons	attendons	écrivons
parlez	finissez	attendez	écrivez

Conditionnel Présent

The conditional is a mood. It indicates that something "would" happen, given certain circumstances.

je parlerais	je finirais	j'attendrais	j'écrirais
tu parlerais	tu finirais	tu attendrais	tu écrirais
il parlerait	il finirait	il attendrait	il écrirait
elle parlerait	elle finirait	elle attendrait	elle écrirait
nous parlerions	nous finirions	nous attendrions	nous écririons
vous parleriez	vous finiriez	vous attendriez	vous écririez
ils parleraient	ils finiraient	ils attendraient	ils écriraient
elles parleraient	elles finiraient	elles attendraient	elles écriraient

➥ Example _____

> When I was a child, I would go to the circus with my parents. = Quand j'étais enfant, j'allais au cirque avec mes parents.

TIP

Remember that "would" in English may translate into the imperfect in French. This occurs when "would" means "used to," indicating a habit.

Conditionnel Passé

Indicates that something "would have happened" given certain circumstances. It is formed with the present conditional tense of the auxiliary verb and the past participle of the verb being conjugated. The auxiliary verbs used in compound tenses are "avoir" and "être."

j'aurais parlé	j'aurais fini	j'aurais attendu	j'aurais écrit
tu aurais parlé	tu aurais fini	tu aurais attendu	tu aurais écrit
il aurait parlé	il aurait fini	il aurait attendu	il aurait écrit
elle aurait parlé	elle aurait fini	elle aurait attendu	elle aurait écrit
nous aurions parlé	nous aurions fini	nous aurions attendu	nous aurions écrit
vous auriez parlé	vous auriez fini	vous auriez attendu	vous auriez écrit
ils auraient parlé	ils auraient fini	ils auraient attendu	ils auraient écrit
elles auraient parlé	elles auraient fini	elles auraient attendu	elles auraient écrit

When a verb is conjugated in the conditionnel passé with the auxiliary verb "être," the past participle agrees in gender and in number with the subject.

je serais allé(e)	je serais parti(e)	je serais venu(e)
tu serais allé(e)	tu serais parti(e)	tu serais venu(e)
il serait allé	il serait parti	il serait venu
elle serait allée	elle serait partie	elle serait venue
nous serions allé(e)s	nous serions parti(e)s	nous serions venu(e)s
vous seriez allé(e)s	vous seriez parti(e)s	vous seriez venu(e)s
ils seraient allés	ils seraient partis	ils seraient venus
elles seraient allées	elles seraient parties	elles seraient venues

CONDITIONAL SENTENCES (PHRASES CONDITIONNELLES)

Conditional sentences often appear on the SAT Subject Test in French. They follow the same rules as in English.

Si + présent _____	**présent**
	futur
	impératif
Examples:	Si tu as dix dollars, tu achètes ce livre.
	Si tu as dix dollars, tu achèteras ce livre.
	Si tu as dix dollars, achète ce livre !
Si + imparfait _____	**conditionnel présent**
Example:	Si tu avais dix dollars, tu achèterais ce livre.
Si + plus-que-parfait _____	**conditionnel passé**
Example:	Si tu avais eu dix dollars, tu aurais acheté ce livre.

1. As in English, when the "si" clause is followed by the present tense, the second clause has to be in the imperative, the present, or the future:

   If you *have* enough money, *buy* the book. Present/imperative
   If you *have* enough money, *you buy* the book. Present/present
   If you *have* enough money, *you will buy* the book. Present/future

2. As in English, when the "si" clause is followed by the imperfect tense, the second clause has to be in the present conditional:

   If you *had* enough money, *you would buy* the book. Imperfect/conditional

3. As in English, when the "si" clause is followed by the pluperfect tense (plus-que-parfait), the second clause has to be in the past conditional:

   If you *had had* enough money, you *would have bought* the book. Pluperfect/past conditional

---

EXAMPLE

This is an example of the type of question you might encounter on the test:

Si j'avais un chien, je _____ avec lui dans le jardin.

(A) jouerai
(B) jouerais
(C) jouais
(D) joue

The first part of the sentence is in the imperfect tense ("j'avais"); therefore, the second part must be in the present conditional. The correct answer is (B).

THE PAST PARTICIPLE

The past participle is used after the auxiliary verbs "avoir" and "être" in all compound tenses.

All regular verbs ending in "er" are called "verbes du 1er groupe." The past participle of these verbs ends in "é":

>   parlé   aimé   dansé

All regular verbs ending in "ir" (first and second person plural contains "iss") are called "verbes du 2ème groupe." The past participle of these verbs ends in "i":

>   fini   choisi   grandi

All regular verbs ending in "re" are called "verbes du 3ème groupe." The past participle of these verbs ends in "u":

>   attendu   entendu   répondu

Irregular Past Participles

Here is a list of some of the most commonly used irregular verbs and their past participles.

admettre	admis
apercevoir	aperçu
asseoir	assis
avoir	eu
boire	bu
conduire	conduit
connaître	connu
construire	construit
courir	couru
couvrir	couvert
croire	cru
décrire	décrit
devoir	dû
dire	dit
dormir	dormi
écrire	écrit
endormir	endormi
être	été
faire	fait
falloir	fallu (to be necessary: only in the third person singular form)
lire	lu
mentir	menti
mettre	mis
mourir	mort
naître	né

ouvrir	ouvert
partir	parti
peindre	peint
plaire	plu
pleuvoir	plu (to rain: only in the third person singular form)
pouvoir	pu
prendre	pris
recevoir	reçu
rire	ri
savoir	su
suivre	suivi
vaincre	vaincu
valoir	valu
venir	venu
vivre	vécu
voir	vu
vouloir	voulu

Agreement of the Past Participle

When the verb "être" is used in a compound tense, the past participle agrees with the subject in number and in gender. The following verbs use "être" as a helping verb in all compound tenses:

aller > venir	allé > venu	to go > to come
entrer > sortir	entré > sorti	to enter > to leave/to go out
arriver > partir	arrivé > parti	to arrive > to leave
monter > descendre	monté > descendu	to go up > to go down
naître > mourir	né > mort	to be born > to die
revenir > retourner	revenu > retourné	to come back > to go back
devenir	devenu	to become
rentrer	rentré	to return/to go back in
rester	resté	to stay
tomber	tombé	to fall
passer	passé	to go by, to stop by

➡ **Example** _____

il est allé—elle est allée—ils sont allés—elles sont allées

Passé Composé

J'ai monté la valise.	*I took the suitcase up.*
Elle a descendu la valise.	*She took the suitcase down.*
Ils ont sorti le chien.	*They took the dog out.*
Elles ont rentré le chien.	*They took the dog inside.*
Tu as retourné le livre.	*You returned (or turned over) the book.*
J'ai passé une bonne journée.	*I spent a nice day.*

Reflexive Verbs

All reflexive verbs are conjugated with "être" in the compound tenses. The past participle therefore agrees in gender and in number with the subject *except* when it is followed by a direct object.

For example, compare:

Elle s'est lavée	Elle s'est lavé les mains	(passé composé)
Elle s'était lavée	Elle s'était lavé les mains	(plus-que-parfait)

However, if the direct object "les mains" preceded the past participle, the past participle would agree with the preceding direct object.

➡ **Example** _____

Elle se *les* est lavées. ("Les" replaces "les mains" and is a direct object.)

Reciprocal Verbs

Reciprocal verbs are conjugated like reflexive verbs, but, as their name indicates, they reflect a reciprocal action and involve more than one person. In English, it is replaced by "each other" or "one another." Reciprocal verbs are obviously only conjugated in the plural.

➡ **Examples** _____

Elles se sont rencontrées.
Ils se sont rencontrés.

When a verb followed by the preposition "à" is used reciprocally, there is no agreement.

➡ **Example** _____

Elles se sont *parlé* quand elles se sont *rencontrées*.

The verb "parler" requires the preposition "à" and is followed by an indirect object, whereas the verb "rencontrer" doesn't have a preposition and is therefore followed by a direct object.

➡ **Examples** _____

Elle a parlé à son amie = Elles se sont parlé

Elle a rencontré son amie = Elles se sont rencontrées

VERBS CONJUGATED WITH "AVOIR"

The past participle of verbs using "avoir" in the passé composé does not change with gender and number. However, if it is preceded by a direct object, it will agree with the direct object:

➡ **Examples** _____

J'ai acheté une voiture.   Voici *la voiture* que j'ai achetée.

J'ai vu mes amies.   Je *les* ai vues.

EXAMPLE

This is an example of the type of question you might encounter on the test:

Elles ont _____ leur amie au cinéma.

(A) rencontrées
(B) rencontrée
(C) rencontré
(D) rencontrés

The verb "rencontrer" uses the helping (or auxiliary) verb "avoir." The direct object in this sentence is "leur amie." It does not precede the verb; therefore, there should be no agreement with the subject. The correct answer is (C).

THE PASSÉ COMPOSÉ VERSUS THE IMPARFAIT

As indicated before, the imparfait describes a continuous action in the past or an action that was repeated in the past, whereas the passé composé describes an action that occurred in the past, at a specific time, and ended in the past. It is formed with the present tense of the auxiliary verb and the past participle of the verb being conjugated.

How do you choose? Suppose you are given sentences like this:

Quand Elise avait cinq ans, elle (aller) _____ toujours passer ses vacances chez ses grand-parents. Un jour, pendant ses vacances, elle (rencontrer) _____ son oncle Charles pour la première fois et elle (penser) _____ que c'{être} _____ un géant parce qu'il (être) _____ plus grand que son grand-père.

In the first sentence, we learn that Elise always went to spend her vacation at her grandparents' home. It is therefore a repeated action and requires the *imparfait*. In the next sentence, we learn that one day, something happened. This fits the definition of the *passé composé*: an action that occurred in the past, at a specific time ("un jour"). The verb "rencontrer" must therefore be in the *passé composé*. The next verb "penser" fits the same pattern because it is on that day, when she met her uncle for the first time, that she thought he was a giant. However, the verb "être" is a description, it doesn't begin and end in the past, it is a "state of being," and the *imparfait* must be used here. Obviously, the last verb (also "être") follows the same rule. The answers are *allait / a rencontré / a pensé / était / était*.

> *Remember:* Imparfait = background/condition; Passé composé = event

The imperfect tense is always used when translating:

Used to

Would (when "would" means used to)

Was . . . ing

Were . . . ing

It is also used for a description in the past, for a repeated action in the past, and for a state of being. *It describes what was going on.*

EXAMPLE

Examples of adverbial expressions that often use the imperfect include:

Autrefois	*in the past*
De temps en temps	*from time to time*
D'habitude	*usually*
Chaque année	*every year (week, month, etc.)*
Le lundi (mardi, etc.)	*on Mondays (Tuesdays, etc.)*
Quelquefois	*sometimes*
Souvent	*often*
Toujours	*always*
Tous les jours	*every day*

Verbs that denote mental activity or conditions also require the imperfect most of the time (aimer, avoir, espérer, savoir, etc.).

The passé composé is used for an action that happened and was completed at a specific time in the past.

EXAMPLE

Examples of adverbial expressions that are used with the passé composé include:

Hier (hier matin, etc.)	yesterday (yesterday morning, etc.)
Avant-hier	the day before yesterday
Ce jour-là	on that day
La semaine passée (dernière)	last week
Le mois passé (dernier)	last month
L'année passée (dernière)	last year

French	English
demander à (quelqu'un)	to ask (someone)
dire à	to tell
donner à	to give
écrire à	to write (to)
obéir à	to obey
parler à	to speak to
plaire à	to please, to appeal to, to be liked by
prêter à	to lend
raconter à	to tell (a story, a fact) to someone
répondre à	to answer
ressembler à	to resemble/look like
téléphoner à	to call on the phone
vendre à	to sell

THE SUBJUNCTIVE

The subjunctive is very popular on all tests. Remember that the subjunctive is not a tense; it is a mood. It exists in English but isn't commonly used. While the indicative mood deals with real actions and with facts, the subjunctive deals with things that are desired, that are doubtful, and that are possible. Although there are four tenses in the subjunctive, we will only talk about the present and past subjunctives.

The Present Subjunctive

For most verbs, whether they are regular or irregular, the subjunctive is regular. It is formed by dropping the "ent" of the third person plural of the present tense to obtain the root and then by adding to this root the endings: "-e," "-es," "-e," "-ions," "-iez," and "-ent."

The subjunctive is preceded by an expression or by a phrase with "que" ("il faut que," "je voudrais que," "il est important que," etc.).

Parler	Finir	Attendre
que je parle	que je finisse	que j'attende
que tu parles	que tu finisses	que tu attendes
qu'il parle	qu'il finisse	qu'il attende
qu'elle parle	qu'elle finisse	qu'elle attende
que nous parlions	que nous finissions	que nous attendions
que vous parliez	que vous finissiez	que vous attendiez
qu'ils parlent	qu'ils finissent	qu'ils attendent
qu'elles parlent	qu'elles finissent	qu'elles attendent

Irregular Subjunctive

The following verbs are irregular in the subjunctive:

aller	que j'aille	que nous allions
avoir	que j'aie	que nous ayons
être	que je sois	que nous soyons
faire	que je fasse	que nous fassions
pouvoir	que je puisse	que nous puissions
savoir	que je sache	que nous sachions
vouloir	que je veuille	que nous voulions

IMPERSONAL VERBS (CONJUGATED IN THE THIRD PERSON SINGULAR ONLY)

falloir	qu'il faille
pleuvoir	qu'il pleuve
valoir	qu'il vaille

WHEN DO YOU USE THE SUBJUNCTIVE?

The subjunctive is used to express *will, necessity, emotion, doubt,* or *uncertainty,* as well as a *negative opinion* (I don't believe that . . .).

Will	Emotion	Doubt and Possibility
je veux que	je suis content que	je doute que
je désire que	je suis étonné que	je ne crois pas que
je demande que	je suis fâché que	il se peut que
je souhaite que	je suis triste que	il est possible que
je propose que	je suis heureux que	il semble que
il est important que	je suis fier que	il est douteux que
il faut que	j'ai peur que	il est impossible que
il vaut mieux que		il est peu probable que
il est essentiel que		
il est juste que		
il est nécessaire que		

Some conjunctions are also followed by the subjunctive:

bien que	although	avant que	before
pour que	so that	de peur que	for fear that
afin que	so that	pourvu que	provided that
à moins que	unless	sans que	without
jusqu'à ce que	until	à condition que	provided

Some verbs are followed by the subjunctive only when in the negative or interrogative forms:

penser	croire	espérer	dire
trouver	admettre	déclarer	

Some expressions require the indicative when they are in the affirmative (because there is no doubt). They change and require the subjunctive when they are in the negative or in the interrogative (because there is doubt):

être sûr   être certain   être évident   être probable

Remember: When the subject and the object of the verb are one and the same, the subjunctive is not used:

➡ **Examples** _____

Je souhaite que vous soyez à l'heure demain.

Je souhaite être à l'heure demain.

The Past Subjunctive

The past subjunctive is formed by the present subjunctive of the auxiliary verb ("avoir" or "être") and the past participle of the verb.

Avoir	Être
j'aie	je sois
tu aies	tu sois
il ait	il soit
elle ait	elle soit
nous ayons	nous soyons
vous ayez	vous soyez
ils aient	ils soient
elles aient	elles soient

It indicates that an action happened before the action of the principal verb.

➡ **Examples** _____

She is happy that her friend did not forget her birthday.

Elle est heureuse que son ami n'ait pas oublié son anniversaire.

It is necessary that they finish their homework before going to bed.

Il faut qu'ils aient fini leurs devoirs avant d'aller se coucher.

TIP

When "pourvu que" is at the beginning of a sentence, it means "may" or "let's hope that," indicating a wish.

Example: Pourvu qu'il ne pleuve pas demain ! Let's hope it doesn't rain tomorrow !

These are examples of the types of questions you might encounter on the test:

1. Il est important que vous _____ ce chapitre.

   (A) lisez
   (B) lisiez
   (C) lirez
   (D) liriez

Because the impersonal expression "il est important que" requires the subjunctive, the correct answer is (B).

2. Je suis content que vous _____ la leçon hier.

   (A) compreniez
   (B) avez compris
   (C) comprendriez
   (D) ayez compris

Because the action was done yesterday and the principal verb is a verb of emotion, the past subjunctive must be used. Therefore (D) is the correct answer.

THE PASSÉ SIMPLE

It is important to recognize the passé simple because, as a literary tense replacing the passé composé, it will be included in a lot of the reading passages.

For regular verbs, the passé simple endings are:

| er verbs | -ai, -as, -a, -âmes, -âtes, èrent |
| ir and re verbs | -is, -is, -it, -îmes, -îtes, irent |

For auxiliary verbs, the passé simple endings are:

Avoir	Être
j'eus	je fus
tu eus	tu fus
il, elle eut	il, elle fut
nous eûmes	nous fûmes
vous eûtes	vous fûtes
ils, elles eurent	ils, elles furent

TIP

The passé simple is not specifically asked about on the SAT Subject Test in French, so you will not have to answer any question about it. You will only need to be able to recognize the verbs in this tense and not confuse similar ones (i.e., il fit—he did, il fut—he was). Remember that this is a literary past tense, similar in meaning to the passé composé.

Here are some examples of irregular verbs in the passé simple.

Connaître	Dire	Faire	Offrir
je connus	je dis	je fis	j'offris
tu connus	tu dis	tu fis	tu offris
il, elle connut	il, elle dit	Il, elle fit	il, elle offrit
nous connûmes	nous dîmes	nous fîmes	nous offrîmes
vous connûtes	vous dîtes	vous fîtes	vous offrîtes
ils, elles connurent	ils, elles dirent	ils, elles firent	ils, elles offrirent

The verbs "tenir" and "venir," in the plural, are exceptions; they have an "n" before the ending.

➡ **Examples** _____

Nous tînmes / vous tîntes / elles tinrent

Nous vînmes / vous vîntes / elles vinrent

> For most irregular verbs, there is a certain regularity in the conjugation: the endings. If you memorize the first person singular of that verb in the passé simple, you can automatically conjugate the rest of the verb. The endings are "s," "t," "ˆmes," "ˆtes," and "rent."
>
> Examples:
>
> Je bus, tu bus, il/elle but, nous bûmes, vous bûtes, ils/elles burent
>
> J'offris, tu offris, il/elle offrit, nous offrîmes, vous offrîtes, ils/elles offrirent

Articles

DEFINITE ARTICLES

le (l')	the (masculine)	le livre, l'homme
la	the (feminine)	la table, la femme
les	the (plural)	les livres et les tables

While in English the definite article is often omitted (in generalizations), the article is used in French.

➡ **Example** _____

Les études sont nécessaires.
Studies are necessary.

The definite article is always used after the verbs expressing likes or dislikes ("aimer," "détester," etc.). It is used in the following cases:

- Before the name of a person preceded by his/her profession ("le docteur Dupuis" or "le professeur Maréchal") as well as before titles ("le président").
- Before parts of the body, instead of the possessive adjective ("il a les yeux verts").
- Before the name of a language or a course subject ("l'italien," "la chimie").
- Before the days of the week, instead of saying "every" + the day of the week (le lundi = every Monday).
- Before dates ("le premier janvier," "le trois février").
- Before parts of the day ("le matin," "le soir").
- Before a geographical name with the exception of the names of cities ("la France," "la Seine," "le Pérou") and of the following countries and states: Iran, Israël, Tahiti, Haïti, and Hawaï.
- After the verbs "aimer," "détester," "adorer," and "préférer."

The definite article is omitted in these three cases:

- In proverbs, in titles, and in addresses. It is also omitted after the prepositions "avec," "sans," "comme," and "sous."
- With the verb "parler" followed by the name of a language ("il parle français").
- With professions ("il est professeur").

INDEFINITE ARTICLES

un	a (masculine)	un livre, un homme
une	a (feminine)	une table, une femme
des	plural of un and une	des hommes et des femmes

In English, the indefinite article does not exist in the plural; in French, the plural of "un" and "une" is "des." It is best translated by *some* in the affirmative and *any* in the interrogative.

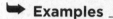 **Examples** _____

Nous avons des cousins américains.

Avez-vous des cousins en Amérique ?

EXAMPLE

In the negative form, the indefinite articles "un," "une," "des," "du," "de la," and "de l'" change to "de" or "d'." The indefinite article "des" also becomes "de" or "d'" after expressions of quantity except after "la plupart," "la moitié," and "bien." When the indefinite article "des" is followed by a noun and a plural adjective, it does not change. However, this is not the case when the plural adjective precedes the noun. In that case, "des" becomes "de" before the plural adjective.

Examples:

Nous avons **de l'argent.** / Nous **n'avons pas d'argent.**
Il a **un** billet d'avion. / Il **n'a pas de** billet d'avion.
Nous avons **des** cousins. / Nous **n'avons pas de** cousins.
Elle a **des** problèmes. / Elle a **beaucoup de** problèmes.
J'ai acheté **des** oranges. / J'ai acheté **un kilo d'**oranges.
J'ai acheté **des** pommes rouges. / J'ai acheté **de belles** pommes.
La plupart des élèves sont ici.
Cet homme a **bien des** problèmes.
La moitié des amies de Catherine sont arrivées.

PARTITIVE ARTICLES

du   de l'   de la   des

The partitive article is used with nouns that cannot be counted. It is often omitted in English or replaced by "some" or "any."

➡ **Examples** _____

J'ai acheté du lait.
I bought milk.

Voulez-vous du pain ?
Would you like some bread?

TIP

Remember that the possessive also uses "du," "de l'," "de la," and "des." In that case, it means *of* or *of the* ("la voiture de Jeanne," "le cahier de l'élève").

EXAMPLE

This is an example of the type of question you might encounter on the test:

Ah bon ? Vous n'avez pas _____ amis en France ?

(A) des
(B) d'
(C) de
(D) beaucoup des

The correct answer is (B). (A) is incorrect because after "pas," "des" changes to "de." (C) is incorrect because "amis" starts with a vowel. (D) is incorrect because after "pas," "des" changes to "de."

Pronouns

PERSONAL PRONOUNS

The pronoun replaces the noun and can represent a person, a place, or a thing. The subject or personal pronouns are:

je (j')	I	nous	we
tu	you (familiar)	vous	you (plural or singular formal)
il	he	ils	they (masculine)
elle	she	elles	they (feminine)
on	one		

REFLEXIVE PRONOUNS

Reflexive pronouns are used with reflexive verbs and reciprocal verbs. The reflexive pronouns are:

je/me	tu/te	il/se	elle/se	on/se	(reflexive only)
nous/nous	vous/vous	ils/se	elles/se	(reflexive and reciprocal)	

DIRECT OBJECT PRONOUNS

The direct object pronoun replaces the direct object in a sentence. The direct object pronouns are:

me (m')	me	nous	us
te (t')	you	vous	you (plural or formal sing.)
le (l')	him/it	les	people or things/masc. and plural
la (l')	her/it	les	people or things/masc., feminine plural

➡ Examples _____

Pierrette a rencontré Colette au restaurant.
Pierrette met Colette at the restaurant.

Pierrette l'a rencontrée au restaurant.
Pierrette met her at the restaurant.

Notice that the past participle agrees with the direct object (Colette). When the direct object precedes the past participle, the past participle agrees in gender and in number with the direct object but never with the indirect object.

INDIRECT OBJECT PRONOUNS

An indirect object pronoun replaces a noun and a preposition. Therefore, it is important to study all the verbs that are followed by a preposition (dire à, parler à, etc.) The indirect object pronouns are:

me (m')	to me	nous	to us
te (t')	to you (familiar)	vous	to you (plural/formal)
lui	to him/to her	leur	to them (feminine/masculine)

➡ Examples _____

Pierrette prête le livre à Colette.   Pierrette lui prête le livre.
Pierrette lends her book to Colette.   *Pierrette lends her the book.*

Y

The pronoun "y" represents a location; it means there. "Y" usually replaces a phrase that begins with a preposition referring to that place (to, at, etc.).

➡ Examples _____

Je vais à l'école. (j'y vais)
J'habite chez mes parents. (j'y habite)
La voiture est dans le garage. (la voiture y est)

En

The pronoun "en" replaces a noun that is used with a verb or an expression followed by "de." It often means of it or of them.

_____
EXAMPLE

In the singular, "en" is used for things only. However, "en" can be used to refer to a group of people.

Examples:

J'ai besoin de mon livre. (j'en ai besoin)
Je parle de mon cousin. (je parle de lui)
J'ai besoin de mes livres. (j'en ai besoin)
Je parle de mes amis. (je parle d'eux ou j'en parle)
_____

DOUBLE OBJECT PRONOUNS

When two pronouns are used, they both precede the verb, except in the affirmative imperative.

Order of Pronouns

Me				
Te	le	lui		
Se	la	leur	y	en
Nous	les			
Vous				

➡️ **Examples** _____

Il me donne le livre / Il **me le** donne

Il donne la rose à Jeanne / Il **la lui** donne

Elle lit la question aux élèves / Elle **la leur** lit

Je vois les enfants dans le jardin / Je **les** y vois

Je parle des questions au prof / Je **lui en** parle

In the imperative form, the verb precedes the object pronouns and the order of the pronouns is alphabetical, except for **en**, which comes after m', t', nous, vous, and leur.

donnez-le-moi	parlez-lui en
donnez-le-lui	parlez-m'en
donnez-le-leur	allez-y

In the imperative, the "tu" form of an "-er" verb that has lost its "s" will get it back in front of the pronouns "y" and "en."

Va à la bibliothèque !	Vas-y !
Parle de ton problème !	Parles-en !

DISJUNCTIVE PRONOUNS (OR STRESSED PRONOUNS) AND REFLEXIVE PRONOUNS

The stressed pronouns are the same as the subject pronouns for "elle," "elles," "nous," and "vous." The other forms differ.

Subject	Disjunctive/Stressed
Je	moi
Tu	toi
Il	lui
On	soi
Ils	eux

TIP

"C'est" can be used with all disjunctive pronouns (i.e., C'est nous . . .), except for "eux" and "elles" (i.e., Ce sont elles . . .).

➡ **Example** _____

C'est moi, c'est nous, c'est vous. Ce sont eux.

Disjunctive pronouns occur after a preposition.

➡ **Example** _____

Ils sont *avec* moi.

Disjunctive pronouns can be used for a comparison.

➡ **Example** _____

Elle est plus petite que lui.

A disjunctive pronoun can be used by itself, for emphasis.

➡ **Example** _____

Qui est-ce ? Moi.

Disjunctive pronouns are used after "ne . . . que."

➡ **Example** _____

Je n'ai vu que lui.

Disjunctive pronouns are used in a compound subject.

➡ **Example** _____

Mon amie et moi.

Disjunctive pronouns are used in combination with "même" ("moi-même", "toi-même") to express the idea of oneself.

➡ **Example** _____

Je l'ai fait moi-même.
I did it myself.

POSSESSIVE ADJECTIVES AND PRONOUNS

Possessive pronouns agree in gender and in number with the object or person they represent.

➡ **Example** _____

Mon livre—le mien
My book—mine

This is an example of the type of question you might encounter on the test:

Tu veux aller faire les courses ? Je peux y aller avec _____ , si tu veux.

(A) moi
(B) toi
(C) vous
(D) elles

The correct answer is (B) because the stress pronoun has to correspond with the subject in the first sentence. (A) is incorrect because it does not reflect the true meaning of the second sentence since "I can go with me, if you want" doesn't make sense. (C) and (D) would not properly refer to any person mentioned, so they are also incorrect.

Personal Pronouns	Possessive Adjectives	Possessive Pronouns
je	mon, ma, mes	le mien, la mienne, les miens, les miennes
tu	ton, ta, tes	le tien, la tienne les tiens, les tiennes
il/elle	son, sa, ses	le sien, la sienne les siens, les siennes
nous	notre, nos	le nôtre, la nôtre les nôtres
vous	votre, vos	le vôtre, la vôtre les vôtres
ils/elles	leur, leurs	le leur, la leur, les leurs

➡ Examples

Ma soeur = la mienne   Mes soeurs = les miennes

Mon livre = le mien   Mes livres = les miens

Votre soeur = la vôtre   Vos soeurs = les vôtres

Votre livre = le vôtre   Vos livres = les vôtres

> In the plural ("nous," "vous," "ils/elles"), possessive adjectives represent both the feminine and the masculine. Possessive pronouns have a masculine form, a feminine form, and a plural form. See the examples on the left.

Points to Remember

■ Possessive *adjectives* are masculine, feminine, and plural, depending on the object or person they represent. However, when a possessive adjective is followed by a feminine noun beginning with a vowel, the masculine possessive adjective is used.

➡ Examples

Un livre—Mon livre   Des livres—Mes livres

Une fille—Ma fille   Des filles—Mes filles

Une amie—Mon amie   Des amies—Mes amies

■ The possessive adjective can be replaced by "of" or "of the" (*du/de la/des* can replace the possessive adjectives *mon, ma, mes,* etc.).

➥ **Example** _____

Le livre du professeur = son livre

EXAMPLE

This is an example of the type of question you might encounter on the test:

Ils ont vu _____ amie Sophie, qu'ils connaissent depuis longtemps.

(A) leurs
(B) la sienne
(C) sa
(D) leur

Since "ils" is plural, only (A) or (D) are possibly correct. Since "amie" is singular, however, (D) is the correct answer.

DEMONSTRATIVE ADJECTIVES AND PRONOUNS

Demonstrative adjectives and pronouns are used to point something or someone out.

Adjectives		Pronouns	
Masculine	**Feminine**	**Masculine**	**Feminine**
ce/cet	cette	celui	celle
ces	ces	ceux	celles

They agree in gender and number with the noun they modify. "Cet" is used when a masculine noun begins with a vowel or a mute "h."

➥ **Examples** _____

Ce film est émouvant—Ces films sont émouvants

Cet homme est célèbre—Ces hommes sont célèbres

Cette maison est grande—Ces maisons sont grandes

➥ **Examples** _____

Mon livre est bleu, celui de ma soeur est vert.

Ma robe est bleue, celle de ma soeur est verte.

The demonstrative adjectives and pronouns can be used with "-ci" or "-là" to distinguish between "this" and "that."

➡️ **Examples** _____

Aimez-vous cette robe-ci ou cette robe-là ?

Aimez-vous cette robe-ci ou celle-là ?

Aimez-vous celle-ci ou celle-là ?

To express the idea of "the one(s) who" or "he/she who/that" or "those who/that," the demonstrative pronoun is followed by a relative pronoun.

➡️ **Example** _____

Celui qui parle est mon voisin.

To express the English possessive ('s), the demonstrative pronoun is followed by "de."

➡️ **Example** _____

Aimez-vous cette robe ? Non, j'aime mieux celle de Catherine.
Do you like this dress? No, I prefer Catherine's.

RELATIVE PRONOUNS

A relative pronoun joins a subordinate clause to a noun or pronoun in the principal clause. This subordinate clause is then called a relative clause.

English	French	Application
who (subject)	qui	for people
which (subject)	qui	for things
that (subject)	qui	for people and things
whom or that (object)	que	for people and things

➡️ **Example** _____

The girl who is reading this book knows you.
La fille qui lit ce livre te connaît.

"The girl knows you" is the principal clause whereas "is reading this book" is the subordinate clause. "La fille te connaît" is the principal clause, and "qui lit ce livre" is the subordinate clause. A principal clause can stand on its own.

The subject of the verb "to read" ("lire") is the girl, so you use "qui."

> When filling a blank, it is easy to distinguish between "qui" and "que." The first one, "qui," will be immediately followed by a verb, whereas "que" will be followed by a noun or pronoun.

➡ Example _____

I did not find the book which was on your desk.
Je n'ai pas trouvé le livre qui était sur ton bureau.

The subject of the verb "to be" ("être") is the book, so you use "qui."

➡ Example _____

The child whom I saw was playing in the garden.
L'enfant que j'ai vu jouait dans le jardin.

In this case, "The child" is the object of the verb (I saw the child), so you use "que."

Relative Pronouns After a Preposition

┌─────────────────────── **EXAMPLES** ───────────────────────┐

qui	with a subject (person or thing) or after a preposition for people
que	with an object (person or thing)
dont	when the verb or expression is followed by "de"
où	for location in time and place
lequel / laquelle	after a preposition (person or thing)
lesquels / lesquelles	
ce qui / ce que / ce dont	when there is no antecedent

└───┘

➡ Example _____

La jeune fille à qui il parle.
The young woman to whom he is speaking.

For a thing, use "lequel," "laquelle," "lesquels," and lesquelles."

➡ Example _____

Le cahier dans lequel j'écris.
The notebook in which I am writing.

When "lequel," "laquelle," "lesquels," and "lesquelles" are preceded by "à," use "auquel," "à laquelle," "auxquels," and "auxquelles."

➡ Example _____

Le voyage auquel je pense est trop court.

When "lequel," "laquelle," "lesquels," and "lesquelles" are preceded by "de," use "duquel," "de laquelle," "desquels," and "desquelles."

➡ Example _____

La maison près de laquelle il y a un parc appartient à mon oncle.

Dont

After a verb or an expression is followed by the preposition "de," such as "parler de" and "avoir peur de," use "dont." The relative pronoun "dont" is used for of whom and of which.

➡ Example _____

The friend of whom I speak is in Italy now.
L'amie dont je parle est en Italie maintenant.

"Dont" is also used to express *possession* (whose).

➡ Example _____

The man whose suitcase is green is my uncle.
L'homme dont la valise est verte est mon oncle.

For *things,* use only "dont."

➡ Example _____

Voici le livre dont je t'ai parlé.

What happens if there is no antecedent (no noun to which the relative pronoun refers)?

➡ Examples _____

With antecedent: I like the *book* that is on the table.

Without antecedent: I like *what* is on the table.

In the first example, the noun "book" is the antecedent, so the translation will be "J'aime *le livre* qui est sur la table."

In the second example, we do not know what "what" refers to, so we will use the translation "J'aime *ce* qui est sur la table."

This form is also used with the other relative pronouns: ce dont, ce que.

What happens if we are referring to time or place? For both time and place, the relative pronoun "où" is used.

➡ Examples _____

Le jour où je les ai vus.
The day (when) I saw them.

La ville où je suis née.
The city where I was born.

In the case of places, it is sometimes possible to use "dans lequel" or "dans laquelle."

➡ **Example** _____

La maison où il est né / La maison dans laquelle il est né

What happens if the relative pronoun used with a preposition has an indeterminate antecedent? In this case, the relative pronoun used is "quoi."

➡ **Example** _____

I don't understand *what* you are speaking of.
Je ne comprends pas de quoi *tu parles.*

Common Expressions of Time and Place Used With "Où"

le jour où	au moment où	la ville où
l'année où	le pays où	

Some Verbs and Expressions Followed By "De"

parler de	rêver de	se souvenir de
avoir besoin de	avoir peur de	il s'agit de

These are examples of the types of questions you might encounter on the test:

Je n'ai pas vu la jeune fille _____ tu parlais.

(A) qui
(B) dont
(C) que
(D) laquelle

Because the verb "parler" is followed by "de," the correct answer is (B).

J'ai perdu le stylo avec _____ j'ai écrit cet essai.

(A) lequel
(B) quoi
(C) que
(D) qui

Because "stylo" is masculine and the preposition "avec" precedes the blank space, (A) is the correct answer.

Elle n'a pas trouvé _____ elle avait besoin.

(A) qu'
(B) ce qu'
(C) lequel
(D) ce dont

There is no antecedent here, so we must use an expression with "ce." Because "avoir besoin" is followed by "de," we cannot use (B). The answer is (D).

C'est le livre _____ m'a coûté si cher.

(A) qui
(B) que
(C) pour lequel
(D) lequel

The correct answer is (A) because the relative pronoun "qui" is the subject of the following verb. (B) would be correct if that pronoun was the direct object of the following verb. (C) is incorrect because the verb "coûter" does not use the preposition "pour." (D) cannot work because "lequel" can be used only as a relative pronoun after a preposition.

Interrogatives

▰▰▰▰▰▰▰▰▰▰▰▰▰▰▰▰▰▰▰▰▰▰▰▰▰▰▰▰▰▰▰▰▰▰▰▰

INTERROGATIVE PRONOUNS

	People	Things
Subject	qui or qui est-ce qui (who)	qu'est-ce qui (what)
Direct object	qui + inversion (whom)	que + inversion (what)
	qui est-ce que	qu'est-ce que
Object of preposition	à qui + inversion (to whom)	à quoi + inversion (to what)
	de qui + inversion (of whom)	de quoi + inversion (of what)
	à qui/de qui est-ce que	à quoi/de quoi est-ce que

Other prepositions: avec, pour, à côté de, etc.

➥ **Examples** _____

Who is absent today?

Qui est absent aujourd'hui ?

What is important?

Qu'est-ce qui est important ?

With whom do you speak?

Avec qui parlez-vous ?

With what do you write?

Avec quoi écrivez-vous ?

Whom did he see?

Qui a-t-il vu ? or *Qui est-ce qu'il a vu ?*

EXAMPLE

This is an example of the type of question you might encounter on the test:

_____ tu as vu à la soirée ? J'ai vu Pierre.

- (A) Qui
- (B) Qu'est-ce qui
- (C) Qu'est-ce que
- (D) Qui est-ce que

Because the blank is followed by the subject pronoun "tu," we know that it has to be an object pronoun. Since the object pronoun refers to a person (Pierre), it can only be (A) or (D). Because there is no inversion after the blank ("as-tu vu"), we have to select (D).

TIP

"Lequel" and "lesquels" ("lesquelles") contract with the prepositions "à" and "de" to form "auquel," "auxquels," "auxquelles," and "duquel," "desquels," "desquelles."

The Pronoun Lequel (Which One, Which)

Masculine	Feminine	Masculine Plural	Feminine Plural
lequel	laquelle	lesquels	lesquelles

➡ **Example**

I see three cars; which one is your father's?

Je vois trois voitures, laquelle est celle de ton père ?

➡ **Examples**

Maman a parlé aux voisins—Auxquels ?

J'ai besoin de tes livres—Desquels ?

INTERROGATIVE ADJECTIVES (WHICH, WHAT)

Masculine	Feminine	Masculine Plural	Feminine Plural
Quel	Quelle	Quels	Quelles

➡ **Examples**

Quel film as-tu vu hier soir ?

Quelle carrière va-t-il choisir ?

OTHER INTERROGATIVES

combien	how much, how many
comment	how
où	where
pourquoi	why
quand	when

EXAMPLE

This is an example of the type of question you might encounter on the test:

_____ parle plusieurs langues dans cette classe ?

(A) Qu'est-ce qui
(B) Qui est-ce qui
(C) Desquels
(D) Quelles

The answer is (B). Because the blank is followed by a verb, we know it is a subject interrogative. Of the four choices given, it can only be (A) or (B). Because a thing doesn't speak several languages, it can only be (B). The two other answers mean of which ones ("desquels") and which ("quelles"), which would make for an incomplete sentence.

Negatives

The most used negative is "ne . . . pas." For simple tenses, "ne" is placed before the verb and "pas" is placed after the verb. In the compound tenses, "ne" is placed before the auxiliary verb ("avoir" or "être"), and "pas" is placed after the auxiliary verb.

➡ **Example** _____

Elle ne va pas au supermarché.—Elle n'est pas allée au supermarché.

In the interrogative form, "ne" is placed before the verb and inverted subject pronoun, and "pas" is placed after them. For compound tenses, "ne" goes before the auxiliary verb, and "pas" is placed after the auxiliary verb.

➡ **Example** _____

N'aimez-vous pas la salade ?—N'avez-vous pas aimé la salade ?

When two verbs follow each other, the first one is conjugated and the second one is in the infinitive. In this case, the two parts of the negative surround the conjugated verb.

➡ **Example** _____

Je ne veux pas acheter cette voiture.

With infinitives, the two parts of the negation precede the infinitive.

➡ **Example** _____

Je regrette de ne pas aller à cette soirée.

Ne . . . pas	not	ne . . . rien	nothing
Ne . . . plus	no longer, no more	ne . . . jamais	never
Ne . . . point	not (somewhat archaic)	ne . . . aucun(e)	no, not any, not one
Ne . . . personne	no one	ne . . . ni . . . ni	neither . . . nor
Ne . . . nulle part	nowhere	ne . . . que	only

TIP

Remember that in the negative form, "un," "une," "du," "de la," "de l'," or "des" become "de" except after the verb "être."

➡ Examples _____

Elle a acheté des chocolats.

Elle n'a pas acheté de chocolats.

Position of the Negatives

For "ne . . . jamais," "ne . . . point," and "ne . . . plus," follow the same rule as for "ne . . . pas." For simple tenses, "ne . . . personne," "ne . . . rien," and "ne . . . aucun(e)," follow the same rule as for "ne . . . pas." However, for compound tenses:

rien follows the auxiliary verb	je n'ai rien vu
personne follows the past participle	je n'ai vu personne
aucun follows the past participle	je n'ai vu aucun élève

"Personne" and "rien" can be used as subjects.

➡ Examples _____

Personne n'est venu à l'heure.

Rien n'est intéressant dans ce film.

Ne . . . ni . . . ni (neither . . . nor)

In simple tenses, "ne" precedes the verb and each "ni" is placed before the nouns compared.

➡ Example _____

Je n'aime ni le thé ni le café.

In compound tenses, if "ne" precedes the whole verb (auxiliary and principal), then each "ni" is placed before the nouns compared.

➡ Example _____

Je n'ai acheté ni la robe verte ni la robe bleue.

EXAMPLE

This is an example of the type of question you might encounter on the test:

Je n'ai _____ vu ce matin.

(A) aucun
(B) personne
(C) pas
(D) rien

The correct answer is (D). (A) and (B) are incorrect because these negations are placed after the past participle. Although the location of "pas" would be correct, its meaning would not be correct in this sentence. So (C) is also incorrect.

Comparatives and Superlatives

THE COMPARATIVE

Equality	aussi . . . que (as . . . as)	autant . . . que	(as much as) (as many as)
Superiority	plus . . . que (more . . . than)		
Inferiority	moins . . . que (less . . . than)		

Aussi . . . que (qu') surrounds an adjective or an adverb.

➡ **Examples** _____

Il est aussi grand que son père.

Il conduit aussi vite que sa soeur.

Autant que (qu') (not separated) comes after a verb.

➡ **Example** _____

Tu bavardes autant que lui.

Autant de . . . que (qu') surrounds a noun.

➡ **Example** _____

J'ai autant de patience que mon père.

Plus . . . que/ Moins . . . que (qu') surround an adjective or an adverb.

➡ **Examples** _____

Cette jeune fille est plus travailleuse que moi.

Cette jeune fille travaille plus vite que moi.

Plus que/ Moins que (qu') (not separated) come after a verb.

➥ **Example** _____

Ma soeur dort plus que moi.

Plus de . . . que/Moins de . . . que (qu') surround a noun.

➥ **Example** _____

Tu as moins de devoirs que ta soeur.

Plus de/ Moins de without "que" are used before a number or an expression of quantity.

➥ **Example** _____

J'ai moins de dix dollars dans mon portefeuille.

TIP

These special cases often appear on the SAT Subject Test in French. So be sure to review them carefully!

Special Cases

	Egalité	Supériorité	Infériorité
bon	aussi bon	meilleur	moins bon
bien	aussi bien	mieux	moins bien
mauvais	aussi mauvais	pire/plus mauvais	moins mauvais
petit	aussi petit	moindre/plus petit	moins petit

THE SUPERLATIVE

The superlative is formed by using the definite article ("le," "la," or "les") plus the comparative adverb ("plus" or "moins") plus the adjective.

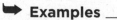

le/la/les + plus/moins + adjective (+ de)

➥ **Examples** _____

D'après moi, c'est le plus beau musée.

D'après moi, c'est le plus beau musée de cette ville (du monde, des Etats-Unis).

Special Cases

Supériorité		
Masculin	**Féminin**	**Pluriel**
bon	meilleur(s)	meilleure(s)	
bien	le mieux	le mieux	le mieux
petit	le plus petit	la plus petite	les plus petit(e)s
mauvais	le plus mauvais/ le pire	la plus mauvaise	les plus mauvais(es)/ les pires

Infériorité		
Masculin	**Féminin**	**Pluriel**
bon	le moins bon	la moins bonne	les moins bon(ne)s
bien	le moins bien	le moins bien	le moins bien
petit	le plus petit/ le moindre	la plus petite la moindre*	les plus petit(e)s les moindres*
mauvais	le plus mauvais/ le pire	la plus mauvaise la pire*	les plus mauvais(es) les pires*

Used for abstract situations only (je n'ai pas la moindre idée).

EXAMPLE

This is an example of the type of question you might encounter on the test:

C'est le plus beau _____ tous les cadeaux que j'ai eus pour mon anniversaire.

(A)   - - -
(B)   que
(C)   de
(D)   parmi

The correct answer is (C). (A) is incorrect because "de" is necessary here. (B) is used for a comparison, whereas this is a superlative sentence. Although "parmi" means "among," this word is not used in this context in French. Therefore, eliminate (D) as well.

Geographical Locations

IN OR TO A LOCATION

Location	in or to	Example
a city	à	Nous allons à Dakar.
a city with an article	au/à la	Ils sont au Havre.
		Ils sont à La Nouvelle Orléans.
a feminine country*	en	Nous vivons/allons en France.
a masculine country† whose name begins with a vowel	en	Il est en Iran.
a masculine country whose name begins with a consonant	au	Nous allons au Maroc.
a country whose name is in the plural *French provinces follow the same rule as countries.* En Normandie, en Bourgogne, au Berry	aux	Elle vit aux Etats-Unis.

A feminine country is a country whose name is in the feminine, usually ending in "e," such as la France and la Suisse.
†*A masculine country is a country whose name doesn't end in "e" such as le Maroc and le Portugal. (Note that Mexico is an exception. Although it ends in "e," Mexique is a masculine country and therefore takes "au.")*

Islands are sometimes considered cities, sometimes considered countries. The islands that are considered cities do not have an article in their name:

Tahiti	à Tahiti
Cuba	à Cuba
La Corse	en Corse

Some islands, such as Martinique and Guadeloupe take "à" before the article "la."

Martinique	à la Martinique
Guadeloupe	à la Guadeloupe

American states whose names end in a vowel in English also end in a vowel in French. However, they are not always in the feminine.

en Alabama	en Indiana	au Nouveau-Mexique
en Alaska	en Iowa	en Ohio
en Arizona	au Kansas	en Oklahoma
en Arkansas	au Kentucky	en Orégon
en Californie	en Louisiane	en Pennsylvanie
en Caroline du Nord	au Maine	au Rhode Island
en Caroline du Sud	au Maryland	au Tennessee
au Colorado	au Massachusetts	au Texas
au Connecticut	au Michigan	en Utah
au Dakota du Nord	au Minnesota	au Vermont
au Dakota du Sud	au Missouri	en Virginie
au Delaware	au Montana	dans l'état de Washington
en Floride	au Nebraska	au Wisconsin
en Georgie	au New Hampshire	au Wyoming
à Hawaï	au New Jersey	
en Idaho	dans l'état de New York	

FROM A LOCATION

Whenever "à" or "en" is used to express the idea of "to" for a geographical location, "de" or "d'" is used to express the idea of "from." Whenever "au" or "aux" is used to express the idea of "to" for a geographical location, "du" or "des" is used to express the idea of "from."

➡ **Examples** _____

Nous allons à Paris *and* Nous venons de Paris

Nous allons au Maroc *and* Nous venons du Maroc

EXAMPLE

This is an example of the type of question you might encounter on the test:

As-tu déjà vécu _____ Paris ?

(A) - - -
(B) de
(C) en
(D) à

The correct answer is (D) because with the name of a city, "à" is used. (A) is incorrect because a preposition is needed in this context. (B) would be used to mean "from," but that does not fit in the context of this question. (C) would be correct with a feminine *country*, but Paris is a *city*.

---

faire attention à	to pay attention to
se fier à	to trust someone
s'habituer à	to get used to
s'intéresser à	to be interested in
jouer à	to play a game or a sport
manquer à	to be missed by someone
obéir à	to obey
parler à	to speak to
penser à	to think of someone or something
plaire à	to please someone, to be attractive to someone
raconter à	to tell (a story or an event)
réfléchir à	to think about
répondre à	to answer
résister à	to resist
ressembler à	to resemble
réussir à	to succeed in
téléphoner à	to telephone (someone)

VERBS THAT TAKE DE + A NOUN

s'agir de	to be a question of
s'approcher de	to come near, to approach
changer de	to change
dépendre de	to depend
douter de	to doubt
se douter de	to suspect
féliciter de	to congratulate
jouer de	to play a musical instrument
manquer de	to lack
se méfier de	to beware of
se moquer de	to make fun of
s'occuper de	to take care of, to be busy with
parler de	to speak about
partir de	to leave from
se passer de	to do without
se plaindre de	to complain
remercier de	to thank for
se rendre compte de	to realize
rire de	to laugh at
se servir de	to use
se souvenir de	to remember
tenir de	to take after

Irregular Conjugations

For all compound tenses, the auxiliary verb is the same as for the passé composé.

- Passé composé—present of the auxiliary verb + past participle
- Plus-que-parfait—imperfect of the auxiliary verb + past participle
- Futur antérieur—future of the auxiliary verb + past participle
- Conditionnel passé—present conditional of the auxiliary verb + past participle
- Subjonctif passé—present subjunctive of the auxiliary verb + past participle
- Write il/elle/on in front of each third person singular in all tenses

Aller (to go)—allant (pres. part.), allé (past part.)

Présent	Imparfait	Passé Composé	Passé Simple
je vais	j'allais	je suis allé(e)	j'allai
tu vas	tu allais	tu es allé(e)	tu allas
il/elle/on va	il/elle/on allait	il/elle/on allé	il/elle/on alla
nous allons	nous allions	nous sommes allé(e)s	nous allâmes
vous allez	vous alliez	vous êtes allé(e)s	vous allâtes
ils/elles vont	ils/elles allaient	ils/elles sont allé(e)s	ils/elles allèrent

Futur	Conditionnel Présent	Impératif	Subjonctif Présent
j'irai	j'irais	—	que j'aille
tu iras	tu irais	va	que tu ailles
il/elle/on ira	il/elle/on irait	—	qu'il/elle/on aille
nous irons	nous irions	allons	que nous allions
vous irez	vous iriez	allez	que vous alliez
ils/elles iront	ils/elles iraient	—	qu'ils/elles aillent

Avoir (to have)—ayant (pres. part.), eu (past part.)

Présent	Imparfait	Passé Composé	Passé Simple
j'ai	j'avais	j'ai eu	j'eus
tu as	tu avais	tu as eu	tu eus
il/elle/on a	il/elle/on avait	il/elle/on a eu	il/elle/on eut
nous avons	nous avions	nous avons eu	nous eûmes
vous avez	vous aviez	vous avez eu	vous eûtes
ils/elles ont	ils/elles avaient	ils/elles ont eu	ils/elles eurent

Futur	Conditionnel Présent	Impératif	Subjonctif Présent
j'aurai	j'aurais	—	que j'aie
tu auras	tu aurais	aie	que tu aies
il/elle/on aura	il/elle/on aurait	—	qu'il/elle/on ait
nous aurons	nous aurions	ayons	que nous ayons
vous aurez	vous auriez	ayez	que vous ayez
ils/elles auront	ils/elles auraient	—	qu'ils/elles aient

Boire (to drink)—buvant (pres. part.), bu (past part.)

Présent	Imparfait	Passé Composé	Passé Simple
je bois	je buvais	j'ai bu	je bus
tu bois	tu buvais	tu as bu	tu bus
il/elle/on boit	il/elle/on buvait	il/elle/on a bu	il/elle/on but
nous buvons	nous buvions	nous avons bu	nous bûmes
vous buvez	vous buviez	vous avez bu	vous bûtes
ils/elles boivent	ils/elles buvaient	ils/elles ont bu	ils/elles burent

Futur	Conditionnel Présent	Impératif	Subjonctif Présent
je boirai	je boirais	—	que je boive
tu boiras	tu boirais	bois	que tu boives
il/elle/on boira	il/elle/on boirait	—	qu'il/elle/on boive
nous boirons	nous boirions	buvons	que nous buvions
vous boirez	vous boiriez	buvez	que vous buviez
ils/elles boiront	ils/elles boiraient	—	qu'ils/elles boivent

Conduire (to drive)—conduisant (pres. part.), conduit (past part.)

Présent	Imparfait	Passé Composé	Passé Simple
je conduis	je conduisais	j'ai conduit	je conduisis
tu conduis	tu conduisais	tu as conduit	tu conduisis
il/elle/on conduit	il/elle/on conduisait	il/elle/on a conduit	il/elle/on conduisit
nous conduisons	nous conduisions	nous avons conduit	nous conduisîmes
vous conduisez	vous conduisiez	vous avez conduit	vous conduisîtes
il/elles conduisent	ils/elles conduisaient	ils/elles ont conduit	ils/elles conduisirent

Futur	Conditionnel Présent	Impératif	Subjonctif Présent
je conduirai	je conduirais	—	que je conduise
tu conduiras	tu conduirais	conduis	que tu conduises
il/elle/on conduira	il/elle/on conduirait	—	qu'il/elle/on conduise
nous conduirons	nous conduirions	conduisons	que nous conduisions
vous conduirez	vous conduiriez	conduisez	que vous conduisiez
ils/elles conduiront	ils/elles conduiraient	—	qu'ils/elles conduisent

Connaître (to know, to be acquainted with)—connaissant (pres. part.), connu (past part.)

Présent	Imparfait	Passé Composé	Passé Simple
je connais	je connaissais	j'ai connu	je connus
tu connais	tu connaissais	tu as connu	tu connus
il/elle/on connaît	il/elle/on connaissait	il/elle/on a connu	il/elle/on connut
nous connaissons	nous connaissions	nous avons connu	nous connûmes
vous connaissez	vous connaissiez	vous avez connu	vous connûtes
ils/elles connaissent	ils/elles connaissaient	ils/elles ont connu	ils/elles connurent

Futur	Conditionnel Présent	Impératif	Subjonctif Présent
je connaîtrai	je connaîtrais	—	que je connaisse
tu connaîtras	tu connaîtrais	connais	que tu connaisses
il/elle/on connaîtra	il/elle/on connaîtrait	—	qu'il/elle/on connaisse
nous connaîtrons	nous connaîtrions	connaissons	que nous connaissions
vous connaîtrez	vous connaîtriez	connaissez	que vous connaissiez
ils/elles connaîtront	ils/elles connaîtraient	—	qu'ils/elles connaissent

Courir (to run)—courant (pres. part.), couru (past part.)

Présent	Imparfait	Passé Composé	Passé Simple
je cours	je courais	j'ai couru	je courus
tu cours	tu courais	tu as couru	tu courus
il/elle/on court	il/elle/on courait	il/elle/on a couru	il/elle/on courut
nous courons	nous courions	nous avons couru	nous courûmes
vous courez	vous couriez	vous avez couru	vous courûtes
ils/elles courent	ils/elles couraient	ils/elles ont couru	ils/elles coururent

Futur	Conditionnel Présent	Impératif	Subjonctif Présent
je courrai	je courrais	—	que je coure
tu courras	tu courrais	cours	que tu coures
il/elle/on courra	il/elle/on courrait	—	qu'il/elle/on coure
nous courrons	nous courrions	courons	que nous courions
vous courrez	vous courriez	courez	que vous couriez
ils/elles courront	ils/elles courraient	—	qu'ils/elles courent

Craindre (to fear)—craignant (pres. part.), craint (past part.)

Présent	Imparfait	Passé Composé	Passé Simple
je crains	je craignais	j'ai craint	je craignis
tu crains	tu craignais	tu as craint	tu craignis
il/elle/on craint	il/elle/on craignait	il/elle/on a craint	il/elle/on craignit
nous craignons	nous craignions	nous avons craint	nous craignîmes
vous craignez	vous craigniez	vous avez craint	vous craignîtes
ils/elles craignent	ils/elles craignaient	ils/elles ont craint	ils/elles craignirent

Futur	Conditionnel Présent	Impératif	Subjonctif Présent
je craindrai	je craindrais	—	que je craigne
tu craindras	tu craindrais	crains	que tu craignes
il/elle/on craindra	il/elle/on craindrait	—	qu'il/elle/on craigne
nous craindrons	nous craindrions	craignons	que nous craignions
vous craindrez	vous craindriez	craignez	que vous craigniez
ils/elles craindront	ils/elles craindraient	—	qu'ils/elles craignent

Croire (to believe)—croyant (pres. part.), cru (past part.)

Présent	Imparfait	Passé Composé	Passé Simple
je crois	je croyais	j'ai cru	je crus
tu crois	tu croyais	tu as cru	tu crus
il/elle/on croit	il/elle/on croyait	il/elle/on a cru	il/elle/on crut
nous croyons	nous croyions	nous avons cru	nous crûmes
vous croyez	vous croyiez	vous avez cru	vous crûtes
ils/elles croient	ils/elles croyaient	ils/elles ont cru	ils/elles crurent

Futur	Conditionnel Présent	Impératif	Subjonctif Présent
je croirai	je croirais	—	que je croie
tu croiras	tu croirais	crois	que tu croies
il/elle/on croira	il/elle/on croirait	—	qu'il/elle/on croie
nous croirons	nous croirions	croyons	que nous croyions
vous croirez	vous croiriez	croyez	que vous croyiez
ils/elles croiront	ils/elles croiraient	—	qu'ils/elles croient

Dire (to say, to tell)—disant (pres. part.), dit (past part.)

Présent	Imparfait	Passé Composé	Passé Simple
je dis	je disais	j'ai dit	je dis
tu dis	tu disais	tu as dit	tu dis
il/elle/on dit	il/elle/on disait	il/elle/on a dit	il/elle/on dit
nous disons	nous disions	nous avons dit	nous dîmes
vous dites	vous disiez	vous avez dit	vous dîtes
ils/elles disent	ils/elles disaient	ils/elles ont dit	ils/elles dirent

Futur	Conditionnel Présent	Impératif	Subjonctif Présent
je dirai	je dirais	—	que je dise
tu diras	tu dirais	dis	que tu dises
il/elle/on dira	il/elle/on dirait	—	qu'il/elle/on dise
nous dirons	nous dirions	disons	que nous disions
vous direz	vous diriez	dites	que vous disiez
ils/elles diront	ils/elles diraient	—	qu'ils/elles disent

Dormir (to sleep)—dormant (pres. part), dormi (past. part.)

Présent	Imparfait	Passé Composé	Passé Simple
je dors	je dormais	j'ai dormi	je dormis
tu dors	tu dormais	tu as dormi	tu dormis
il/elle/on dort	il/elle/on dormait	il/elle/on a dormi	il/elle/on dormit
nous dormons	nous dormions	nous avons dormi	nous dormîmes
vous dormez	vous dormiez	vous avez dormi	vous dormîtes
ils/elles dorment	ils/elles dormaient	ils/elles ont dormi	ils/elles dormirent

Futur	Conditionnel Présent	Impératif	Subjonctif Présent
je dormirai	je dormirais	—	que je dorme
tu dormiras	tu dormirais	dors	que tu dormes
il/elle/on dormira	il/elle/on dormirait	—	qu'il/elle/on dorme
nous dormirons	nous dormirions	dormons	que nous dormions
vous dormirez	vous dormiriez	dormez	que vous dormiez
ils/elles dormiront	ils/elles dormiraient	—	qu'ils/elles dorment

Écrire (to write)—écrivant (pres. part.), écrit (past part.)

Présent	Imparfait	Passé Composé	Passé Simple
j'écris	j'écrivais	j'ai écrit	j'écrivis
tu écris	tu écrivais	tu as écrit	tu écrivis
il/elle/on écrit	il/elle/on écrivait	il/elle/on a écrit	il/elle/on écrivit
nous écrivons	nous écrivions	nous avons écrit	nous écrivîmes
vous écrivez	vous écriviez	vous avez écrit	vous écrivîtes
ils/elles écrivent	ils/elles écrivaient	ils/elles ont écrit	ils/elles écrivirent

Futur	Conditionnel Présent	Impératif	Subjonctif Présent
j'écrirai	j'écrirais	—	que j'écrive
tu écriras	tu écrirais	écris	que tu écrives
il/elle/on écrira	il/elle/on écrirait	—	qu'il/elle/on écrive
nous écrirons	nous écririons	écrivons	que nous écrivions
vous écrirez	vous écririez	écrivez	que vous écriviez
ils/elles écriront	ils/elles écriraient	—	qu'ils/elles écrivent

Etre (to be)—étant (pres. part.), été (past part.)

Présent	Imparfait	Passé Composé	Passé Simple
je suis	j'étais	j'ai été	je fus
tu es	tu étais	tu as été	tu fus
il/elle/on est	il/elle/on était	il/elle/on a été	il/elle/on fut
nous sommes	nous étions	nous avons été	nous fûmes
vous êtes	vous étiez	vous avez été	vous fûtes
ils/elles sont	ils/elles étaient	ils/elles ont été	ils/elles furent

Futur	Conditionnel Présent	Impératif	Subjonctif Présent
je serai	je serais	—	que je sois
tu seras	tu serais	sois	que tu sois
il/elle/on sera	il/elle/on serait	—	qu'il/elle/on soit
nous serons	nous serions	soyons	que nous soyons
vous serez	vous seriez	soyez	que vous soyez
ils/elles seront	ils/elles seraient	—	qu'ils/elles soient

Faire (to do, to make)—faisant (pres. part.), fait (past part.)

Présent	Imparfait	Passé Composé	Passé Simple
je fais	je faisais	j'ai fait	je fis
tu fais	tu faisais	tu as fait	tu fis
il/elle/on fait	il/elle/on faisait	il/elle/on a fait	il/elle/on fit
nous faisons	nous faisions	nous avons fait	nous fîmes
vous faites	vous faisiez	vous avez fait	vous fîtes
ils/elles font	ils/elles faisaient	ils/elles ont fait	ils/elles firent

Futur	Conditionnel Présent	Impératif	Subjonctif Présent
je ferai	je ferais	—	que je fasse
tu feras	tu ferais	fais	que tu fasses
il/elle/on fera	il/elle/on ferait	—	qu'il/elle/on fasse
nous ferons	nous ferions	faisons	que nous fassions
vous ferez	vous feriez	faites	que vous fassiez
ils/elles feront	ils/elles feraient	—	qu'ils/elles fassent

Lire (to read)—lisant (pres. part.), lu (past part.)

Présent	Imparfait	Passé Composé	Passé Simple
je lis	je lisais	j'ai lu	je lus
tu lis	tu lisais	tu as lu	tu lus
il/elle/on lit	il/elle/on lisait	il/elle/on a lu	il/elle/on lut
nous lisons	nous lisions	nous avons lu	nous lûmes
vous lisez	vous lisiez	vous avez lu	vous lûtes
ils/elles lisent	ils/elles lisaient	ils/elles ont lu	ils/elles lurent

Futur	Conditionnel Présent	Impératif	Subjonctif Présent
je lirai	je lirais	—	que je lise
tu liras	tu lirais	lis	que tu lises
il/elle/on lira	il/elle/on lirait	—	qu'il/elle/on lise
nous lirons	nous lirions	lisons	que nous lisions
vous lirez	vous liriez	lisez	que vous lisiez
ils/elles liront	ils/elles liraient	—	qu'ils/elles lisent

Mettre (to put)—mettant (pres. part.), mis (past part.)

Présent	Imparfait	Passé Composé	Passé Simple
je mets	je mettais	j'ai mis	je mis
tu mets	tu mettais	tu as mis	tu mis
il/elle/on met	il/elle/on mettait	il/elle/on a mis	il/elle/on mit
nous mettons	nous mettions	nous avons mis	nous mîmes
vous mettez	vous mettiez	vous avez mis	vous mîtes
ils/elles mettent	ils/elles mettaient	ils/elles ont mis	ils/elles mirent

Futur	Conditionnel Présent	Impératif	Subjonctif Présent
je mettrai	je mettrais	—	que je mette
tu mettras	tu mettrais	mets	que tu mettes
il/elle/on mettra	il/elle/on mettrait	—	qu'il/elle/on mette
nous mettrons	nous mettrions	mettons	que nous mettions
vous mettrez	vous mettriez	mettez	que vous mettiez
ils/elles mettront	ils/elles mettraient	—	qu'ils/elles mettent

Ouvrir (to open)—ouvrant (pres. part.), ouvert (past part.)

Présent	Imparfait	Passé Composé	Passé Simple
j'ouvre	j'ouvrais	j'ai ouvert	j'ouvris
tu ouvres	tu ouvrais	tu as ouvert	tu ouvris
il/elle/on ouvre	il/elle/on ouvrait	il/elle/on a ouvert	il/elle/on ouvrit
nous ouvrons	nous ouvrions	nous avons ouvert	nous ouvrîmes
vous ouvrez	vous ouvriez	vous avez ouvert	vous ouvrîtes
ils/elles ouvrent	ils/elles ouvraient	ils/elles ont ouvert	ils/elles ouvrirent

Futur	Conditionnel Présent	Impératif	Subjonctif Présent
j'ouvrirai	j'ouvrirais	—	que j'ouvre
tu ouvriras	tu ouvrirais	ouvre	que tu ouvres
il/elle/on ouvrira	il/elle/on ouvrirait	—	qu'il/elle/on ouvre
nous ouvrirons	nous ouvririons	ouvrons	que nous ouvrions
vous ouvrirez	vous ouvririez	ouvrez	que vous ouvriez
ils/elles ouvriront	ils/elles ouvriraient	—	qu'ils/elles ouvrent

Partir (to leave)—partant (pres. part.), parti (past part.)

Présent	Imparfait	Passé Composé	Passé Simple
je pars	je partais	je suis parti(e)	je partis
tu pars	tu partais	tu es parti(e)	tu partis
il/elle/on part	il/elle/on partait	il/elle/on est parti(e)	il/elle/on partit
nous partons	nous partions	nous sommes parti(e)s	nous partîmes
vous partez	vous partiez	vous êtes parti(e)s	vous partîtes
ils/elles partent	ils/elles partaient	ils/elles sont parti(e)s	ils/elles partirent

Futur	Conditionnel Présent	Impératif	Subjonctif Présent
je partirai	je partirais	—	que je parte
tu partiras	tu partirais	pars	que tu partes
il/elle/on partira	il/elle/on partirait	—	qu'il/elle/on parte
nous partirons	nous partirions	partons	que nous partions
vous partirez	vous partiriez	partez	que vous partiez
ils/elles partiront	ils/elles partiraient	—	qu'ils/elles partent

Pouvoir (to be able to)—pouvant (pres. part.), pu (past part.)

Présent	Imparfait	Passé Composé	Passé Simple
je peux	je pouvais	j'ai pu	je pus
tu peux	tu pouvais	tu as pu	tu pus
il/elle/on peut	il/elle/on pouvait	il/elle/on a pu	il/elle/on put
nous pouvons	nous pouvions	nous avons pu	nous pûmes
vous pouvez	vous pouviez	vous avez pu	vous pûtes
ils/elles peuvent	ils/elles pouvaient	ils/elles ont pu	ils/elles purent

Futur	Conditionnel Présent	Impératif	Subjonctif Présent
je pourrai	je pourrais	—	que je puisse
tu pourras	tu pourrais	—	que tu puisses
il/elle/on pourra	il/elle/on pourrait	—	qu'il/elle/on puisse
nous pourrons	nous pourrions	—	que nous puissions
vous pourrez	vous pourriez	—	que vous puissiez
ils/elles pourront	ils/elles pourraient	—	qu'ils/elles puissent

Prendre (to take)—prenant (pres. part.), pris (past part.)

Présent	Imparfait	Passé Composé	Passé Simple
je prends	je prenais	j'ai pris	je pris
tu prends	tu prenais	tu as pris	tu pris
il/elle/on prend	il/elle/on prenait	il/elle/on a pris	il/elle/on prit
nous prenons	nous prenions	nous avons pris	nous prîmes
vous prenez	vous preniez	vous avez pris	vous prîtes
ils/elles prennent	ils/elles prenaient	ils/elles ont pris	ils/elles prirent

Futur	Conditionnel Présent	Impératif	Subjonctif Présent
je prendrai	je prendrais	—	que je prenne
tu prendras	tu prendrais	prends	que tu prennes
il/elle/on prendra	il/elle/on prendrait	—	qu'il/elle/on prenne
nous prendrons	nous prendrions	prenons	que nous prenions
vous prendrez	vous prendriez	prenez	que vous preniez
ils/elles prendront	ils/elles prendraient	—	qu'ils/elles prennent

Recevoir (to receive)—recevant (pres. part.), reçu (past part.)

Présent	Imparfait	Passé Composé	Passé Simple
je reçois	je recevais	j'ai reçu	je reçus
tu reçois	tu recevais	tu as reçu	tu reçus
il/elle/on reçoit	il/elle/on recevait	il/elle/on a reçu	il/elle/on reçut
nous recevons	nous recevions	nous avons reçu	nous reçûmes
vous recevez	vous receviez	vous avez reçu	vous reçûtes
ils/elles reçoivent	ils/elles recevaient	ils/elles ont reçu	ils/elles reçurent

Futur	Conditionnel Présent	Impératif	Subjonctif Présent
je recevrai	je recevrais	—	que je reçolve
tu recevras	tu recevrais	reçois	que tu reçoives
il/elle/on recevra	il/elle/on recevrait	—	qu'il/elle/on reçoive
nous recevrons	nous recevrions	recevons	que nous recevions
vous recevrez	vous recevriez	recevez	que vous receviez
ils/elles recevront	ils/elles recevraient	—	qu'ils/elles reçoivent

Rire (to laugh)—riant (pres. part.), ri (past part.)

Présent	Imparfait	Passé Composé	Passé Simple
je ris	je riais	j'ai ri	je ris
tu ris	tu riais	tu as ri	tu ris
il/elle/on rit	il/elle/on riait	il/elle/on a ri	il/elle/on rit
nous rions	nous riions	nous avons ri	nous rîmes
vous riez	vous riiez	vous avez ri	vous rîtes
ils/elles rient	ils/elles riaient	ils/elles ont ri	ils/elles rirent

Futur	Conditionnel Présent	Impératif	Subjonctif Présent
je rirai	je rirais	—	que je rie
tu riras	tu rirais	ris	que tu ries
il/elle/on rira	il/elle/on rirait	—	qu'il/elle/on rie
nous rirons	nous ririons	rions	que nous riions
vous rirez	vous ririez	riez	que vous riiez
ils/elles riront	ils/elles riraient	—	qu'ils/elles rient

Savoir (to know)—sachant (pres. part.), su (past part.)

Présent	Imparfait	Passé Composé	Passé Simple
je sais	je savais	j'ai su	je sus
tu sais	tu savais	tu as su	tu sus
il/elle/on sait	il/elle/on savait	il/elle/on a su	il/elle/on sut
nous savons	nous savions	nous avons su	nous sûmes
vous savez	vous saviez	vous avez su	vous sûtes
ils/elles savent	ils/elles savaient	ils/elles ont su	ils/elles surent

Futur	Conditionnel Présent	Impératif	Subjonctif Présent
je saurai	je saurais	—	que je sache
tu sauras	tu saurais	sache	que tu saches
il/elle/on saura	il/elle/on saurait	—	qu'il/elle/on sache
nous saurons	nous saurions	sachons	que nous sachions
vous saurez	vous sauriez	sachez	que vous sachiez
ils/elles sauront	ils/elles sauraient	—	qu'ils/elles sachent

Suivre (to follow)—suivant (pres. part.), suivi (past part.)

Présent	Imparfait	Passé Composé	Passé Simple
je suis	je suivais	j'ai suivi	je suivis
tu suis	tu suivais	tu as suivi	tu suivis
il/elle/on suit	il/elle/on suivait	il/elle/on a suivi	il/elle/on suivit
nous suivons	nous suivions	nous avons suivi	nous suivîmes
vous suivez	vous suiviez	vous avez suivi	vous suivîtes
ils/elles suivent	ils/elles suivaient	ils/elles ont suivi	ils/elles suivirent

Futur	Conditionnel Présent	Impératif	Subjonctif Présent
je suivrai	je suivrais	—	que je suive
tu suivras	tu suivrais	suis	que tu suives
il/elle/on suivra	il/elle/on suivrait	—	qu'il/elle/on suive
nous suivrons	nous suivrions	suivons	que nous suivions
vous suivrez	vous suiviez	suivez	que vous suiviez
ils/elles suivront	ils/elles suivraient suis	—	qu'ils/elles suivent

Venir (to come)—venant (pres. part.), venu (past part.)

Présent	Imparfait	Passé Composé	Passé Simple
je viens	je venais	je suis venu(e)	je vins
tu viens	tu venais	tu es venu(e)	tu vins
il/elle/on vient	il/elle/on venait	il/elle/on est venu(e)	il/elle/on vint
nous venons	nous venions	nous sommes venu(e)s	nous vînmes
vous venez	vous veniez	vous êtes venu(e)s	vous vîntes
ils/elles viennent	ils/elles venaient	ils/elles sont venu(e)s	ils/elles vinrent

Futur	Conditionnel Présent	Impératif	Subjonctif Présent
je viendrai	je viendrais	—	que je vienne
tu viendras	tu viendrais	viens	que tu viennes
il/elle/on viendra	il/elle/on viendrait	—	qu'il/elle/on vienne
nous viendrons	nous viendrions	venons	que nous venions
vous viendrez	vous viendriez	venez	que vous veniez
ils/elles viendront	ils/elles viendraient	—	qu'ils/elles viennent

Vivre (to live)—vivant (pres. part.), vécu (past part.)

Présent	Imparfait	Passé Composé	Passé Simple
je vis	je vivais	j'ai vécu	je vécus
tu vis	tu vivais	tu as vécu	tu vécus
il/elle/on vit	il/elle/on vivait	il/elle/on a vécu	il/elle/on vécut
nous vivons	nous vivions	nous avons vécu	nous vécûmes
vous vivez	vous viviez	vous avez vécu	vous vécûtes
ils/elles vivent	ils/elles vivaient	ils/elles ont vécu	ils/elles vécurent

Futur	Conditionnel Présent	Impératif	Subjonctif Présent
je vivrai	je vivrais	—	que je vive
tu vivras	tu vivrais	vis	que tu vives
il/elle/on vivra	il/elle/on vivrait	—	qu'il/elle/on vive
nous vivrons	nous vivrions	vivons	que nous vivions
vous vivrez	vous viviez	vivez	que vous viviez
ils/elles vivront	ils/elles vivraient	—	qu'ils/elles vivent

Voir (to see)—voyant (pres. part.), vu (past part.)

Présent	Imparfait	Passé Composé	Passé Simple
je vois	je voyais	j'ai vu	je vis
tu vois	tu voyais	tu as vu	tu vis
il/elle/on voit	il/elle/on voyait	il/elle/on a vu	il/elle/on vit
nous voyons	nous voyions	nous avons vu	nous vîmes
vous voyez	vous voyiez	vous avez vu	vous vîtes
ils/elles voient	ils/elles voyaient	ils/elles ont vu	ils/elles virent

Futur	Conditionnel Présent	Impératif	Subjonctif Présent
je verrai	je verrais	—	que je voie
tu verras	tu verrais	vois	que tu voies
il/elle/on verra	il/elle/on verrait	—	qu'il/elle/on voie
nous verrons	nous verrions	voyons	que nous voyions
vous verrez	vous verriez	voyez	que vous voyiez
ils/elles verront	ils/elles verraient	—	qu'ils/elles voient

Vouloir (to want)—voulant (pres. part.), voulu (past. part.)

Présent	Imparfait	Passé Composé	Passé Simple
je veux	je voulais	j'ai voulu	je voulus
tu veux	tu voulais	tu as voulu	tu voulus
il/elle/on veut	il/elle/on voulait	il/elle/on a voulu	il/elle/on voulut
nous voulons	nous voulions	nous avons voulu	nous voulûmes
vous voulez	vous vouliez	vous avez voulu	vous voulûtes
ils/elles veulent	ils/elles voulaient	ils/elles ont voulu	ils/elles voulurent

Futur	Conditionnel Présent	Impératif	Subjonctif Présent
je voudrai	je voudrais	—	que je veuille
tu voudras	tu voudrais	veuille	que tu veuilles
il/elle/on voudra	il/elle/on voudrait	—	qu'il/elle/on veuille
nous voudrons	nous voudrions	veuillons	que nous voulions
vous voudrez	vous voudriez	veuillez	que vous vouliez
ils/elles voudront	ils/elles voudraient	—	qu'ils/elles veuillent

PART FOUR
Vocabulary, False Cognates, and Idioms

LES PROFESSIONS—PROFESSIONS

French nouns are either masculine or feminine. When it comes to professions, because in the past some professions were held only by men, the name of the profession will be in the masculine even if held by a woman.

un acteur/une actrice	an actor/actress
un agent de police	a policeman
un architecte	an architect
un/une artiste	an artist
un avocat/une avocate	a lawyer
un chanteur/une chanteuse	a singer
un coiffeur/une coiffeuse	a hairdresser
un docteur	a doctor
un économiste	an economist
un écrivain*	a writer
un/une élève	a pupil
une entreprise	a firm, undertaking, business concern
un étudiant/une étudiante	a student
un infirmier/une infirmière	a nurse
un informaticien/une informaticienne	a computer specialist
un ingénieur	an engineer
un instituteur/une institutrice	an elementary school teacher
un juge	a judge
un médecin	a physician
un musicien/une musicienne	a musician
un ouvrier/une ouvrière	a factory worker
un PDG	a CIO
un pilote	a pilot
un professeur†	a teacher or professor
un programmeur/une programmeuse	a programmer (computer)
un savant/un scientifique	a scientist
un/une secrétaire	a secretary
une société	a company, corporation
un vendeur/une vendeuse	a sales person

---

*In Canada, the feminine of "écrivain" is "écrivaine."
†When speaking, "la prof" is used to represent a female teacher.

L'ÉCOLE—SCHOOL

l'accès *(n.m.)*	access (computer)
une agrafeuse	a stapler
un arrache-agrafes	a staple remover
une bibliothèque	a library
une bourse	a scholarship
brancher, connecter (se) *(v.)*	to connect
un campus	a campus
un casier	a locker
une chemise	a manila folder
un classeur	a binder
un clavier	a keyboard
cliquer *(v.)*	to click (the mouse)
un collège	a junior high school/middle school
le courrier électronique	the electronic mail
un cours	a class (le cours de maths)
une école primaire	an elementary school
un écran	a screen
email/courriel/mel *(n.m.)*	e-mail
enseigner *(v.)*	to teach
un essai	essay
une faute d'orthographe	a spelling error
une gomme	an eraser
une imprimante	a printer
imprimer *(v.)*	to print
l'internet *(n.m.)*	the Internet
l'allemand *(n.m.)*	German
l'anglais *(n.m.)*	English
l'art	art
l'éducation physique	physical education
l'espagnol *(n.m.)*	Spanish
l'histoire *(n.f.)*	history
l'informatique *(n.f.)*	computer science
l'italien *(n.m.)*	Italian
la biologie	biology
la chimie	chemistry
la géographie	geography
la littérature	literature
la musique	music
la philosophie	philosophy
la physique	physics
la sociologie	sociology
un laboratoire	laboratory/lab
le chinois	Chinese
le français	French
le japonais	Japanese

le latin	Latin
le russe	Russian
le Web/la toile	the web
les langues étrangères	foreign languages
les maths	math
une librairie	a bookstore
un lien	a link
le logiciel	the software
un lycée	a high school
le matériel	the equipment
la maternelle	the pre-school
la mémoire	the memory
un modem	a modem
un mot de passe	a password
un moteur de recherche	a search engine
naviguer *(v.)*	to browse (the web)
un ordinateur	a computer
une page d'accueil	a home page
passer un examen *(v.)*	to take a test
un pointeur	a cursor
une rédaction	a composition
réussir à un examen *(v.)*	to pass a test
sauvegarder *(v.)*	to save (on the computer)
le scotch	scotch tape
se connecter *(v.)*	to connect
sécher un cours *(v.)*	to skip a class
un serveur	a server
souligner *(v.)*	to underline
une souris	a mouse (computer as well as rodent)
un stade	a stadium
suivre un cours *(v.)*	to take a class
surligner *(v.)*	to highlight
un surligneur	a highlighter
télécharger *(v.)*	to download *and* to upload
une tablette numérique	an iPad
un terrain de sport	a field (as in football field)
un trombone	a paper clip
une université	a university

LES SPORTS—SPORTS/LA SANTÉ—HEALTH

un arbitre	a referee or umpire
le base-ball	baseball
la boxe	boxing
le bras	the arm
un but	a goal
un champion/une championne	a champion

un championnat	a championship
se casser	to break (a part of the body)
la cheville	the ankle
une course	a race
le cyclisme	bicycling
le doigt	the finger
le dos	the back
un entraîneur	a coach
une équipe	a team
l'équitation (n.f.)	horseback riding
faire du ski (v.)	to ski
un filet	a net (as in tennis)
se fouler	to sprain
le football	soccer
le football américain	football
un footballeur	a football player
un gardien de but	a goalee
le genou	the knee
le golf	golf
la gorge	the throat
grave	serious
la gymnastique	gymnastics, P.E.
le hockey	hockey
la jambe	the leg
le jogging	jogging
un joueur/une joueuse	a player
le karaté	karate
la lutte	wrestling
un match	a match
la musculation	body building
la natation	swimming
le patinage	skating
le patinage sur glace	ice skating
la plongée sous-marine	deep sea diving/scuba diving
le poignet	the wrist
le score	the score
le ski alpin	skiing
le ski de fond	cross-country ski
le ski nautique	water ski
skier (v.)	to ski
le tennis	tennis
un tournoi	a tournament
le ventre	the stomach
la voile	sailing

LE TEMPS—THE WEATHER

une averse	a thunderstorm
le climat	the climate
il fait beau	the weather is beautiful
il fait bon	it is nice
il fait chaud	it is hot
il fait doux	it is nice
il fait du soleil	it is sunny
il fait du vent	it is windy
il fait frais	it is cool
il fait froid	it is cold
il fait mauvais	the weather is bad
il neige	it is snowing
il pleut	it is raining
il y a des éclairs	there is lightning
il y a des nuages	it is cloudy
il y a du brouillard	there is fog
il y a du tonnerre	there is thunder
la météo	the weather forecast
la neige	the snow
un orage	a storm
la pluie	the rain
une journée ensoleillée	a sunny day
une journée pluvieuse	a rainy day
le verglas	sleet

LA VOITURE—THE AUTOMOBILE

accélérer *(v.)*	to accelerate
un accident	an accident
une amende	a fine
une assurance	an insurance
une autoroute	a highway
un carrefour	a crossroad
une ceinture de sécurité	a seatbelt
un chauffeur	a driver
la circulation	traffic
un clignotant	a blinker
un coffre	a trunk
crever	to get a flat tire
conduire *(v.)*	to drive
conduire vite	to drive fast
une contravention	a traffic ticket
démarrer *(v.)*	to take off
doubler	to pass (another car)
un embouteillage	a traffic jam/a bottleneck
un essuie-glace	a windshield wiper

un excès de vitesse	speeding
freiner *(v.)*	to brake
un klaxon	a horn (in a car)
les freins *(n.m.)*	brakes
louer une voiture	to rent a car
marcher	to work
le pare-brise	the windshield
un permis de conduire	a driver's license
les phares *(n.m.)*	the headlights
un panneau de signalisation	a road sign
un piéton/une piétonne	a pedestrian
une place	a seat
une plaque d'immatriculation	a license plate
un pneu	a tire
une portière	a car door
ralentir	to slow down
un rétroviseur	a rearview mirror
une roue	a wheel (under the car)
rouler vite	to go fast
se garer *(v.)*	to park
le siège arrière	the back seat
le siège avant	the front seat
un stationnement interdit	a no parking zone
stationner *(v.)*	to park
tomber en panne	to have a breakdown
le volant	the steering wheel

LES TRANSPORTS—TRANSPORTATION/ L'ENVIRONNEMENT—THE ENVIRONMENT

une auto	an automobile
un autocar (un car)	a bus used for travel (a coach)
un avion	a plane
un bateau	a boat
biologique (les produits bio)	organic (organic food)
le bruit	noise
un bus	a city bus
un camion	a truck
le commerce équitable	fair trade
demander un renseignement	to ask for information
les déchets	trash, waste
l'effet de serre *(n.m.)*	the greenhouse effect
l'essence *(n.f.)*	gas
gaspiller	to waste
un moyen de transport	a means of transportation
le métro	the subway
une moto (motocyclette)	a motorcycle

le pétrole	oil
le réchauffement climatique	global warming
un taxi	a taxi
un train	a train
le tri (sélectif)	sorting (recycling)
un vol	a flight

Note: When you are in a vehicle, you say "en" (en avion, en train, etc.) but when you are on top of a vehicle, you say "à" (à bicyclette, à cheval).

LES DIMENSIONS—SIZES

augmenter	to increase
court, courte *(adj.)*	short
diminuer	to decrease, to diminish
élargir *(v.)*	to widen
grand de taille	tall
grand, grande *(adj.)*	big
gros, grosse *(adj.)*	fat
grossir *(v.)*	to get fat
haut, haute *(adj.)*	tall, high
immense *(adj.)*	immense
léger, légère	light
long, longue *(adj.)*	long
lourd, lourde *(adj.)*	heavy
maigre *(adj.)*	skinny
maigrir *(v.)*	to lose weight
mince *(adj.)*	thin
peser *(v.)*	to weigh
petit, petite *(adj.)*	small
la pointure	the shoe size
rapetisser *(v.)*	to get smaller
retrécir *(v.)*	to shrink
la taille	the size

LES MEDIA—THE MEDIA/LES LOISIRS—LEISURE

une radio	a radio
une émission	program (television or radio)
un auditeur, une auditrice	a listener
une chanson	a song
une station de radio	a radio station
un téléviseur	a television set
un portable	a cellphone
un poste de télévision	a television set
la télé	television
une chaîne de télévision	a television station
une antenne	an antenna

un groupe	a (music) band
les informations *(n.f.pl.)*	the news
les infos	short for "les informations"
un journal	a newspaper
un journal télévisé	the news (on T.V.)
un quotidien	a daily newspaper
un hebdomadaire	a weekly newspaper or magazine
la publicité (la pub)	publicity, advertisements
un magazine féminin	a magazine for women
un lecteur, une lectrice	a reader
s'abonner *(v.)*	to subscribe
une rubrique	a feature or column
un exemplaire	a copy (of a publication)
un numéro	an issue (of a publication)
un présentateur	a T.V. host
un reporter	a news reporter
un/une journaliste	a journalist
un abonné/une abonnée	a subscriber
un fait divers	a news item
faire les courses/des achats	to shop
une vitrine	a shop window

COMMONLY USED CONVERSATIONAL EXPRESSIONS

à + day of the week (à lundi)	see you… (see you Monday)
à bientôt	see you soon
à demain	see you tomorrow
à plus (à plus tard)	see you (later)
à tout à l'heure	see you soon
au revoir	good-bye
bonjour	good morning
bonne nuit	good night
bonsoir	good evening/good night
ça va !	all is well
ça va ?	how is it going?
pardon	excuse-me
salut	hi
salut	so long!

FALSE COGNATES

French		English	
actuellement	now, at the present time	actually	vraiment
assister à	to attend (an event)	to assist	aider
attirer	to attract	to attire	vêtir, habiller
blesser	to wound	to bless	bénir
caractère *(n.m.)*	temperament, temper	character	personnage *(n.m.)*
conducteur *(n.m.)*	driver	conductor	chef d'orchestre
confus *(adj.)*	embarrassed	confused	embrouillé
course *(n.f.)*	race (running, car, etc.)	course	cours *(n.m.)*
crier	to yell	to cry	pleurer
éditeur *(n.m.)*	publisher	editor	rédacteur/rédactrice
expérience *(n.f.)*	experiment or experience	experience	expérience *(n.f.)*
issue *(n.f.)*	exit, conclusion	issue	question
journal *(n.m.)*	newspaper or diary	journal	revue littéraire *(n.f.)*
journée *(n.f.)*	day	journey	voyage *(n.m.)*
lecture *(n.f.)*	reading	lecture	conférence *(n.f.)*, sermon *(n.m.)*
librairie *(n.f.)*	bookstore	library	bibliothèque *(n.f.)*
parents *(n.m. pl.)*	family, relatives	parents	mère et père
réviser	to review	revise	corriger, modifier
revue *(n.f.)*	specialized magazine	review	révision *(n.f.)* compte-rendu *(n.m.)*
sensible *(adj.)*	sensitive	sensible	raisonnable
stage *(n.m.)*	internship	stage	scène *(n.f.)*
supporter *(v.)*	to bear	to support	soutenir
veste *(n.f.)*	jacket	vest	gilet *(n.m.)*

IDIOMS

Aller

aller à + quelqu'un	to suit someone (ex: ta robe te va bien)
aller à pied	to walk to
aller bien	to be well (in good health)
aller en voiture	to drive to
aller mal	to be sick
aller tout droit	to go straight ahead
aller vite	to do something quickly
allons donc !	come on now (showing disbelief)
allons-y	let us go

Avoir

avoir . . . ans	to be . . . old (age)
avoir besoin de	to need
avoir chaud	to feel warm (for a person)
avoir de la chance	to be lucky
avoir envie de	to want, to feel like having something
avoir faim	to be hungry
avoir froid	to be cold (for a person)
avoir hâte	to be in a hurry
avoir honte	to be ashamed
avoir l'air	to seem
avoir l'habitude de	to be used to
avoir le coup de foudre	to fall in love at first sight
avoir le temps de	to have the time to
avoir lieu	to take place
avoir mal à	to have a pain in
avoir peur	to be afraid
avoir raison	to be right
avoir sommeil	to be sleepy
avoir tort	to be wrong
avoir soif	to be thirsty
Qu'est-ce que tu as ?	What's wrong?

Être

être + adj. + de (+ verb)	to be . . . to . . . (verb)
être à + a person	to belong to (the disjunctive pronoun is used after être à: *le livre est à moi*)
être à l'heure	to be on time
être à bout de souffle	to be out of breath
être au courant	to be aware
être en retard	to be late
être en train de	to be in the process of doing something

être hors de soi	to be beside oneself
être de bonne humeur	to be in a good mood
être de mauvaise humeur	to be in a bad mood
être dans la lune	to be daydreaming
être dans les nuages	to have one's head in the clouds
Ça y est !	That's it! / There we are!

Donner

donner des soucis à quelqu'un	to worry someone
donner l'exemple	to set an example
donner rendez-vous à	to make an appointment with
donner un coup de fil à	to give a call to
donner un coup de téléphone à	to give a call to
donner un coup de main à	to lend a helping hand

Faire

faire attention	to pay attention
faire de son mieux	to do one's best
faire les courses	to go grocery shopping
faire des courses	to run errands
faire exprès	to do something on purpose
faire l'impossible	to do the impossible
faire la connaissance de	to make the acquaintance of
faire la cuisine	to cook
faire la grasse matinée	to sleep late
faire la queue	to stand in line
faire la vaisselle	to do the dishes
faire le marché	to buy groceries
faire le ménage	to do the housework
faire peur à + a person	to scare someone
faire plaisir à quelqu'un	to make someone happy, to please someone
faire semblant	to pretend
faire un voyage	to take a trip
faire une promenade	to take a walk
il fait beau	the weather is beautiful
il fait chaud	it is hot/warm
il fait du soleil	it is sunny
il fait du vent	it is windy
il fait frais	it is cool
il fait froid	it is cold
il fait humide	it is humid
il fait jour	it is daylight
il fait mauvais	the weather is bad
il fait nuit	it is dark

Prendre

prendre au sérieux	to take seriously
prendre des risques	to take risks
prendre des vacances	to take a vacation
prendre du poids	to gain weight
prendre froid	to catch a cold
prendre rendez-vous	to make an appointment
prendre sa retraite	to retire
prendre une décision	to make a decision
Qu'est-ce qui te prend ?	What is the matter with you?

PART FIVE
Glossary

A

à *prep.* at

à contrecoeur *adv. phrase* unwillingly, reluctantly, grudgingly

à travers through something

abîmé *past participle;* **abîmer** *v.* to spoil, to damage, to injure

abonnée *past participle;* **être abonné à** to have a subscription to

abonnement *n.m.* subscription

aboutis *present;* **aboutir** *v.* to end at, in; to lead to something, to converge on something

absorbé *past participle;* **absorber** *v.* to absorb, to consume, to drink, to take

accommodé *past participle;* **accommoder** *v.* to make comfortable, to cook, to prepare (food)

accompagner *v.* to accompany

actuellement *adv.* at present, at the present time

adhérer *v.* to adhere, to hold (to an opinion), to stick

adorable *adj.* adorable, charming, delightful

adoucissant *present participle;* **adoucir** *v.* to soften

affaire *n.f.* business, concern

affamé *adj.* hungry, starving

affamé *past participle;* **affamer** *v.* to starve

affiché *past participle;* **afficher** *v.* to post (up), to stick

afin de + *inf.* in order to

afin de *adv.* to, in order to, so as to (do something)

agneau *n.m.* lamb

aigre *adj.* sour, sharp, acid, tart

ainsi que *conj.* as well as

alentours *n.m.pl.* the vicinity of a town; **aux alentours** in the vicinity of

allumé *adj.* lit

amateur *n.m.* amateur, lover of

amende *n.f.* fine

annulé *past participle;* **annuler** *v.* to cancel, to annul, to void, to render

appartenait *imperfect;* **appartenir à** *v.* to belong, to be owned

approcher *v.* to bring near; **s'approcher de** *refl. v.* to approach, to draw near

appuie-tête *n.m.* headrest

après-midi *n.f.* afternoon

arborer *v.* to raise, to erect, to wear with ostentation

argent liquide *n.m.* cash

arômatisé *past participle;* **arômatiser** *v.* to flavor

as beau *present;* **avoir beau** *v.* to do something in vain

ascenseur *n.m.* elevator

assiette *n.f.* plate

atterrissage *n.m.* landing (of a plane)

au bout de after, at the end of

au fond fundamentally, basically

au fond de at the bottom of

au fond du trou at the bottom of the hole

auberge *n.f.* inn

auditeur, auditrice *n.* listener; **auditeurs** *n.* the audience

aujourd'hui *adv.* today

aurait du mal *conditional;* **avoir du mal à faire quelque chose** *v.* to have difficulties doing something

aussitôt *adv.* at once, immediately; **aussitôt que** as soon as

autant de . . . que as many as

autant que *adv.* as much as, so much, as many

autocar *n.m.* coach

automnal *adj.* of the fall

autrefois *adv.* in the past, long ago

autrui *n.m.* another person

avais peur *imperfect;* **avoir peur** *v.* to be frightened

avait honte *imperfect;* **avoir honte** *v.* to be, feel ashamed to do something, of doing something

avez honte *present;* **avoir honte** *v.* to be, feel ashamed to do something, of doing something

B

balbutia *preterite;* **balbutier** *v.* to stutter, to stammer, to mumble

balcon *n.m.* balcony

banlieue *n.f.* suburbs, outskirts (of a city)

banquette rabattable *n.f.* fold down seat or bench

barbe *n.f.* beard

barreau *n.m.* bar association (law)

bateau *n.m.* boat

bâti *past participle;* **bâtir** *v.* to build, to construct

bavardage *n.m.* chattering, talkativeness

bavarder *v.* to chat, to chatter, to prattle

bébé *n.m.* baby

bénéfice *n.m.* profit, gain

bénéficier de *v.* to benefit from

besoin *n.m.* need; **avoir besoin de** to need, to have need of

beurre de cacao *n.m.* cocoa butter

biberon *n.m.* baby bottle

bientôt *adv.* soon

billet *n.m.* note (money), ticket

billet-doux *n.m.* love note, love letter

bio *adj.* organic

blague *n.f.* joke

bloqué *past participle;* **bloquer** *v.* to stop, to block, to freeze, to obstruct

bois *n.m.* wood

boisson *n.f.* drink

boitier *n.m.* case, casing

bonne femme *n.f.* a simple, good-natured (old) woman

botte *n.f.* boot

boucle *n.f.* buckle, curl

bouger *v.* to move

boule *n.f.* scoop (of ice cream)

bout *n.m.* end, extremity

bouton *n.m.* button, knob, pimple

bouton d'alarme *n.m.* alarm switch

bref, brève *adj.* short, brief

brièvement *adv.* briefly, in short

briller *v.* to shine

brise *n.f.* breeze

brossage *n.m.* brushing

bûche *n.f.* log

C

cacher *v.* to hide something; **se cacher** *v.* to hide oneself

cachot *n.m.* solitary confinement, jail, prison

calmant *adj.* calming, soothing, tranquilizing, sedative

camion *n.m.* truck

campagnard, -arde *adj.* country (man, woman), rustic

canapé *n.m.* couch

canot *n.m.* rowing boat, dinghy

car *conj.* for, because

caractère *n.m.* personality

carie *n.f.* dental decay, cavity

carrosserie *n.f.* coachbuilding, body, coachwork (of a car)

carte bancaire *n.f.* credit card

carte d'embarquement *n.f.* boarding pass

cauchemar *n.m.* nightmare

cause *n.f.* cause; **à cause de** because of

causer *v.* to talk, to chat

cela m'était égal it was all the same to me, I didn't mind, I couldn't care less

célèbre *adj.* famous

chaleur *n.f.* heat

chariot *n.m.* wagon, cart

cher *adj.* expensive

chiffon *n.m.* rag, duster

cinéaste *n.m.* film producer, film director, movie maker

circuler *v.* to go around

clou *n.m.* nail

coin *n.m.* corner

collège *n.m.* middle school

collier *n.m.* necklace

commencer à + inf. *v.* to begin + inf.

comptoir *n.m.* counter

concessionnaire *n.m.* dealer

concours *n.m.* competition, contest

conduire *v.* to drive

conduite *n.f.* conducting, leading; **mauvaise conduite** misbehavior

confiture *n.f.* jam, marmalade

confondre *v.* to confuse

conquérant *adj. & n.m.* conquering, conqueror

consacré *past participle;* **consacrer** *v.* to dedicate, to consecrate

consommation *n.f.* consumption

conteur *n.m.* storyteller

contre *prep.* against

convaincre *v.* to convince

convoitise *n.f.* greed, desire, lust

copieux, copieuse *adj.* copious, hearty, square (meal), generous (portion)

côte *n.f.* coast

côté *n.m.* side

coton *n.m.* cotton

couche *n.f.* layer

coup *n.m.* knock, blow

coup de foudre *idiom* love at first sight

coupable *n.m.* guilty

courriel *n.m.* an email

courrier *n.m.* mail

cours *n.m.* class, course

coûter *v.* to cost

couverture *n.f.* blanket

créér *v.* to create

creusait *imperfect;* **creuser** *v.* to dig

creusant *present participle* digging

crevassé *past participle;* **crevasser** *v.* to crack, to make cracks, fissures

crier *v.* to shout, to call out

croisée *n.f.* casement window

croque-monsieur *n.m.;* **croque-madame** *n.m.* type of sandwich

cuir *n.m.* leather

D

d'ailleurs *adv.* moreover, incidentally

d'après *prep.* according to

davantage *adv.* more (at the end of a phrase)

dé *n.m.* die, dice, thimble

de nos jours *adv.* nowadays

déborder *v.* to overflow

déboucher *v.* to uncork

décollage *n.m.* take-off (of a plane)

décolle *present;* **décoller** *v.* to take off

déçu *past participle;* **décevoir** *v.* to deceive, to disappoint

déçu, déçue *adj.* deceived, disappointed

dédie *present;* **dédier** *v.* to dedicate, to consecrate

déesse *n.f.* goddess

défi *n.m.* challenge

dégat *n.m.* damage

déjà *adv.* already

démarré *past participle;* **démarrer** *v.* to start off, to start a car

démasquer *v.* to unmask, to expose

demeure *n.f.* home, house

démonstration *n.f.* showing

dent *n.f.* tooth

dentifrice *n.m.* toothpaste

dentiste *n.m.* dentist

déposer plainte *v.* to lodge a complaint

dérangeant *present participle;* **déranger** *v.* to disarrange, to disturb, to trouble

derrière *prep.* behind

dès *prep.* as of

dessous *prep. adv.* under; **par-dessous** below, underneath

deviné *past participle;* **deviner** *v.* to guess

diminué *past participle;* **diminuer** *v.* to lessen, to diminish, to reduce, to shorten

dinde *n.f.* turkey hen

dindon *n.m.* turkey

doigt *n.m.* finger

drap *n.m.* sheet

drôle de façon a strange way

durer *v.* to last

E

eau *n.f.* water

échange *n.m.* exchange

échapper *v.* to escape something; **s'échapper** *refl. v.* to escape

échelle *n.f.* ladder

éclair *n.m.* lightning

éclairer *v.* to lighten

école maternelle *n.f.* kindergarten, nursery school

écologique *adj.* green, environmental

écran *n.m.* screen

écrivain *n.m.* writer

effrayant *present participle;* **effrayer** *v.* to frighten, to scare

effusion *n.f.* effusion, outpouring, overflowing

électrique *adj.* working with electricity

embarras du choix *n.m.* to have far too much to choose from

embarrasser *v.* to obstruct, to encumber; to put someone in an embarrassing situation

embrasser *v.* to kiss

embrasure *n.f.* embrasure, window or door recess

emploi du temps *n.m.* (a person's) schedule

empreinte *n.f.* (an) imprint, an impression; **empreinte digitale** fingerprint

emprunte *present;* **emprunter** *v.* to borrow

ému *adj.* affected (by emotion), moved

en avant forward

en grande tenue in full dress

en vente for sale

en voie de (to be well) on the way to

encadré *past participle;* **encadrer** *v.* to frame

enduisez *imperative;* **enduire** *v.* to smear, to coat, to cover

enfance *n.f.* childhood

enfant *n.m. or n.f.* a child

enfin *adv.* at last, finally, in short, in a word

engouement *n.m.* infatuation, craze

engouffré *past participle;* **engouffrer** *v.* to engulf; **s'engouffrer** *refl. v.* to disappear into

enseigner *v.* to teach

entier *adj.* whole

entreprise *n.f.* company, industry

entreprit *preterite;* **entreprendre** *v.* to undertake, to take (something) in hand

envahit *preterite;* **envahir** *v.* to invade, to overrun

environ *adv.* approximately

environs *n.m.* suburbs, outskirts of a city

épargne *present;* **épargner** *v.* to save (up), to economize, to spare

éparpillait *imperfect;* **éparpiller** *v.* to disperse, to scatter, to spread

épave *n.f.* wreck (of a ship)

épistolaire *adj.* epistolary, associated with letters or letter writing

épouse *n.f.* wife

épouvantable *adj.* dreadful, frightful, appalling

époux *n.m.* husband

espace *n.m.* space

espérer *v.* to hope

espoir *n.m.* hope

esquissa *preterite;* **esquisser** *v.* to sketch, to outline; **esquisser un sourire** to give a slight smile

essuyé *past participle;* **essuyer** *v.* to dry, to wipe

estimez *present;* **estimer** *v.* to estimate, to value, to appraise, to assess

estival *adj.* summery, summerlike

étage *n.m.* floor of a building

étaler *v.* to spread out, to lay out

étendu *past participle;* **étendre** *v.* to spread, to extend, to stretch

étoufferait *conditional;* **étouffer** *v.* to suffocate, to choke, to smother someone

être à bout de souffle *idiom* to be winded, out of breath

être au courant to be aware, to know about

être aux prises avec to struggle with

être d'accord avec quelqu'un *v.* to agree with someone

étroit *adj.* narrow, confined

évasion *n.f.* escape

éviter *v.* to avoid, to keep out of (someone's way)

F

façon *n.f.* way, manner

faculté *n.m.* university

faïencerie *n.f.* china shop, pottery (work), crockery, earthenware

faire fondre *v.* to melt

fait attention à *present;* **faire attention à** *v.* to pay attention to, to watch out for

familial *adj.* of a family

famille *n.f.* family

fané *past participle;* **faner** *v.* to fade, to wilt

fauteuil *n.m.* armchair

faux, fausse *adj.* false, wrong

festin *n.m.* feast, banquet

fiabilité *n.f.* reliability

fiable *adj.* reliable

fier, fière *adj.* proud

fierté *n.f.* pride

figure *n.f.* face

figurer *v.* to figure in, to be included in

fil *n.m.* thread, yarn

fils *n.m.* a son

finition *n.f.* finish, finishing

flambeau *n.m.* torch

fléau *n.m.* scourge, plague, curse, pest, bane

flèche *n.f.* arrow

flétrir *v.* to shrivel, to fade, to wilt

fleur *n.f.* flower

fleuve *n.m.* river

fluor *n.m.* fluoride

fond *n.m.* bottom

fort extremely, very; strong

four *n.m.* oven

fourchette *n.f.* fork

fourré *past participle;* **fourrer** *v.* to cover, to line, to stuff

freinage *n.m.* braking

frère *n.m.* brother

froid de canard *n.m. idiom* very, very cold weather

front *n.m.* forehead

fumeur *n.m.* smoker

G

galon *n.m.* braid (in a uniform)

gant *n.m.* glove

gare *n.f.* railway station

garer *v.* to park

garnir *v.* to garnish

gaspiller *v.* to squander, to waste

gâter *v.* to spoil

gauche *n.f.* left

gazeux *adj.* carbonated

géant, géante *n.* giant

gêne *n.f.* poverty, discomfort, constraint, embarrassment

gêné *past participle;* **gêner** *v.* to inconvenience, to embarrass

gens *n.m.* people

géôlier *n.m.* jailer

glaçage *n.m.* icing of a cake

glace *n.f.* ice cream, mirror

glisser *v.* to slip, to slide

gorge *n.f.* throat, neck

gourmand, gourmande *n.* gourmand, gourmet, lover of good food

goûter *n.m.* afternoon snack

goûter *v.* to taste

grâce *n.f.* grace, gracefulness, charm

grâce à thanks to, owing to

grand'chose *in the negative* not many things

grave *adj.* serious

gravité *n.f.* severity, seriousness

grippe *n.f.* the flu

gronder *v.* to scold

guerre *n.f.* war

gueux, gueuse *n.* beggar, tramp

H

habile *adj.* competent, clever

haleine *n.f.* breath

hausser les épaules *v.* to shrug (one's shoulders)

haut, haute *adj.* high, tall

heureux *adj.* happy

heurter *v.* to hit

historique *adj.* historical

hivernal *adj.* wintry

honte *n.f.* shame; **avoir honte** to be ashamed

hôpital *n.m.* hospital

horaire *n.m.* schedule

hôtesse *n.f.* hostess

humé *past participle;* **humer** *v.* to inhale, to breathe in

I

ici *adv.* here

il va sans dire que *idiom* it goes without saying that

immeuble *n.m.* building

immigré, -ée *n.* immigrant

imiter *v.* to imitate

impensable *adj.* unthinkable

imprévisible *adj.* unforeseeable

inaccessible *adj.* inaccessible, unreachable

incalculable *adj.* incalculable, countless number

incendie *n.m.* fire (in a building)

infestaient *imperfect;* **infester** *v.* to infest, to overrun

inconnu (e) *adj.* unknown

inconnu (e) *n.* stranger

informatique *n.f.* computer science

ingénieur *n.m.* engineer

inoubliable *adj.* unforgettable

inquiet, inquiète *adj.* anxious, apprehensive, uneasy, worried

inspirer confiance *v.* to inspire confidence, faith, trust

instruis-toi *imperative;* **s'instruire** *refl. v.* to educate oneself

J

jaloux, jalouse *adj.* jealous

jamais *adv.* never; **à jamais** forever

jambon *n.m.* ham

jardin *n.m.* garden

jardinage *n.m.* gardening

jardinier, jardinière *n.* gardener

jetée *n.f.* pier, jetty

jeunesse *n.f.* youth

joindre *v.* to join, to bring together

journée *n.f.* day (interval between dawn and dusk)

jumelage *n.m.* coupling, pairing, twinning (of towns)

jupe *n.f.* skirt

jusqu'à *prep.* as far as, until, up to

L

la plupart *n.f.* most, the greatest part, the greater number

laitier *adj.* milk based, dairy

léchant *present participle;* **lécher** *v.* to lick

lecture *n.f.* reading

leur propre their very own

lèvres *n.f.* lips

librairie *n.f.* bookstore

libre *adj.* free

lieu *n.m.* place, location; **avoir lieu** to take place

linge *n.m.* linens, clothes

lisse *adj.* smooth

livre *n.m.* book

livre *n.f.* pound

location *n.f.* rental

logis *n.m.* home, house, dwelling

loin *adv.* far

lointain(e) *adj.* remote

lors *adv.* at the time of, then

loué *past participle;* **louer** *v.* to rent, to book (a seat), to praise, to commend

loupe *n.f.* lens, magnifying glass

lourd(e) *adj.* heavy

lycée *n.m.* high school

M

machine à laver *n.f.* washing machine

magasin *n.m.* store

main *n.f.* hand

m'attarder *infinitive;* **s'attarder** *refl. v.* to stay (up) late to do something, to linger, to dawdle

maître *n.m.* master, (title given to member of legal profession), school teacher

maladie *n.f.* illness

manie *n.f.* mania, craze, habit

manifestant *n.m.* demonstrator

manifestation *n.f.* a demonstrator, a protest

maquillage *n.m.* makeup

marchand(e) *n.* merchant

marchand de sable *n.m.* the sandman

marche *n.f.* walk

marché *n.m.* market

marier *v.* to marry off; **se marier** to get married

marin *adj.* of the sea

marin *n.m.* sailor

marteau *n.m.* hammer

massez *imperative;* **masser** *v.* to massage

matelas *n.m.* mattress

maternelle *n.f.* kindergarten

matin *n.m.* morning

me débrouille *present;* **se débrouiller** *refl. v.* to figure it out for oneself, to manage

me débrouille *present;* **se débrouiller** *refl. v.* to manage, to extricate oneself (from difficulties)

me détourne *present;* **se détourner** *refl. v.* to turn away, to turn aside

médaille *n.f.* medal

méditer *v.* to meditate, to contemplate

meubles *n.m.* furniture

minéraux *n.m.* minerals

moelleux, moelleuse *adj.* soft, velvety (to the touch)

moins *adv.* less

moitié *n.f.* half

mondialement *adv.* throughout the world, universally

monnaie *n.f.* change (money)

montagne *n.f.* mountain

morceau *n.m.* piece of

mordre *v.* to bite

mouche *n.f.* fly

mouillé *adj.* damp, moist, wet

mouillé *past participle;* **mouiller** *v.* to wet, to moisten, to dampen

muni *past participle;* **munir** *v.* to supply, to fit, to equip, to provide, to furnish

N

nappage *n.m.* coating with a sauce

navigateur *n.m.* sailor

naviguer *v.* to navigate, to surf the web

navire *n.m.* ship

navrait *imperfect;* **navrer** *v.* to cause grief, to break (someone's) heart

néerlandais, néerlandaise *n. & adj.* of the Netherlands, Dutch

négatif *n.m.* negative, blue-print

neige *n.f.* snow

net, nette *adj.* clean, precise

netteté *n.f.* cleanliness, precision

nichoir *n.m.* birdhouse

niveau *n.m.* level

noceur, -euse *n.* reveller, boisterer

non seulement *adv.* not only

nonagénaire *n.m. & adj.* nonagenarian

notablement *adv.* notably, appreciably

notamment *adv.* particularly

nounours *n.m.* teddy bear

nourrir *v.* to nourish, to feed

nouveau-né *n.m.* newborn child

noyer *v.* to drown someone; **se noyer** to drown

nuage *n.m.* cloud

nuit *n.f.* night

nul, nulle *adj.* no one, not any one, worthless, empty

nulle part nowhere

O

obliger *v.* to oblige

obscur(e) *adj.* dark, obscure

occasion *n.f.* opportunity

offrir *v.* to offer; **s'offrir** *refl. v.* to offer each other something; to buy oneself something

oiseau *n.m.* bird

ongle *n.m.* fingernail

or *conj.* now then

or *n.m.* gold

orage *n.m.* a storm

ordinateur *n.m.* computer

ordure *n.f.* garbage

oreille *n.f.* ear

originaire *adj.* originating from, native

ouïe *n.f.* hearing

outil *n.m.* tool

ouvert *adj.* open

ouvrier *n.m.* worker

P

paire *n.f.* pair

panne *n.f.* mechanical breakdown (as in a car); **panne d'électricité** electrical breakdown

panoplie *n.f.* panoply

papier ciré *n.m.* waxed paper

parapluie *n.m.* umbrella

parasol *n.m.* sun umbrella

parce que *conj.* because

parcours *n.m.* distance covered

pareil, pareille *adj.* like, alike, similar

paresseux, paresseuse *adj.* lazy

pâte *n.f.* pastry, mixture, dough

pâte molle *n.f.* soft dough (as in cheese)

patinage *n.m.* skating (on ice)

pâtissier, pâtissière *n.* pastry cook, pastry chef, pastry shop owner

pavé *past participle;* **paver** *v.* to pave, to cobble (street)

pavoisé *past participle;* **pavoiser** *v.* to rejoice, to decorate a ship, to put out the flags

pêcheur *n.m.* fisherman

pendant *conj.* during

pénible *adj.* painful, tiresome

pente *n.f.* slope

perfide *adj.* treacherous, perfidious, false-hearted

perruque *n.f.* wig

personnage *n.m.* character (in a play)

piéton *n.m.* pedestrian

place *n.f.* a town square, seat

plaire à *v.* to be pleasing to

plat *adj.* flat

plat *n.m.* dish

pleuvoir des cordes *idiom v.* to rain cats and dogs, to come down in buckets

plongé *past participle;* **plonger** *v.* to plunge, to dive, to become immersed

plume *n.f.* feather

plupart *n.f.* most

poignard *n.m.* dagger

pomme *n.f.* apple

pompier *n.m.* firefighter

portable *n.m.* cell phone

portefeuille *n.m.* wallet

potier *n.m.* potter

poumon *n.m.* lung

précipité *past participle;* **se précipiter** *v.* to dash, to rush

printanier *adj.* of the springtime

prix *n.m.* price

proches *n.pl.* close, near, relatives

produit *n.m.* product; **produit d'entretien** cleaning product

promenade *n.f.* walk

propre *adj.* clean

provenant *present participle;* **provenir de** *v.* to result from, to come from, to originate from

publicité *n.f.* advertising

puiser *v.* to draw water, to take or to get (an idea)

puissants *n.pl.* the powerful, the mighty (ones)

puits *n.m.* well

Q

quant à, quant au *conj.* as for

que de fois how many times

quelque chose something, anything

quelque part somewhere

quelquefois *adv.* sometimes

queue *n.f.* line of people (in front of a booth), tail

quoique *conj.* although

quotidien, -ienne *adj.* daily, everyday

R

rabais *n.m.* rebate, discount

rabaisser *v.* to lower, to reduce (price)

raffiné *adj.* refined, subtle, delicate, polished, nice

râterez *future;* **râter** *v.* to miss, to fail

râtez *present;* **râter** *v.* to miss, to fail

ravi *past participle;* **ravir** *v.* to delight, to rob someone of something, to ravish

ravi, ravie *adj.* delighted

réconfortant *present participle;* **réconforter** *v.* to strengthen, to comfort

redingote *n.f.* frock coat, (woman's) fitted coat

refroidir *v.* to cool, to chill

rehaussé *past participle;* **rehausser** *v.* to improve, to make higher, to enhance, to set off (color, complexion)

réhydrater *v.* to rehydrate

remettez *present;* **remettre** *v.* to put back

remuant *present participle;* **remuer** *v.* to move, to shift (furniture), to turn up (the ground), to stir (sauce)

rencontre *n.f.* encounter; **se rencontrer** *v.* to meet

rendre *v.* to return (something), to render, to make; **se rendre** *refl. v.* to go somewhere, to surrender

renseignement *n.m.* piece of information

répandait *imperfect;* **répandre** *v.* to pour out, to spill, to drop, to diffuse, to scatter

resplendissent *present;* **resplendir** *v.* to be resplendent, to shine, to glitter

reste *n.m.* rest, remainder, remains

rester *v.* to remain, to stay

retiré *past participle;* **retirer** *v.* to pull, to draw, to withdraw, to take out

rêve *n.m.* dream

réviser *v.* to review

rhume *n.m.* cold

richesse *n.f.* wealth

ride *n.f.* wrinkle

rien qu'à only, merely

rigoler *v.* to laugh (familiar)

robe *n.f.* dress

robinet *n.m.* tap

romancier *n.m.* novelist

roule *present;* **rouler** *v.* to roll; **la voiture roule vite** the car goes fast

rude *adj.* rugged

rue *n.m.* street

rugueux, rugueuse *adj.* rugose, rugged, rough

S

s'adonnait *imperfect;* **s'adonner** *refl. v.* to give oneself up to something, to devote oneself to

s'agir *refl. v.* to be about

s'appuyant *present participle;* **s'appuyer** *refl. v.* to lean, to rest on, against something

s'arrachait *imperfect;* **s'arracher** *refl. v.* to tear off something from oneself (**s'arracher les cheveux** = to pull out one's hair)

s'arrangera *future;* **s'arranger** *refl. v.* to manage

s'arrêter *refl. v.* to stop

s'éclaira *preterite;* **s'éclairer** *refl. v.* to light up, to brighten; **son visage s'éclaira** his face lit up

s'empare *present;* **s'emparer** *refl. v.* to take hold of, to lay hands on

s'impatienter *refl. v.* to lose patience, to get impatient

sable *n.m.* sand

sain, saine *adj.* healthy, sound, clear, wholesome (food)

saisonnier *n.m.* seasonal worker

saisonnier, saisonnière *adj.* seasonal

salut *n.m.* salutation, hello, salvation

santé *n.f.* health

sauf *prep.* except

sauf, sauve *adj.* safe

sautant *present participle;* **sauter** *v.* to jump, to leap

savant *n.m.* scientist

scintillaient *imperfect;* **scintiller** *v.* to scintillate, to sparkle, to twinkle

scolaire *adj.* school related

se cognait *imperfect;* **se cogner à** *refl. v.* to hit oneself against something

se comporter *refl. v.* to behave

se dépêcher *refl. v.* to hurry, to be quick

se joindre à *refl. v.* to join

se plient *present;* **se plier** *refl. v.* to yield, to bow, to submit, to conform, to discipline

se précipiter *refl. v.* to rush

se rendent compte *present;* **se rendre compte** *refl. v.* to realize, to understand

se servir de *refl. v.* to use

se tromper *v.* to make a mistake

sèches *adj.* dry

secouant *present participle;* **secouer** *v.* to shake

secours *n.m.* help, relief, aid, assistance

séduire *v.* to seduce, to appeal to

séjour *n.m.* a stay

semblable *adj.* similar

sensible *adj.* sensitive

siècle *n.m.* century

siège *n.m.* seat

sifflement *n.m.* whistling, hissing, wheezing

sitôt *adv.* as soon as

soeur *n.f.* sister

soi *refl. pro.* oneself ; **chez soi** at one's house

soie *n.f.* silk

soigneusement *adv.* carefully

sol *n.m.* ground

sommeil *n.m.* sleep ; **avoir sommeil** to be sleepy

sommet *n.m.* top

somnifère *n.m.* sleeping medication

soupçonnait *imperfect;* **soupçonner** *v.* to suspect

soupesa *preterite;* **soupeser** *v.* to try the weight of (something), to weigh (something) in the hand, to evaluate the weight of something

souple *adj.* supple, flexible

source *n.f.* spring (water)

sous *prep.* under

soutenant *present participle;* **soutenir** *v.* to support, to hold

spectacle *n.m.* show

stage *n.m.* internship

subi *past participle;* **subir** *v.* to undergo, to suffer

succulent *adj.* succulent, tasty

sueur *n.f.* sweat, perspiration

sujet *n.m.* subject; **au sujet de** about, concerning

superficie *n.f.* space, area

supermarché *n.m.* supermarket, grocery store

sur *prep.* on

sursauta *preterite;* **sursauter** *v.* to start (involuntarily), to jump (from surprise)

T

tableau *n.m.* chart, blackboard

tant *adv.* so, so much, so many

tant pis ! it can't be helped! too bad!

tapis *n.m.* carpet

tarif *n.m.* price

tas *n.m.* pile

te moques *present;* **se moquer** *refl. v.* to make fun of, to laugh at

téléphone portable *n.m.* cell phone

teneur *n.f.* amount, content, percentage

terre *n.f.* earth; **par terre** on the ground

tiroir *n.m.* drawer

tisane *n.f.* infusion, decoction, herb tea

tombé amoureux *past participle;* **tomber amoureux, -euse de** *idiom v.* to fall in love with

tomber *v.* to fall

tonnerre *n.m.* thunder

tôt *adv.* early, soon

tousser *v.* to cough

tout à coup suddenly

toux *n.f.* cough

tramway *n.m.* cable car, electric bus (with cable)

traîneau *n.m.* sleigh

travail *n.m.* work

trentaine (la trentaine) *n.f.* thirty something

tribu *n.f.* tribe

trottoir *n.m.* sidewalk

trou *n.m.* hole

U

unir *v.* to unite

universel, universelle *adj.* universal

V

vacances *n.f.* vacation

vaisseau *n.m.* vessel, ship

valable *adj.* valid

veau *n.m.* veal

veille *n.f.* eve, evening or day before

veillé *past participle;* **veiller** *v.* to stay up, to keep awake

velours *n.m.* velvet

ventre *n.m.* stomach

verre *n.m.* glass

vers *n.m.* verse (poetry)

vers *prep.* toward

veuf *n.m.* widower

veuve *n.f.* widow

viande *n.f.* meat

vie quotidienne *n.f.* everyday life

vieille *f.adj.* old

vieux *m.adj.* old

ville *n.f.* city

vitesse *n.f.* speed

vitrine *n.f.* shop window

voie ferrée *n.f.* railroad tracks

voilé *adj.* veiled, dim, obscure (meaning)

voilé *past participle;* **voiler** *v.* to veil, to obscure, to dim, to muffle, to shade

voiture *n.f.* car

volaille *n.f.* poultry

volontiers *adv.* willingly, gladly, with pleasure

vrai *adj.* true

vu le jour *past participle;* **voir le jour** *v.* to be born

Acknowledgments

The author is grateful to all of the sources that she consulted in her research, for the latest information on cultural details, before writing her own paragraphs and passages. Those sources are as follows:

http://beq.ebooksgratuits.com/

http://ecole.stdominique.free.fr/c1-semgout09.htm

http://fr.wikipedia.org/wiki/Festival_interceltique_de_Lorient

https://fr.wikipedia.org/wiki/Heiva

http://www.1jour1actu.com

http://www.festivalnuitsdafrique.com/

http://www.francophonie.org/Le-Sommet.html

http://www.jeuneafrique.com/169270/societe/la-premi-re-t-l-vision-d-afrique-francophone-f-te-ses-50-ans/

http://www.lyon-france.com/Agenda/Incontournables/La-Fete-des-Lumieres

https://www.mosqueedeparis.net/nouvelle-an-musulman-du-calendrier-hegirien-1438-h/

http://www.mucem.org/fr/contenu/lhistoire-du-mucem

Index

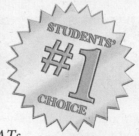

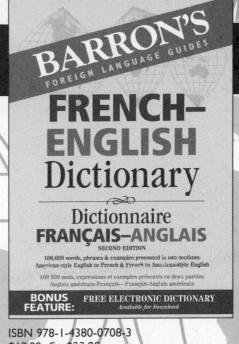